Mes aventures
dans le vignoble de France

Un Américain sachant cracher

Kermit Lynch

Mes aventures dans le vignoble de France

Un Américain sachant cracher

Préface de Bernard Ginestet

Jacques Legrand

Edition originale :
Adventures on the wine route :
a wine buyer's tour of France
Farrar, Straus & Giroux, New York, 1988

Traduction : Trudi Bolter
La version française a été revue
par Bernard Ginestet

© 1988 Kermit Lynch
© 1990 Jacques Legrand SA,
40 rue du Cherche-Midi, 75006 Paris
pour l'édition en langue française

Distribution en France :
Interforum, Paris
Distribution en Belgique :
Chronique Diffusion, Bruxelles

ISBN 2-905969-33-4
Dépôt légal : 4e trimestre 1990
Imprimé et relié par Imprimerie Louis-Jean, Gap

A mes clients,
qui me font vivre ces aventures

Bien qu'il se fasse clairement comprendre dans notre langue, on ne peut pas dire que Kermit Lynch parle le français tout à fait comme un Français. En revanche, il parle de la France mieux qu'un Français. Si l'expression «France profonde» a un sens aujourd'hui, Kermit Lynch l'a trouvé, senti, goûté, pour nous le faire apprécier dans toutes ses valeurs ancestrales, ses traditions locales et ses saveurs les plus authentiques lorsqu'il s'agit de vin. Il est sans doute plus conscient que la plupart d'entre nous de la belle mais fragile réalité de notre héritage, qu'on appelle aussi patrimoine et dont il s'est lui-même fait le défenseur acharné, quitte à se montrer plus royaliste que le roi vigneron ou le consommateur roi.

La pacifique guerre de Kermit Lynch a pour enjeu la qualité du vin français. A vrai dire, personne ne lui a jamais demandé d'entreprendre semblable croisade. Mais nul autre que lui ne paraît s'en soucier de cette manière. Nous avons bien nos «papes du vin» qui n'hésitent pas à bousculer la religion de nos parents avec l'ambition – parfois louable – de refaire les dogmes et – parfois criticable – de se faire un nom vite forgé sur des terroirs viticoles à la gloire séculaire. Kermit Lynch est un moderne paladin du vin. Moderne parce qu'il appartient bien à notre époque, avec son cortège d'exigences commerciales, mais paladin parce que, libre de ses choix et fidèle à son propre goût des belles et bonnes choses, il n'hésite pas à pourfendre quiconque se met en travers de sa route sur la voie de sa Vérité.

Au demeurant, il ne s'encombre pas de fioritures pour annoncer ce qu'il aime et ce qu'il n'aime pas. Toutefois, son affaire est claire et il explique pourquoi; ce «pourquoi» est si sincère qu'il en devient indiscutable. L'honnêteté intellectuelle est probablement la qualité première de ce marchand de vin. Avec malice, je citerai ici Baudelaire dans sa correspondance : «Pour le commerçant l'honnêteté elle-même est une spéculation de lucre.» Oui mais, par ailleurs, vous entendrez dans ce livre Kermit Lynch vous déclarer en haussant les épaules avec une fierté mêlée de fatalisme : «De plus en plus, je me fais l'impression de gérer non pas une affaire commerciale mais un Conservatoire des arts et traditions.»

Kermit Lynch n'extrait jamais le vin pour le traiter à part de son contexte agrologique, historique et humain. Au contraire, il l'y maintient. On dirait presque qu'il l'y enferme. A tel point que si un vin a goût de fleurs d'aubépine, c'est qu'il se trouve un buisson d'aubépine auprès de la vigne en question. Si le vin est d'une évolution particulièrement lente, c'est qu'il a été élevé en hibernation dans une cave glaciale. Et s'il se trouve avoir un «gros nez» et des manières exubérantes, c'est que son propriétaire est comme ça! Il en résulte l'impression d'une logique interne, quelquefois candide mais toujours sensible, joliment imagée, et, surtout, parfaitement humaniste. Pas davantage il ne sépare le bon vin des autres formes de création esthétique. Ses références à la musique ou à la littérature, par exemple, sont aussi judicieuses en analogies subtiles qu'intelligibles à l'entendement de tout un chacun. Personnellement, j'aime bien quand le paladin se fait prédicateur.

Lui arrive-t-il d'aller trop loin dans ce qui est pour lui un territoire ennemi? Au-delà de la cause du combat, on doit considérer la façon *dont celui-ci est mené. Prenant le contrepied à peu près systématique de toute modernité technologique, notre héros (national!) ne peut que fustiger tout ce qui se trouve en rupture avec la sacro-sainte tradition. De temps à autre, il condescend à reconnaître une amélioration qualitative due aux apports du progrès (le cuvier du Vieux Télégraphe à Châteauneuf-du-Pape par exemple) mais c'est presque avancer pour mieux reculer quand il démontre implicitement qu'il s'agit d'une meilleure façon de gérer l'artisanat et non d'une tendance maladive à l'industrialisation du vin.*

Lorsque Kermit Lynch est dans la cave ou le chai d'un propriétaire-viticulteur, et que le vin soit bon ou pas, il se passe quelque chose; il met son lecteur en situation de comprendre les moindres ramifications de la psychologie de l'instant. Lorsqu'il est au restaurant, nous nous tenons à la table à côté, prêts à nous indigner ou à hurler de rire selon la péripétie du moment. Lorsque la route du vin lui paraît belle, ou rude, ou longue, ou buissonnière, nous ne le quittons pas. Lorsqu'il a froid aux pieds, nous avons envie de remonter le chauffage...

A part cela, le lecteur découvrira une façon d'aimer le vin qui n'a rien de contemporain, au sens où elle plonge ses racines instinctives dans le terroir laborieux des générations passées. Kermit Lynch aime surtout les vignobles de côtes, là où il faut des murs pour soutenir la terre, là où c'est le plus difficile de faire grimper les tracteurs enjambeurs... et les machines à vendanger! Il aime aussi les vieux vignerons aux manières rustiques mais polissées par l'usage, au parler simple mais direct. Il en est de même pour les vins.

Kermit Lynch est un Américain qui aime vraiment bien *le vin de France. Il mérite que nous fassions entendre des claquements de langue approbateurs... « qui sont l'applaudissement du dégustateur ».*

Bernard Ginestet,
Margaux, juillet 1990.

SOMMAIRE

INTRODUCTION

Nous autres, Américains, avec notre candeur du Nouveau Monde et nos sensibilités démocratiques, avons tendance à croire que tous les vins naissent égaux et que leurs différences de qualité sont simplement une question de goût personnel.

Les Français, eux, avec leur héritage aristocratique, leur expérience, leurs traditions, ont une approche du vin plus nuancée. De même que la France a eu ses rois, ses nobles et ses roturiers, le vin de France compte des *grands crus*, des *premiers crus*... et il y a aussi une classe officielle pour la roture des *vins de table*.

Les vins qui sont produits par nos pays respectifs sont bien distincts, chacun d'eux correspondant à l'une et l'autre fibre nationale. On comprend mieux le style des vins californiens quand on pénètre l'esprit de nos pionniers ; et l'on ne peut percevoir tant soit peu en profondeur les vins français sans connaître la façon dont ils sont considérés par les Français eux-mêmes.

Il faut aller à la source, descendre dans leurs caves froides et humides, déguster en leur compagnie, écouter enfin le langage qui est le leur pour décrire leurs vins. Ce n'est pas le même vocabulaire qui s'utilise en Californie, de sorte que, le plus souvent, il est impossible de traduire exactement les termes du vin d'une langue à l'autre.

Je passe un tiers de l'année à déguster avec des viticulteurs français. Ce livre relate mes expériences sur les routes des vignobles et des caves de France.

*

D'aucuns pensent que le vin constitue un business prestigieux. J'en veux pour preuve l'afflux de gros sous à Napa Valley, en Californie. Ce n'est pas seulement l'idée de siroter un verre de vin potable qui motive ainsi les investisseurs. Ni l'envie d'éclabousser de pourpre leurs ongles manucurés. Ce qui les fascine, c'est le rêve d'accéder à un certain style de vie.

J'ai même constaté à quel point les gens pouvaient baver d'envie en apprenant mon métier d'acheteur et importateur de vins.

Une fois, j'ai rencontré avec amusement une groupie du vin, blonde platinée, excitée comme tout à l'idée de mes tournées d'achat au cours desquelles je traversais toute la France, m'arrêtant dans les restaurants à la mode, les hôtels top-class et visitant tous les vieux petits vignerons. Son délicat chemisier noir était-il transparent? Contempler trop longuement cette interrogation eût été indiscret de ma part. «Si vous avez besoin de quelqu'un pour porter vos valises... ou pour n'importe quoi, appelez-moi, dit-elle. J'adorerais vous accompagner à votre prochain voyage.» Un jour ou deux de ce genre de sortie: perspective séduisante sans doute... mais je me demande ce qu'elle aurait pu penser après plusieurs jours de route.

Quand j'ai ouvert une boutique de vin, en 1972, j'ai moi-même cru que j'allais goûter les privilèges de ma situation. Je n'ai pas commencé en important mes propres sélections. Je vendais des vins américains et des vins étrangers, achetés à des distributeurs, mais je rêvais déjà d'aller aux sources.

La première fois que j'ai effectivement acheté du vin en direct d'une cave, je me suis rendu chez un viticulteur italien près de Martinez, en Californie. Après l'avoir visité une ou deux fois pour goûter et acheter son Zinfandel, j'ai reçu de sa part un coup de téléphone m'invitant à déjeuner.

Me voici au cœur de la réalité, me suis-je dit : de la vraie cuisine vigneronne et quelques vieux trésors puisés dans sa cave personnelle. Au vrai, il avait un certain tour de main pour nous confectionner un sandwich au thon. Il s'est alors versé un demi-verre de rouge d'une bouteille sans étiquette. J'ai supposé qu'il voulait me faire deviner le millésime. Il m'a passé la bouteille et s'est emparé d'un pichet afin de compléter son verre jusqu'à ras bord d'un liquide trouble. Puis il m'a proposé le pichet.

« Qu'est-ce que c'est ?

– Du thé glacé. »

*

L'événement le plus important de ma carrière – après celui d'avoir ouvert une boutique de vin – s'est produit en 1973, quand un importateur m'a invité à l'accompagner pour son voyage annuel d'achat en Bourgogne.

Cet importateur se fournissait chez divers *négociants*. En Bourgogne, un *négociant* achète aux viticulteurs le vin en fûts et le met lui-même en bouteilles. Je n'étais pratiquement pas au courant qu'il y avait une autre façon de procéder. Mais en fait, à l'époque, il y avait peu de propriétaires faisant de la mise en bouteilles.

Nous dégustions tout au long du matin, nous arrêtant pour le déjeuner, recommençant ensuite nos dégustations pendant l'après-midi. Les *négociants* nous abreuvaient et nous offraient à dîner si bien que mon système digestif s'est bloqué net.

Un soir, un négociant a voulu nous avoir pour dîner à l'extérieur. Il venait, cette année-là, de prendre les rênes de sa vénérable affaire familiale. Nous étions attendus chez lui, un domaine non loin de Beaune, pour prendre l'apéritif avec sa femme et lui, avant de nous rendre ensemble au Vieux Moulin qui était alors le restaurant le plus étoilé de la Côte-d'Or.

Ce négociant, que j'appellerai Gaston, était un petit homme timide et manquant d'assurance. Sa moustache avait l'air d'un postiche de théâtre, une sorte de déguisement censé lui conférer quelque maturité. On aurait dit que, sitôt seul, il l'ôtait afin de se sentir plus à l'aise avec lui-même.

Nous avons donc sonné au portail de la cour. Pas de réponse. Nous nous sommes demandé si c'était le bon soir avant de sonner à nouveau. La sonnerie était si forte que tout le village devait l'entendre. Nous allions abandonner quand le portail s'ouvrit et la main de Gaston se tendit vers nous pour nous saluer.

Il semblait très essoufflé, et ses pupilles étaient dilatées. J'ai senti venant de lui comme une odeur d'anis, assortie d'une formidable dose de lotion après-rasage. Je me suis demandé comment quelqu'un d'aussi puant pouvait faire un vin qui sente bon. Il nous conduisit au salon par un vieil escalier de pierre.

Sa jeune et charmante épouse était là. Elle avait un regard plein d'intelligence mais aussi de peur. J'ai tout d'abord pensé que cette lueur de crainte dans ses yeux manifestait son appréhension d'avoir à jouer le rôle, nouveau pour elle, d'une femme de négociant en vins, avec toutes les responsabilités sociales correspondantes, comme de recevoir des étrangers chez elle. Mais tandis que nous étions assis en buvant un kir en guise d'apéritif (Gaston s'abstenant) je me suis peu à peu rendu compte que c'était son mari qui la mettait mal à l'aise.

Scandée par les gros tic-tac de l'horloge nous faisant face, la surexcitation de Gaston semblait devenir de l'ébriété, bien qu'il n'eût toujours rien bu en notre compagnie. Il avait des difficultés croissantes pour articuler et se penchait de plus en plus dans son fauteuil. C'était extrêmement bizarre et cela se passait sous nos yeux.

Soudain, il s'est levé d'un bond et s'est rué vers moi. «Venez avec moi», dit-il, m'attrapant par le bras pour me faire lever. J'ai supposé qu'il voulait m'emmener à la cave afin de choisir quelques vieux Bourgogne pour le dîner. Dans le couloir qui menait à la cour, il a désigné d'un geste de la main une bride et une selle accrochées au mur. « Amenez-moi ça », m'a-t-il ordonné comme si j'étais son valet. J'ai fait comme si je n'avais pas entendu, alors il les a saisies lui-même, brutalement, l'air furibond. Il m'a lancé la bride et a pris la selle sur son épaule pour marcher d'un pas chancelant en me disant « Suivez-moi. » J'ai obéi, ne voulant pas faire d'histoires avec un fournisseur mais, en vérité, j'aurais préféré passer le portail et me sauver.

Nous sommes arrivés à l'écurie. Une belle jument alezane nous a regardés avec défiance quand Gaston a enjambé la stalle. Je lui ai passé la selle. Il tenait à peine sur ses jambes. Il s'est approché du cheval en titubant pour lui jeter la selle sur le dos. Il est devenu aussi stupéfait que si la selle s'était évanouie dans la quatrième dimension. Elle était simplement tombée de l'autre côté de la jument. Gaston réalisa la situation et recommença, deux fois, trois fois. Son air ahuri était digne de Buster Keaton. A chaque lancement de selle, le cheval devenait plus nerveux et cherchait à se dérober. Vexé, Gaston donna des coups de pieds à la selle. Finalement, il réussit à fixer la bride sur le museau de la jument dans l'espoir de la faire tenir tranquille en la maintenant avec les rênes. Elle en avait assez de cette séance et se mit à caracoler dans l'écurie, suivie par Gaston qui essayait de bloquer ses talons pour immobiliser l'animal. Il tomba sans lâcher les rênes, se faisant traîner en glissant sur la boue et le crottin.

Je me suis faufilé jusqu'au salon pour dire à mon importateur : « Foutons le camp, ce type est complètement cinglé ! »

Mon importateur s'est tourné poliment vers l'épouse de Gaston et lui a demandé si son mari n'avait pas un peu trop picolé avant notre arrivée.

Non, elle ne l'avait pas vu boire de la journée. Je pensais à l'odeur bizarre de son haleine. N'aurait-il pas glouglouté un litron de pastis pendant que nous étions en train de sonner au portail ?

Revoilà Gaston, entrant dans le salon en vacillant, crotté et souillé de la tête aux pieds. Se cognant aux murs, il est passé dans la pièce à côté pour en ressortir aussitôt, armé d'un revolver de fort calibre. Il s'est mis à chalouper et à nous haranguer avec de grands gestes, braquant sur chacun de nous tour à tour le canon de son revolver.

D'une voix relativement calme, sa femme a suggéré que nous remettions notre dîner. Je l'ai regardée avec stupéfaction. Comment pouvait-elle faire comme si de rien n'était alors que moi, je m'attendais à mourir d'un instant à l'autre! Mais Gaston n'a pas apprécié cette suggestion et il nous a fait sortir tous les trois sous la menace de son arme.

Ah! la France, les grands restaurants, les vieux petits vignerons...

Gaston radotait sur le siège arrière, s'avachissant sur sa femme à chaque virage. Je redoutais une balle à travers mon dossier. La voiture puait le crottin, le pastis et la lotion après-rasage.

Quand nous sommes arrivés au restaurant je me suis vite tiré hors de l'auto. Mes compagnons se sont mis de concert pour tenter de convaincre Gaston qu'il valait mieux remettre notre dîner. Il a gesticulé pour s'extraire de la voiture mais il avait visiblement son compte et ne pouvait plus se tenir debout.

« Impossible de remettre, dit-il ; mon père ne serait pas content. »

Finalement, mon importateur, qui pesait dans les cent kilos à côté des soixante-dix de Gaston, s'est mis en travers de la portière et lui a déclaré : « Vous allez vous asseoir et vous taire, sinon, je me charge de vous faire taire. »

J'étais impressionné et, à l'évidence, Gaston l'était aussi car il s'est rassis, comme s'il s'affaissait au ralenti et il a semblé tomber dans les pommes. Pas le moindre cillement de notre bête féroce, même quand nous l'avons porté jusqu'à sa salle de bains (non sans l'avoir laissé tomber sur le plancher) avant d'abandonner sa pauvre femme au nettoyage des dégâts.

Plus tard, les cancans du village m'ont appris que Gaston avait souffert toute sa vie d'un père tyrannique qui le diminuait à tout bout de champ. Gaston aimait une fille du pays qui s'occupait de ses chevaux et de l'écurie, mais son père avait menacé de le déshériter s'il l'épousait. Le père avait ensuite arrangé un mariage convenable avec celle que j'ai rencontrée, permettant ainsi à Gaston de devenir le maître du domaine. Il payait cependant le prix de tout cela.

*

Les dégustations dans les caves des négociants étaient des épreuves de marathon, de sorte que j'ai dû apprendre à cracher tout ce que je goûtais. Mais cela n'est pas si difficile et ne gêne en rien l'appréciation du vin. Vous le savourez simplement, le faisant rouler sur votre langue et vous visez ensuite le seau, l'évier, ou le sol si c'est du gravier. Etre émêché avant dix heures du matin n'est pas professionnel, et chaque maison avait à cœur d'offrir un large éventail d'appellations à déguster, de la Bourgogne au Châlonnais, en passant par le Beaujolais et les Côtes du Rhône. Certains crus étaient disponibles en plusieurs millésimes. Dans une seule cave, j'ai pu acheter des Bourgogne de 1971, 1969, 1966, 1959, 1953, 1947 et 1945.

Aussi curieux que cela puisse paraître, les vins de chaque maison avaient un style propre qui prédomine leur type plus que la spécificité du terroir ou le caractère du millésime. Par exemple, un Volnay 1970 de chez Gaston ressemblait davantage à son Nuits-Saint-Georges 1949 qu'à d'autres Volnay ou à d'autres 1970. Il y avait une étrange et quasi inexplicable similitude entre tous les vins d'un négociant. J'attribuais la difficulté à les différencier à mon manque d'expérience. Je pensais que mon palais peu instruit n'était pas capable de distinguer des nuances subtiles.

Aujourd'hui, je suis moins sûr que c'était la faute de mon palais, grâce à des conversations incidentes comme celle que j'ai eue avec un viticulteur de Chambolle-Musigny.

Il m'a raconté qu'il avait bradé chez un négociant sa récolte 1977 parce qu'il n'en était pas satisfait. Le camion-citerne est arrivé et a pompé tout à la fois le Bonnes Mares (un grand cru), le Chambolle Les Amoureuses (un premier cru) et le Chambolle Villages. Tout dans le même réservoir. Malgré ça, le négociant a également emporté les documents lui permettant de vendre ses bouteilles sous les étiquettes respectives de chacun des crus. Les résonances de cette petite histoire sont infinies.

Après un voyage viticole en France, Thomas Jefferson écrivit à l'un de ses amis pour le conseiller sur la manière d'acheter du vin français : « Le vigneron ne frelate jamais son vin. Bien au contraire, il lui donne les soins les plus attentifs et les meilleurs qui soient. Mais dès qu'un vin passe entre les mains des marchands, il n'en ressort jamais sans avoir été mélangé. Cela étant la base même de leur commerce, aucun degré d'honnêteté, d'amitié personnelle ni de parenté ne peut les empêcher d'agir ainsi. »

Un « marchand » – ou négociant – nous a versé un délicieux Bonnes Mares 1954. Mon importateur lui a fait observer que l'année 1954 avait mauvaise réputation en Amérique.

« Que souhaiteriez-vous ? » a demandé le négociant. « Je peux l'étiqueter 1953 ou 1955, comme vous préférez. »

Je pensais que, s'il était capable de faire cela, il n'aurait aucun scrupule à m'expédier un vin différent de celui que j'avais réellement goûté et commandé. Cette idée m'inquiétait.

Les vins de Gaston n'avaient rien de commun avec tous ceux que je goûtais par ailleurs. Ils étaient étonnants de lourdeur et de tannicité pour des vins de Bourgogne. Deux ans plus tard, j'ai retrouvé le style maison de Gaston dans les Châteauneuf-du-Pape que j'ai goûtés lors de mon premier voyage dans le Sud rhodanien : même lourdeur, mêmes tanins, arômes terriblement identiques.

Il est vrai que mon premier voyage en Bourgogne était celui d'un débutant. De ce fait, les Bourgogne de Gaston ont connu un joli succès car, à l'époque, les palais californiens (le mien inclus) exigeaient des gros vins qui en mettent plein la bouche sans considération d'autre qualité, y compris l'authenticité. En règle générale, les Bourgogne mis en bouteilles par les négociants jouissaient d'un quasi-monopole, de sorte qu'on n'avait pas d'autre étalon. Et, bien entendu, le goût californien avait été formé par les gros vins viscéraux et solaires du pays. Le Bourgogne n'a jamais été un vin inondé de soleil.

Avant ce premier voyage, ma seule école de dégustation, si l'on peut appeler cela une école, consistait en de fréquentes dégustations à l'aveugle, les étiquettes étant masquées pour cacher l'identité de chaque vin, ce qui est supposé garantir l'objectivité des dégustateurs. Invariablement, les gagnants étaient des bombes de gros calibre, des vins chargés de tanins et d'alcool : «le plus, le meilleur». De tels vins font une impression écrasante, surtout au premier coup de nez et de langue, et c'est ce qui compte dans une dégustation à l'aveugle. Mais l'excès de tanins et d'alcool inhibe les papilles gustatives. Les facultés du goût s'en trouvent physiquement abîmées. Quand on déguste en situation normale, c'est-à-dire à table où le vin tient sa vraie place, il est difficile de maintenir son seul intérêt pour le tanin et l'alcool.

«Quel vin énorme!» était l'appréciation courante servant de guide à la préférence lors de ces dégustations à l'aveugle.

C'est pour cela qu'à mon premier voyage d'achat j'ai recherché les GROS vins. Un Corton pouvait sentir le Châteauneuf-du-Pape ; s'il avait de la mâche je l'achetais, mais s'il n'avait guère de mordant je l'écartais. A mon vif regret, cela veut dire que j'aimais mieux un gros vin viscéral au nez vulgaire qu'un cru délicat aux saveurs délicieuses.

*

Tout a changé lors de mon second voyage en Bourgogne. J'y suis retourné afin de déguster les vins mis en bouteilles au domaine pour Frank Schoonmaker Selections.

En visitant des petites caves tout au long de la Côte d'Or, j'ai commencé à m'apercevoir que chaque village – Fixin, Gevrey, Morey, Chambolle, par exemple – faisait du vin au caractère distinct de celui de ses voisins. Après les vins du *négociant*, c'était comme si, ayant nagé sous l'eau les yeux ouverts, on m'avait soudain offert un masque de plongée.

23

INTRODUCTION

Le dernier jour de mon périple, l'un des vignerons m'a dit qu'à son avis le viticulteur bourguignon le plus talentueux était Hubert de Montille à Volnay. J'ai annulé ma réservation sur le vol de retour et j'ai roulé jusqu'à Volnay.

Hubert de Montille émerge d'une foule grâce à son crâne rasé, qui n'est pas lisse comme une boule de billard mais qui ressemble à l'œuvre d'un sculpteur. Les bosselures et leurs creux, les profils et leurs ondulations donnent une impression d'intelligence, comme s'ils étaient l'extériorisation naturelle d'un labyrinthique processus mental. En même temps, notre homme a une élégance campagnarde mise en valeur par ses vêtements. Son pantalon de velours côtelé est quelque peu élimé, mais on pourrait passer des heures à chercher dans les meilleures boutiques de Paris sans trouver tissu d'une aussi belle qualité.

Il a orchestré une dégustation. Orchestrer est bien le verbe, car la suite des vins s'est enchaînée comme un programme de variations musicales. De Montille est également avocat. Peut-être avait-il construit sa dégustation à la manière d'une grande plaidoirie ? Quoi qu'il en soit, c'était une représentation.

Nous avons commencé par ses vins nouveaux en barriques, du millésime 1974.

Ils étaient légers et odorants : du raisin de pinot noir aussi pur que séduisant. Alors qu'auparavant, je cherchais la qualité d'un vin d'abord dans son volume en bouche, les Volnay et les Pommard de Hubert de Montille rendaient la notion de corps sans signification. Certains étaient plutôt légers, certains plus corsés, certains étaient éthérés et délicats, d'autres puissants et charnus. Le volume en bouche était un aspect qui n'influençait aucunement l'appréciation positive ou négative. Mais alors, le bouquet dégagé par ces vins, leur richesse gustative, leur harmonie...

Après avoir dégusté les 1973, 1974, 1971, 1969, 1966 et 1964, nous avons terminé par une demi-bouteille de son Volnay Taillepieds 1959 qui, selon Montille, commençait de passer de l'autre côté de la barrière. Moi, il me donnait envie de l'accompagner.

En ce temps-là, mon français était très laborieux, aussi sommes-nous allés en voiture à l'office du tourisme de Beaune pour trouver un interprète susceptible de nous aider dans nos négociations.

J'ai quitté la France en ayant fait ma première découverte de vin, mon premier achat direct dans un domaine viticole français et je suis aussitôt devenu totalement insatisfait des autres vins que je vendais. Dans l'avion mes pensées planaient.

«Je voulais trouver d'autres Montille. J'en voulais à Vosne, Nuits, Aloxe, Savigny, dans chaque village de Côte-d'Or. Je voulais que le Boeing 747 fasse demi-tour pour que je puisse commencer à dénicher des propriétaires.»

Cette seule dégustation était une révélation et ce qui fut pour moi une occupation intéressante est devenu une passion.

*

Mon enthousiasme a dû être contagieux car la plupart des vins de chez Montille avaient déjà été réservés par mes clients avant l'arrivée de la livraison. Au déchargement du bateau, j'étais impatient de déboucher une bouteille. J'ai versé un peu de Volnay Champans 1972 dans un verre pour y coller mon nez.

Où donc était passé ce fabuleux type de pinot noir? Comment un vin aussi expressif était-il devenu muet? Il n'était pas mauvais mais il ne ressemblait en rien à celui que j'avais goûté à Volnay. J'ai aussitôt téléphoné en France pour demander à M. de Montille pourquoi il ne m'avait pas expédié exactement le vin de son échantillon. Il a protesté que c'était ce qu'il avait fait. Il m'a dit que son vin était naturel et que, peut-être, il n'était pas au mieux de sa forme après son voyage d'un long mois de Volnay à Berkeley. «Mettez donc les vins dans une cave fraîche pendant six mois, pour voir s'ils récupèrent.»

Ils ont récupéré. Mais quand le moment arriva d'importer un autre contingent de vins de chez Montille, j'ai décidé d'utiliser un conteneur frigorifique, histoire de voir si la température pendant le voyage pouvait faire une différence. La compagnie maritime de fret me croyait fou. Les *reefers*, comme on appelle ces conteneurs, servent aux aliments tels que le fromage et la viande : des denrées périssables. Mais j'avais des raisons de croire que le vin de Montille était lui aussi périssable. Ma première commande n'avait pas vraiment péri, mais elle était arrivée avec une sorte de *maladie*.

Le vin voyage en conteneurs métalliques d'environ 1 200 caisses. Je me suis demandé à quel degré s'élève sa température intérieure lorsqu'il traverse l'Atlantique, passe le canal de Panama à toute petite vitesse et longe la côte du Mexique jusqu'en Californie. Est-ce que je survivrais moi-même à un semblable voyage dans le même conteneur ? Il devait ressembler à un four.

Lorsque la deuxième expédition est arrivée, j'ai débouché une bouteille prélevée directement au conteneur et là, dans mon verre, j'ai retrouvé le vrai Montille dans toute sa splendeur. Il se goûtait exactement comme dans sa cave d'origine. Après cette expérience, je n'ai jamais pris que des conteneurs frigorifiques pour toutes mes expéditions de vins, fussent-ils des Bourgogne, rares et chers, ou des petits vins de pays bon marché.

La différence entre un vin qui voyage à la température de la cave et un vin expédié en conteneur standard n'est pas subtile. L'un est vivant, l'autre cuit. Je goûte cette différence. Et l'on ne sait jamais à quel point le vin souffrira parce que la météo de la traversée n'est jamais annoncée à l'avance. Il pourrait aussi bien arriver muet, comme mes premiers vins de Montille, que mort. Les coûts d'expédition en conteneurs frigorifiques sont plus élevés, mais le vin n'est pas abîmé.

*

A peu près au même moment, j'ai décidé de ne plus participer à des dégustations à l'aveugle. Elles me semblaient ineptes. Aveugle ! C'est dire quelle vision de la qualité on peut avoir à travers cette pratique à la mode. La méthode est malencontreuse, ses résultats sont fallacieux et trompeurs. J'ai réalisé que je ne pouvais pas avoir confiance en mon propre jugement dans ces conditions de dégustation. Des vins sont disposés côte à côte, goûtés, comparés et classés. On fait les comptes. Un vin gagne. Les autres ont perdu. La démocratie est en marche.

De telles dégustations n'ont rien à voir avec les situations dans lesquelles les vins seront sans doute consommés, c'est-à-dire à table, en mangeant. Lorsqu'une femme se choisit un chapeau, elle ne le met pas sur la tête d'une chèvre pour en juger l'effet ; elle le place sur sa propre tête. Il y a une grande, une immense différence entre le goût d'un vin à côté d'un autre vin et le goût du même vin avec un repas.

Faites vous-même ce test : prenez deux vins impeccables, un Bandol rosé du domaine Tempier – que *The Wine Advocate* a appelé le meilleur rosé de France – et une bouteille de Château Margaux, que maints critiques considèrent comme le meilleur Médoc du moment. Comparez-les côte à côte. Donnez-leur des notes. Aucune surprise si le Margaux l'emporte facilement. Maintenant, servez les deux vins avec un artichaut bouilli et classez-les de nouveau. Le Margaux est amer avec un goût métallique tandis que le rosé de Bandol s'élève en grâce et danse comme Baryshnikov.

Quel est le meilleur vin ? Lequel a *gagné* ?

Ou encore, comparez un bon Musigny et un bon Monthélie. En toute vraisemblance, si les vins sont bien faits, le Musigny devrait gagner. Mais votre bon plaisir du jour serait mieux servi par un jeune Monthélie, vif et léger, accompagnant par exemple des pâtes fraîches aux truffes. Et le Musigny, plus vieux, plus noble, viendra ensuite avec les fromages qui lui conviennent. Vous percevez alors le crescendo sensible établi par deux excellents vins. En les comparant côte à côte, vous aurez fait un gagnant et un perdant. Servis intelligemment à votre table, aucun des deux ne perdra, votre plaisir ira croissant et, finalement, ce sera vous le gagnant.

Et que dire de ces gens qui serviraient toujours du Musigny plutôt qu'un Monthélie sans considération pour ce qui est dans leur assiette ? Ce ne sont pas des amateurs de vin. Ce sont des goûteurs de standing.

On ne peut juger un vin que relativement à son environnement immédiat. Tel chardonnay qui aura la faveur dans le contexte d'une dégustation comparative ne sera pas forcément le meilleur avec un plateau d'huîtres.

Je me suis aperçu que la plupart des crus champions en dégustations à l'aveugle ne sortaient guère de ma cave personnelle, parce que je n'avais aucun désir de les *boire*. De même qu'ils avaient écrasé les autres vins pour triompher d'une dégustation comparative, ils risqueraient de tuer virtuellement toute cuisine. Les boirons-nous sur un stilton ? du gras de mouton ? des enchiladas ?

Ces gros pinards, bagarreurs impénitents, remplissent admirablement un rôle : gagner dans les dégustations comparatives. (Une fiche de notations lors d'une semblable dégustation allouait quatre points sur vingt au CORPS !) Habituellement, ces vins ont tout donné dès le premier contact, alors qu'un grand vin est une question de nuances, de découverte, de subtilité, d'expression... autant de qualités vous incitant à y revenir pour goûter encore. Ecarter un vin parce qu'il manque de corps, c'est comme ne pas vouloir d'un livre sous prétexte qu'il est trop court, ou refuser un morceau de musique parce qu'il n'est pas assez bruyant. Au fur et à mesure que ces champions «poids lourds» prenaient de l'âge dans ma cave, je comprenais que le corps n'a pas grand-chose à voir avec le potentiel de vieillissement. Beaucoup de monstres mûrs et tanniques en diable perdaient leur fruit mais restaient des monstres de tanin agressifs au palais. On se fait mal à la bouche en les buvant.

Les vins bien équilibrés évoluent bien quelle que soit leur charpente. En 1985, j'ai goûté un La Tâche 1954. C'était presque du rosé. Question corps, il était pratiquement inexistant. Et pourtant, ses arômes et ses saveurs étaient magiques. Je n'oublierai jamais ce vin-là. Aussi léger qu'un flocon de neige, il était sublime à trente et un ans d'âge.

En 1983, j'ai dégusté un Château Rausan-Ségla 1900. Il ne se goûtait pas vieux ; il vibrait, il était vivant, *à point*. Au cours de ses quarante ou cinquante premières années, comment aurait-il été noté dans une dégustation comparative ? Il avait dû être fermé, chaste, serré, raide.

Bien entendu, la puissance d'un vin est importante, mais seulement par rapport à sa place dans l'ordre et la progression des autres vins servis, ainsi qu'à son alliance avec le plat qui sera cuisiné.

Les scores des dégustations comparatives peuvent faire la une des journaux. Ils ont eu un tel impact médiatique que certaines pratiques œnologiques ont changé pour produire des vins qui soient conformes à la formule gagnante. Aujourd'hui, les vins de Bordeaux sont conçus aux fins de séduire, dès qu'ils sont mis à la vente, les journalistes et les dégustateurs «aveugles» provoquant ainsi une demande précoce chez les consommateurs. Un vin comme mon Rausan-Ségla 1900 ne peut pas trouver sa place dans le climat commercial actuel.

Bordeaux, Bourgogne, Beaujolais... presque toutes les régions viticoles de France sont coupables de surchaptalisation (on ajoute trop de sucre dans le moût de façon à augmenter la teneur en alcool). Cela, parce que le public veut des vins costauds et, pour lui, un titre d'alcool élevé signifie un vin bien corsé. Autrefois, le Beaujolais était un vin léger, un peu pointu, facile à boire. On pouvait se descendre une bouteille pendant le déjeuner sans avoir besoin de faire la sieste. Maintenant, ce gros Beaujolais que vous goûtez a probablement débuté dans l'existence avec dix degrés d'alcool naturel – soit un vin léger – pour finir en bouteille à quatorze degrés – soit un vin très corsé. Après tout, c'est le consommateur qui décide si le vin doit avoir bon bouquet et bon goût ou bien s'il doit seulement savoir cogner. Le jour où le public changera de critères, nous boirons tous du meilleur vin.

*

En 1976, mon français rudimentaire me causait encore des problèmes. Un ami m'a parlé d'un Américain vivant en France depuis plus de vingt ans et qui pouvait peut-être se laisser convaincre d'être mon interprète dans les caves. De surcroît, il connaissait le vin et devait avoir quelques bonnes adresses. Son nom, Richard Olney, ne signifiait rien pour moi mais, quand je l'ai mentionné devant Alice Waters, qui tient le restaurant

Chez Panisse à Berkeley, celle-ci s'est exclamée : « Richard Olney ! Vous n'y pensez pas : faites vos valises et prenez l'avion ! »

Je me rappelle mon réveil chez Richard, dans son mas provençal à flanc de colline, le lendemain de mon arrivée. Nous devions partir ce matin-là dans les vignobles. Le décalage horaire et l'air frisquet de novembre m'engourdissaient jusqu'aux os. Nous nous sommes réchauffés devant la cheminée de la cuisine, avec du café et des tartines grillées, tandis que le mistral essayait de faire envoler le toit. Le temps de nous préparer pour aller à Châteauneuf-du-Pape, il était déjà onze heures et demie. Richard a suggéré que nous cassions la croûte avec un peu de fromage de manière à éviter une halte trop hâtive dans un restaurant. Il a apporté un plateau de fromages sur un lit de feuilles de vigne aux couleurs d'automne et il a débouché un vin rouge de 1969 en provenance de la région de Bandol. Cela a l'air tout simplet, mais j'étais ahuri par ce mariage de vin et de fromage (pour la plupart des chèvres doux d'âges différents). Et par ce vin rouge, sauvagement exquis.

Je me suis demandé : « Bandol, c'est quoi ? »

Ainsi dégusté *avec* ces fromages, il m'est apparu comme l'un des vins les plus extraordinairement délicieux que j'eusse jamais goûtés.

Ce petit casse-croûte a deux morales : vous pouvez trouver de l'or dans les endroits les plus improbables (Bandol, par exemple), et vous pouvez créer « quelque chose » par un assortiment du manger et du boire qui dépasse chacun de ses composants pris isolément.

Au bout d'une semaine, Richard m'avait fait connaître Hermitage, Cornas, Côte Rôtie, Condrieu, Muscat de Beaumes-de-Venise, Côtes de Brouilly et Mercurey, en plus de Bandol.

De surcroît, il a modifié ma façon de déguster, d'apprécier et de choisir le vin. Il ne m'a pas donné de cours. Je l'observais en train de goûter, je voyais comment il mariait un plat et un vin au restaurant. J'écoutais ses commentaires dans les caves, quand il cherchait à différencier chaque vin par ses caractéristiques. Il ne dégustait jamais avec dans sa tête l'idée fixe du « vin parfait ». Il évaluait la finesse, l'équilibre, la personnalité et l'originalité. Si un vin avait quelque chose à dire, il l'écoutait. Si un vin était un simple cliché, il s'y intéressait peu. S'il était individuel, différent des autres, il l'appréciait davantage.

Chez un viticulteur du Beaujolais, Richard a acheté un petit fût de vingt-cinq litres d'un vin nouveau, léger et acide, pour le mettre en bouteilles chez lui. Je lui ai dit qu'il serait impossible de vendre un vin comme ça en Californie : « Il est bien trop léger, bien trop vert. »

Il m'a répondu : « Mais c'est tout à fait ce qui me plaît en lui. »

Tous les deux, un après-midi, nous l'avons mis en bouteilles, bouché, et nous en avons picolé une joyeuse quantité. Non, nous ne discutions pas du taux de pH, ni du chêne neuf, ni du corps, ni de la finale... Seulement ce vin était plein de gaieté. Son fruit acide parfumait à la fois la bouche et l'esprit. Apparemment, il nous désaltérait, mais notre soif ne s'étanchait qu'à chaque nouvelle gorgée vermeille.

Par-dessus tout, le vin est plaisir. Ceux qui voudraient le rendre pesant le rendent triste. Les gens parlent des mystères du vin mais la plupart n'ont rien à ficher d'un mystère. Ils veulent tout le truc du premier coup : un coup de nez, un coup de langue. Si vous gardez l'esprit ouvert en abordant chaque vin sur son terrain, vous avez toute la magie d'un monde à découvrir.

LOIRE

Si je jette un coup d'œil rétrospectif sur mon premier voyage dans la Loire, je vois un homme plus jeune, acceptant des manques de confort qui me sembleraient aujourd'hui des supplices. J'avais pris un vol de San Francisco à New York, changé d'avion, atterri à Paris, loué une voiture et roulé jusqu'en pays de Loire. Le tout en vingt-quatre heures, avec un décalage de neuf heures. En ces temps-là, la motivation, l'attrait du nouveau et l'excitation de la chasse m'entraînaient d'une cave à l'autre sans aucune pause. Ce fut une époque de découvertes : découvertes de vins, de vignerons et découverte de la France. Un flux d'adrénaline maintenait mon sang aussi chaud qu'étaient froids les celliers de la région.

C'était à la fin de l'automne, saison de la chasse, et je me suis installé dans un modeste hôtel à une étoile. Je me suis effondré sur le lit pour un petit somme en fin d'après-midi et, deux heures plus tard, j'ai dû lutter pour émerger de ce trou noir où sont plongés tous ceux qui connaissent le décalage horaire. La salle à manger de l'hôtel était animée et colorée, remplie de chasseurs en grande tenue de tueurs avec leurs vestes d'un rouge éclatant et leurs bottes de cuir noir bien astiquées. A ma manière, j'étais dans l'ambiance. Moi aussi, j'étais là pour chasser à courre.

Les Bourgogne figurant sur la carte des vins étaient des mises de négociants aux prix plus élevés que les miens dans ma boutique de Californie. Les quelques Bordeaux étaient trop chers et bien trop jeunes. Il y avait toutefois une fascinante collection de vins rouges peu connus en provenance de la vallée de la Loire : Chinon, Bourgueil, Saint-Nicolas-de-Bourgueil et Sancerre. Profitant de mon dîner pour faire de l'exploration, j'ai demandé au patron de m'apporter son meilleur vin de Loire rouge. Il m'a servi un Bourgueil. Son prix était indolore, sa couleur violacée était prometteuse, ses arômes étaient chargés de fruits rouges, son goût était original et délicieux ; si délicieux que j'ai demandé d'emporter quelques demi-bouteilles dans mon coffre de voiture pour les partager avec amis et vignerons sur ma route. C'est ainsi que débuta mon histoire d'amour avec le cabernet franc de Chinon et de Bourgueil ; au mieux de leur forme, ces vins ont un tel caractère qu'ils déconcertent le plus souvent les dégustateurs novices. Au premier contact, c'est l'amour ou la haine. Cela n'est guère différent lorsque vous rencontrez quelqu'un doté d'une forte personnalité.

Voyant mon appréciation de son Bourgueil, le patron de l'hôtel m'a recommandé ensuite un Sancerre *rouge*. J'avais toujours pensé que tout Sancerre était blanc. Non – me dit-il – on y trouve un peu de pinot noir. Ce vin avait été parfaitement vinifié. Celui qui était capable de produire un aussi remarquable pinot noir dans une région aussi inattendue que Sancerre méritait une enquête. J'ai donc noté le nom du *domaine* que j'appellerai domaine X pour des raisons que vous allez bientôt comprendre.

Le lendemain matin, un concerto pour cloches et chiens de chasse me réveilla de bonne heure. Un soleil clair et brillant était impuissant à réchauffer le petit froid sec de l'air.

J'avais deux jours à consacrer à Sancerre. Le domaine X n'était que l'un des nombreux producteurs visités, y compris un très important négociant qui semblait posséder presque tout le centre du Sancerrois et dont le nom était ironiquement écorché par certains viticulteurs de sorte qu'il signifie «moitié eau». Une inquiétante quantité de caves avaient des tonneaux de chêne pour décorer l'extérieur et des cuves en inox à l'intérieur. Mais ma visite au domaine X a approfondi ma compréhension du vin et m'a aidé à choisir la voie qui est désormais la mienne.

A vrai dire, M. X était un vieux bonhomme, bourru et désabusé, qui voulait bien davantage parler de son fils absent que de n'importe quoi d'autre, le vin inclus. Son fils : qui parlait couramment plusieurs langues, qui avait fait quatre fois le tour du monde, et qui un jour prendrait en mains la propriété, à moins que, d'ici là, il ne soit élu président de la République. M. X a regardé sa montre avant de me dire : «En ce moment même, il se trouve en Indonésie.»

Tous les vins blancs de Sancerre que j'avais dégustés, l'un après l'autre et à longueur de journée, avaient été tirés soit de cuves verrées, soit de cuves en inox. Agréables et faciles, ils se ressemblaient tous. Certains viticulteurs étaient en train de préparer leurs mises en bouteilles à peine six semaines après vendange. C'est tout simple : vous chauffez votre cuvier pour accélérer la fermentation, puis vous faites circuler votre vin à travers un filtre stérile avant de le mettre en bouteilles. Vous n'avez plus aucun souci. Mais les Sancerre de M. X, eux, étaient encore en paresseuse effervescence, fermentant dans de très vieilles barriques de chêne gris qui avaient été le berceau de bien des millésimes. Pour moi, Californien, le chêne neuf était synonyme de sérieux et de qualité. Pourquoi M. X utilisait-il de la vieille futaille ?

Il grommelait : «Le chêne neuf masque tout : les qualités comme les défauts. Moi, je n'ai rien à dissimuler derrière le goût du chêne neuf. Au contraire !»

J'étais frappé de constater combien cette fermentation en barrique donnait plus de profondeur au vin, davantage de dimensions que chez les vins issus de cuves en inox, où ils sont enfermés, confinés, comme étouffés. En barrique, il y a un échange entre le vin et l'air. Le vin respire à travers les pores du bois. Et cet air qui pénètre lui apporte les odeurs ambiantes de la cave dont il s'imprègne de façon quasi imperceptible.

Cela explique peut-être pourquoi le vin qui ne voit que du verre ou de l'inox semble, en comparaison, unidimensionnel. Bien sûr, si le producteur n'est pas d'une attention fanatique, le vin en barrique peut trop s'aérer. Au lieu d'une évolution bénéfique, au lieu de cet affinage subtil, vous aurez un vin oxydé. Surveiller chacune des barriques, les garder toutes constamment remplies à ras bord pour éviter l'oxydation, c'est du travail. D'où la généralisation actuelle de l'acier inoxydable. Il est plus facile, plus sûr, et les grandes cuves prennent moins de place. Mais on perd quelque chose.

Une deuxième différence entre X et les autres : il n'avait pas un Sancerre blanc, mais trois. Il m'a expliqué qu'à Sancerre se trouvent différents *terroirs*. Ses propres vignes étaient plantées sur trois types de sols, calcaires, siliceux et argileux. Chez les autres propriétaires, il aurait été difficile de sélectionner le sauvignon le meilleur et le mieux équilibré parce que le fruité du raisin dominait partout. Au domaine X, le caractère sauvignon était évident mais seulement pour partie de l'impression gustative. La personnalité propre à chacun des terroirs était bien plus importante, car son vin était vinifié et embouteillé séparément, identifié sur l'étiquette par le nom particulier du vignoble. Ici se trouvaient des vins du même cépage, de la même cave, de la même vinification et du même millésime, mais, en les goûtant côte à côte, on rencontrait trois personnalités remarquablement différentes. Et, par exemple, le vin issu du sol siliceux gardait les mêmes traits de caractère, de façon constante dans n'importe quel millésime : il était moins gras, plus ferme avec un goût de pierre à fusil plus marqué que chez les deux autres vins. Je pensais alors : Ah, si seulement tout le monde pouvait faire une dégustation comparative de ce genre, au lieu de ces stupides dégustations à l'aveugle qui font tant fureur ! Ici prenait place une dégustation comparative qui approfondissait la prise de conscience du mystère du vin.

Le troisième aspect remarquable était la vieille cave elle-même. Elle avait été construite sur plusieurs niveaux à flanc de colline afin de permettre des soutirages et des mises en bouteilles par simple gravité.

En évitant les pompes mécaniques, M. X mettait en bouteilles des vins qui conservaient toute leur nervosité et leur vigueur. Par la suite, je me suis toujours informé sur les méthodes de mise en bouteilles dans les nouvelles caves que je visitais.

L'essentiel est que les vins de M. X n'étaient pas des Sancerre d'un standard uniforme qui pouvaient se lamper d'un trait comme tant d'autres. Ils étaient plus profonds, plus excitants à déguster, parce que l'intelligence et l'imagination se trouvaient impliquées pour identifier et définir leur personnalité. Au lieu de donner l'impression que le vin est une boisson quelconque, ils faisaient prendre conscience de sa capacité à communiquer son message.

Pendant des années, j'ai importé les Sancerre du domaine X. Pour certains millésimes, j'achetais les vins en provenance des trois terroirs. Je ne dirai pas qu'ils connurent un grand succès commercial ; un vin à la personnalité accentuée attire une faible proportion de clientèle. Mais j'étais très fier de les vendre car j'étais convaincu d'importer ce qui existait de meilleur. Imaginez donc mon émotion quand je me suis présenté, un beau matin de printemps, au domaine X, pour y être reçu par le fils. Il avait fait construire un nouveau bâtiment ressemblant à une grange et l'avait empli de cuves en inox. Leurs reflets miroitants faisaient penser à la galerie des glaces d'une foire. L'image de ma figure était longue d'un mètre ! Il y avait une centrifugeuse toute neuve. Il y avait une cuve spéciale permettant de réfrigérer le vin au-dessous de zéro pour empêcher tout dépôt de cristaux de tartre. Il y avait divers engins tels que pompes et filtres. L'endroit ressemblait à une salle d'exposition-vente de matériel de vinification. Pire encore, il y flottait l'odeur d'une usine fabriquant de l'anhydride sulfureux. Où donc étaient ces bons vieux tonneaux massifs où le vin bouillonnait doucement ? Où étaient passés les beaux outils en bois comme le maillet taillé à la main dont le vieux père X se servait pour faire sauter à petits coups les bondes des barriques ?

Je n'ai pas pu me retenir. Je lui ai demandé pourquoi il avait besoin de centrifuger, de stabiliser à froid, de filtrer, et aussi de doser ses vins avec de telles quantités de SO2. Ce type ne prenait aucun risque. Se pavanant comme un coq, il m'a conduit dans son bureau, un cigare planté dans sa barbe broussailleuse ; il avait la tête enflée comme un gros ballon d'autosatisfaction. Il a montré d'un geste une carte du monde accrochée au mur derrière son bureau. J'y étais représenté par une punaise de couleur transperçant la Californie. L'Angleterre aussi en avait une, et la Belgique, le Danemark, etc. Il a frappé du doigt une punaise solitaire, perdue au milieu du continent africain, en me disant : « Là, je vends cinquante caisses par an, et il n'y a aucun moyen de savoir quelles seront les conditions de livraison. Je dois protéger mon vin d'une éventuelle détérioration. » Voilà un individu qui voulait dépouiller son vin de tout caractère afin de protéger cinquante caisses.

J'ai goûté les vins chargés de soufre. Ils se ressemblaient tous, les malheureux. Je suis parti sans passer commande. J'ai pris ma voiture en pestant à haute voix. Ce fessecul a démoli mon Sancerre !

Visitant les vignobles français au fil des années, j'ai commencé à me rendre compte que mon expérience au domaine X était représentative d'une évolution de l'œnologie française. De ce fait, la découverte dans chaque région de vins traditionnels et l'éducation de mes clients pour leur faire apprécier la diversité et les vertus de ces vins sont devenus pour moi une sorte de croisade.

*

Après Sancerre, je suis allé vers l'ouest, direction la Touraine, pour inventorier les rouges de la région. J'ai trouvé un Chinon et un Bourgueil que j'ai importés et présentés à mes clients pour ce qu'ils étaient : des petits crus de pays, ni plus ni moins que de charmants petits vins gouleyants, amusants à être bus frais à cause de leur goût de fruits rouges. Comme c'est souvent le cas, une première tournée dans une nouvelle région ne m'a pas permis de dénicher les meilleurs vins. C'est un voyage exploratoire. Avec un peu de chance, je peux tomber sur quelque chose d'intéressant, soit de bons vins pour stimuler l'intérêt de mes clients, soit encore des jalons pour mes visites ultérieures. Les vins achetés n'étaient pas des monuments élevés à l'art vigneron, mais ils se distinguaient des vins rouges californiens de l'époque qui semblaient résulter d'un championnat pour voir lequel arriverait à être le plus gros monstre d'alcool. Les dégustateurs qui avaient l'esprit ouvert appréciaient ces rouges de Loire. L'un d'eux me déclara qu'ils se goûtaient comme des « Beaujolais de Bordeaux » à cause de leur charme juvénile et de leur type cabernet.

Puis, lors de mon voyage suivant en Bourgogne, Jacques Seysses du domaine Dujac m'a raconté qu'il revenait juste d'une tournée dans les vignobles de Loire en compagnie d'un petit groupe de propriétaires bourguignons. Un cru se détachait des autres, me dit-il, le Chinon de Charles Joguet. J'ai griffonné ce nom sur mon carnet et, quelques jours plus tard, j'ai pris l'auto pour le trouver.

Il n'y a pas d'autoroute de Bourgogne à Chinon, à moins de monter jusqu'à Paris et de redescendre vers le sud en sortant à Tours. J'ai pris des routes de campagne qui serpentaient oisivement à travers le paysage d'un petit village à l'autre : Varzy, Douzy, Cosne-sur-Loire, Vailly-sur-Sauldre, Aubigny-sur-Nère et Souèsmes, des villages où les gens que vous apercevez scrutent avec une vive attention votre plaque d'immatriculation, tâchant de déduire votre provenance d'après les deux derniers chiffres. On a l'impression que ce jeu est le temps fort de leur journée. Tous ces villages semblent mourir d'ennui, du moins vus en passant. Après Sancerre, j'ai traversé la Sologne où des forêts se pressent en foule de chaque côté de la route et, à cette époque de l'année, les feuilles d'automne tourbillonnaient derrière ma voiture tandis que je fonçais à la poursuite du soleil couchant.

Je suis arrivé tard à Sazilly, le village de Joguet, près de Chinon, et mon retard s'est aggravé à chercher sa maison. Il n'y avait aucune pancarte pour l'indiquer. Il commençait à faire sombre et terriblement froid. Le sol crissait sous mes pas. Pointant le nez à travers le créneau d'une grande haie, j'ai aperçu le plus extravagant personnage que j'aie jamais vu : un gnome tordu, une créature bossue qui avait de la difficulté à me situer car il ne pouvait ni tourner ni courber le cou. Pour me regarder dans les yeux, il lui fallait pencher le corps de travers et en bas. Je n'aurais pas été davantage étonné si j'avais rencontré une sorcière sur un manche à balai.

«Monsieur Joguet?» ai-je demandé.

Il m'a tiré par la manche pour me conduire à la porte latérale d'une maison bourgeoise toute simple. Il a frappé avec fermeté et s'est faufilé dans le crépuscule cendré et glacé. J'entendais des pas irréguliers à l'intérieur. La porte s'est ouverte et là, en pleine lumière, j'ai contemplé une deuxième silhouette torse dont la tête formait un angle bizarre. Il m'a tendu la main à laquelle il manquait bien un ou deux doigts. «Mon Dieu! me suis-je dit, c'est qu'il y en a toute une colonie! Bon, passons, n'importe quoi pour trouver une bouteille d'un vin correct...» Mais cependant, je remarquai que les yeux étaient ardents et intelligents avec une touche d'humour propre. C'était Charles Joguet.

J'appris plus tard que mon gnome de guide avait toujours servi au domaine, travaillant à la vigne, s'occupant des chèvres, des lapins et des poulets. Ce n'était pas un Joguet, et ces difformités n'étaient donc pas de famille.

Non, Charles avait eu récemment un accident d'auto. Il ne penchait qu'à titre provisoire à cause de la minerve qu'il portait pour réparer ses vertèbres cassées. Les doigts? Un vieil accident de voiture. La magie? Elle est bien à lui.

Nous avons commencé la dégustation par son 1976 fraîchement vinifié et tiré du fût. Son nez était dense en arômes de mûres et de violettes, suivi par un beau volume en bouche. Mûr, riche et délicieux, je sentais qu'il devait teindre ma langue de pourpre. Un vin sérieux, incroyablement goûteux, qui était à cent coudées au-dessus des petits vins de pays de mon premier voyage. Tout simplement, c'était alors le meilleur 1976 de tous les vins rouges français que j'eusse dégustés. Un Chinon! Et Charles Joguet n'avait jamais vu de ses yeux un importateur. Je me faisais l'effet de Christophe Colomb découvrant le Nouveau Monde.

Sortant de la cave dans l'obscurité, nous avons traversé un terrain à tâtons. Charles a ouvert une vieille porte en bois encastrée dans le rocher. Nous sommes entrés dans un caveau creusé dans le calcaire avec un sol de terre battue. Il était meublé de centaines de vieilles bouteilles. Je n'ai jamais eu aussi froid que dans ce lieu. Je claquais des dents et ma main tremblait tandis que je tendais mon verre pour goûter le 1975, suivi des 1974, 1973, 1971, 1969...

Avez-vous déjà vu quelqu'un pourvu d'une minerve en train de déboucher des bouteilles? Malheureusement, je ne pouvais rien goûter. Les vins étaient proches de la congélation. Cependant, les bouchons sautaient sans arrêt comme nous avancions, ou plutôt nous reculions dans le temps: 1966, 1964, 1961. Enfin nous avons emporté le 1959 à la maison et, en dernier recours, nous avons fait tourner nos verres devant le feu de bois pour tâcher de libérer un peu du bouquet qu'on aurait dit pris dans les glaces.

Ensuite, Charles m'a emmené dîner dans un restaurant de routiers tout proche, le seul restaurant de Sazilly. Il n'avait pas emporté de bouteilles, tous ces vieux Chinon dont seulement une ou deux gouttes avaient été versées, et nous avons mis dans nos verres le même pinard que celui des camionneurs. Du gros rouge livré en vrac. Bouteilles en plastique. A peine du vin.

J'ai fait remarquer à Charles: «Dommage! c'est le premier vin que je peux vraiment goûter.»

«Il n'est pas merdique, m'a-t-il répondu; ce vin est ultra-merdique.» Et il s'est esclaffé en reposant son verre sur la table: «*Shit-de-merde!*» ce qui est sans doute le *nec plus ultra* du franglais. Charles est sans cesse ordurier et il n'arrête pas de prononcer des aphorismes. Il vous suggérera par exemple: «Tout est possible», et, par la suite, «Rien n'est possible! La sagesse est tout; la sagesse, c'est de la merde. Chacun cherche l'amour; l'amour ne cherche personne.»

Je lui ai demandé pourquoi il n'avait pas apporté son propre vin tout en reniflant notre infâme picrate. Il sentait le vinaigre mais le plastique lui donnait un soupçon de complexité.

«Le propriétaire prendrait ça comme une insulte», m'a répondu Charles. La cuisine était d'un bon style familial. Surtout, elle était servie chaude. J'ai cessé de frissonner. L'hiver 1976 était glacial. Dame Nature se rattrapait sur la chaleur embrasée de l'été.

Quand je suis revenu à Sazilly au printemps suivant, Charles a répété la dégustation, millésime après millésime, et depuis lors je suis un fidèle convaincu. Son 1959 convertirait aux charmes du Chinon un palais de plomb massif. Et son 1976 continuait à se développer admirablement. Les arômes dionysiaques du vin nouveau avaient diminué; le bouquet devenait plus complexe, avec des nuances inexprimables dans un tournoiement olfactif. J'ai importé une cuvée spéciale issue de vieilles vignes, un peu chère pour du Chinon, que j'ai fini par vendre entièrement bien que la plupart des acheteurs de vins, en ce temps-là, fussent obsédés par l'idée de claquer leur argent pour ces monstres secs, durs et tanniques que la Bourgogne a produits en 1976. Un restaurateur m'a appelé pour me dire qu'il avait toujours adoré les Chinon dégustés en France et que celui de Joguet était le meilleur qu'il eût jamais goûté. Quand il connut son prix, il raccrocha, me disant que Joguet était bien trop cher. A six dollars la bouteille! Alors que sa carte des vins proposait quantité de Bourgogne et de Bordeaux à plus de cent dollars! Je me suis assis pour ruminer tout ça dans ma tête, tandis que j'entendais Charles me susurrer: «*Shit-de-merde!*»

Jeune homme, Charles avait quitté Sazilly pour l'Ecole des beaux-arts à Paris. Il s'est alors passionné pour la sculpture. Il a voyagé en Italie pour étudier les maîtres classiques, puis aux Etats-Unis pour connaître New York pendant quelques mois. Mais il est retourné à la vigne («instinctivement», dit-il) après la mort de son père en 1957. Il a commencé à partager son temps entre la vie de bohème à Paris et la vie du vigneron à Sazilly. Cette double existence continue aujourd'hui, et ses vins brillants reflètent à la fois son tempérament d'artiste et sa dévotion à la tradition familiale.

Ce n'est pas seulement que Joguet fait du bon Chinon: c'est qu'il est l'un des rares viticulteurs dont les vins peuvent être passionnants au point de vue esthétique, spirituel, intellectuel, autant que sensoriel. Bien sûr, je suis incapable de savoir combien mon jugement est influencé par le fait que je connais l'homme aussi bien que son vin. Ceux qui ont assisté à un récital de Judy Garland peuvent comprendre la façon dont elle entreprend une chanson, avec toute l'émotion, l'implication personnelle et la part de risque qu'elle assume dans son spectacle. Je vois Charles comme un artiste de scène et son vin comme sa chanson ou son numéro. Il refuse de jouer la sécurité. Il se peut qu'il rate une cuvée parce que son improvisation ou son inspiration n'ont pas marché comme il espérait. A la cuve suivante, pour les mêmes raisons, il réussit au-delà de toute attente. Ce vin-là vous exprimera quelque chose, quelque chose que vous percevrez à un certain niveau mais qui ne peut pas se traduire par des mots. Il en est de même pour l'expression musicale. Quand on essaie de raconter ce que cela veut dire, c'est ridicule.

Il y a toujours une crise menaçant de l'engloutir et de l'entraîner au fond. Joguet est perpétuellement au bord de la faillite. La plupart des gens ne comprennent pas que faire du bon vin coûte plus cher que d'en faire du médiocre. De prime abord se pose la question du rendement à l'hectare. Si vous permettez à vos vignes de produire deux fois plus, votre vin aura l'air dilué mais vous aurez le double de bouteilles à vendre. Un grand Chinon *devrait* coûter plus cher qu'un Chinon ordinaire. Charles fait tout ce qu'il faut pour la qualité, et quand il se soucie d'argent, c'est pour se demander : «Comment vais-je survivre encore un an?»

Il s'est fait escroquer par le fabricant qui lui a livré quatre nouvelles cuves de fermentation. Le revêtement intérieur n'était pas stable. Il a fait un procès qu'il a gagné. Entre-temps, le fabricant a fait faillite, de telle sorte qu'il a quand même perdu. Comment allait-il trouver le financement d'un autre jeu de cuves avant les prochaines vendanges? Il avait l'impression que ses banquiers avaient trop souvent déjà entendu son couplet de lamentation.

Autre passage du rire aux larmes, un ami a raconté à Charles qu'il voudrait lui montrer quelque chose d'intéressant : une terre à vendre dénommée le Chêne vert. Charles en avait entendu parler et savait même l'origine de ce lieu-dit. Il y avait eu un chêne de huit cents ans, abattu voici quatre siècles. «Je suis donc allé voir la propriété, les terrains, les vignes. Cet après-midi-là, la vieille ville de Chinon était illuminée par un splendide coucher de soleil. Je savais que le Chêne vert avait été l'un des deux vignobles plantés par les moines au XIe siècle. Ils y introduisirent le cabernet franc et connaissaient leur affaire car le Chêne vert est sans aucun doute le plus extraordinaire site viticole de Chinon. Mais la moitié était devenue sauvage et l'autre moitié comptait des vieilles vignes mal soignées qui devaient être arrachées. Le terrain est pentu et irrégulier, difficile à travailler. Je me disais : "Quel boulot pour le remettre en condition de replantation !" Aucun autre viticulteur n'était intéressé. C'était une vente aux enchères selon la vieille tradition de la *vente à la bougie*. Une chandelle brûle sur une planchette et quand la flamme s'éteint, la vente est adjugée. Cela prend deux ou trois minutes. J'étais curieux de connaître le prix d'adjudication et me suis rendu à la vente. Le seul enchérisseur sérieux voulait en faire un pâturage pour ses moutons ! Personne ne pensait que je l'achèterais, surtout pas moi. Au dernier moment, j'ai ouvert la bouche et voilà que la chandelle s'est éteinte. Je me suis dit : "Zut alors ! Où vais-je pouvoir trouver l'argent ?" Ce n'était pas cher, mais quand vous êtes fauché, rien n'est bon marché.»

Charles a survécu pendant des années comme un funambule sur sa corde raide, mais, maintenant, il dit que sa mise va devenir payante. Dès que les vignes auront assez d'âge, le Chêne vert produira son tout meilleur vin. C'est ainsi qu'il donne un sens à l'expression «être rentable».

Un soir, après avoir dîné ensemble à Chinon, j'ai invité Joguet à venir dans ma chambre d'hôtel pour goûter deux Bourgogne rouges qui m'avaient intéressé. J'aime déguster avec lui parce qu'il va toujours droit au cœur des choses, et ceux qui vont dans les boutiques pour acheter du vin, armés de ces stupides cotes des millésimes, feraient bien de prendre note de ses appréciations des deux vins. Tous deux étaient d'excellente qualité, vous pouvez m'en croire. Autrement, je n'aurais pas pris la peine de les trimbaler dans mon coffre de voiture jusqu'à Chinon. L'un était un *grand cru* de 1976, millésime qui avait suscité une véritable ruée aux Etats-Unis. L'autre était un petit Saint-Aubin 1973. Avec ce nom et cette année-là, il risquait de faire autant de vagues qu'un seul grain de pinot noir tombant dans la mer Morte.

Joguet tenait son verre à travers la faible lumière jaune. Les hôtels français ne se foulent pas pour les ampoules. Le 1976 était sombre, costaud, puissant. Le 1973 était pâle et léger.

Après les avoir goûtés, Charles m'a dit : « Le 1976 ne s'est pas encore assemblé. Il faudra attendre quelques années. Mais, vous savez, il trouvera son unité, son homogénéité, pour très peu de temps. Ses différentes composantes se fondront en un tout harmonieux et se dissocieront rapidement. Il faudra lui sauter dessus et le consommer sur une très courte période.

« Le 1973 ne sera jamais un grand vin, mais il est fin, intelligent. C'est le plus difficile à faire. On perçoit tout de lui, le fruité du pinot noir, le *terroir* particulier, la structure, la parfaite harmonie de toutes ses composantes. A chaque temps de la dégustation, du premier nez à la finale, on trouve des nuances, des surprises. Ce n'est sans doute pas un vin pour n'importe qui ; il a fallu de l'intelligence à le faire et il faut de l'intelligence pour le goûter. »

Dans mon métier, il n'est pas seulement question de déguster et d'acheter du vin ; je dois encore le vendre. J'ai importé un stock important de ce *grand cru* 1976, qui était un des meilleurs Bourgogne rouges du millésime, et je l'ai vu s'envoler de la boutique par caisses entières. Avec lucidité, je n'ai pris que quelques caisses du délicieux petit 1973 et elles sont restées sur place très longtemps. Le client qui le goûtait le trouvait « trop léger », comme si, pour valoir le coup, un vin devait être noir et puissant. Regardez donc une cote des millésimes et vous verrez que ce sont les années chaudes, avec une couleur foncée et un degré d'alcool élevé, qui sont les mieux classées. Les millésimes dont les vins ont une couleur pâle et un corps léger sont mal notés, peu importe leur qualité d'arômes et de saveurs. De tels jugements ne constituent pas une appréciation sérieuse du vin. Quelle que soit la cote des millésimes que vous prenez, en long en large ou en travers, il ne vous sera d'aucune utilité comme guide à l'achat d'une bonne bouteille. Ces cotes représentent des généralisations de la pire espèce alors que le grand vin est l'antithèse de toute généralisation.

*

Un jour, Joguet m'a dit que je devrais rencontrer un de ses vieux amis, un négociant près de Vouvray, René Loyau, ou le père Loyau comme on l'appelle dans le milieu viticole du coin. Malgré ma moue de dégoût, exprimant mon préjugé antinégociant, Charles a haussé les épaules : «Vous verrez bien, ce négociant-là est atypique.»

La première fois que j'ai rencontré René Loyau, il se trouvait dans sa caverne glacée à flanc de falaise, au bord de la Loire. Il était assis devant une sorte de bidule à pédale lui servant de machine à étiqueter les bouteilles une par une, dont le dessinateur humoristique des années 50, Rube Goldberg, aurait aimé avoir tracé le plan. Il m'expliqua plus tard qu'il faisait tout à la main «et personne d'autre que moi ne touche jamais à la marchandise». Etrange négociant ! L'affaire de Loyau n'est pas une opération industrielle avec une file de camions-citernes devant la porte, des rangées d'employés de bureau et de répugnants glouglous injectés dans des bouteilles aux étiquettes les plus fantaisistes. Il a pour tout local commercial une table de travail dans son appartement : pas de secrétaire, pas de machine à écrire, pas d'ordinateur. Dans sa cave, là où le vrai travail s'effectue, il n'y a même pas de téléphone. «Ici, j'ai besoin d'être tranquille», précise-t-il.

Le père Loyau est né voici neuf décennies, le 26 août 1896. Le fait que son fils, gérant d'un bureau de tabac à Tours, ait pris sa retraite avant lui le rend perplexe. Loyau mesure environ un mètre cinquante-cinq. Sec et nerveux (je l'ai vu prendre d'un coup deux caisses pleines de Vouvray), il a des cheveux blancs et arbore en toutes circonstances une cravate fringante au nœud soigneusement serré.

Sa *cave* est une vraie caverne creusée dans le coteau : des murs de craie, un sol de terre battue, il y fait un froid sépulcral. Une fois, j'ai rencontré un autre vieux type, octogénaire, qui avait durant toute sa vie travaillé dans l'ambiance réfrigérée d'une conserverie de viande. Comme Loyau, il avait un teint délicat, rosé, remarquablement lisse. La cave frigorifiante de Loyau était-elle en outre la cause de son incroyable exubérance ? Espérons que le vin de Vouvray y était pour quelque chose... parce que nous pouvons tous y accéder.

Un homme comme Loyau mérite qu'on l'écoute. Il parle avec neuf décennies de sagesse. Malheureusement, reproduire ses mots ne transmet pas son émerveillement ni son enthousiasme quand il parle de tout et de rien. Pour lui, le monde réel est le truc le plus incroyable qui se puisse imaginer : miraculeux, mystérieux, profond. René Loyau jette parfois un regard aussi pur qu'étonné, comme un bébé venant de découvrir la manière de jouer avec son hochet. C'est une expression inoubliable lorsqu'elle illumine le visage d'un nonagénaire.

Il déclare que deux qualités résument la valeur humaine : la vivacité intellectuelle et la vitalité physique. Il les a toutes les deux maintenues malgré son âge et malgré les terribles événements de deux guerres mondiales. Par deux fois sinistré, par deux fois rétabli. De la guerre de 1914-1918, il est revenu les poumons esquintés par les gaz toxiques. Il a fait trois ans d'hôpital et un an de sanatorium. A sa sortie, il a travaillé avec son père dans le vin jusqu'en 1930, quand sa femme et lui ont repris l'hôtel des *Négociants*, au centre de Tours. En juin 1940, les troupes allemandes sont arrivées au bord de la Loire, en face de la ville. Elles ont fait sauter le pont dont Balzac disait qu'il était « l'un des plus beaux monuments de l'architecture française » et, avec lui, les conduites d'eau. Ensuite, l'ennemi a attaqué avec des bombes incendiaires. Il n'y avait pas d'eau pour lutter contre le feu, et quinze hectares de la vieille ville ont été complètement détruits, y compris l'hôtel de Loyau.

« Quand j'y pense, je ne sais pas comment nous avons pu tout recommencer. Nous étions complètement ruinés. Notre hôtel avait quatre-vingts chambres, toutes meublées, plus le restaurant... Mais il faut bien continuer. J'avais deux fils à l'école et je devais les cacher aux *boches*. Ils ont embarqué mon troisième fils pour l'Allemagne. Nous avons traversé l'horreur. Mon père a dû être interné : il avait perdu la raison. Mais ma femme a été formidable : très patriotique, très courageuse. Nous avons survécu. Mais, vous savez, tout cela forme son homme et lui donne du caractère. Vous avez de la trempe, vous résistez, vous vous battez et vous devenez plus large d'esprit, plus noble d'âme pourrait-on dire, pour avoir vu semblables malheurs. Vraiment, c'était une époque pas banale, très dure, hélas ! mais instructive.

« Nous avons recommencé avec un petit bar dans une cabane en bois, près de ce qui est maintenant le bureau de poste. Sans auto, je portais mes vins dans une petite remorque derrière mon vélo. Pour aller à ma cave, je devais traverser la Loire en canot parce qu'il n'y avait plus de pont. »

Aujourd'hui, Loyau est un vieux maître dans ce qui est mon métier. Il visite les propriétaires, déguste et sélectionne. Il achète toutefois du vin en barrique, le fait transporter jusqu'à sa cave, l'élève, le met en bouteilles à la main et le vend sous son étiquette personnelle. Après avoir vu sa cave, après avoir entendu son discours sur l'histoire et les mystères du vin et sur la complexité des facteurs qui aboutissent à la création d'une bonne bouteille, boire du vin ordinaire semble un sacrilège.

L'anfractuosité du rocher qui forme l'entrée de sa *cave* est trop étroite pour permettre l'accès d'un véhicule. Une fois entré, les parois s'élargissent un peu et, de chaque côté du passage qui descend plus profond, on peut voir le produit fini sous forme de bouteilles et cartons empilés. La *cave* matricielle est plus ou moins cruciforme. Au milieu, dans son plus grand espace, se trouve une table en bois avec des verres et un tire-bouchon. Cela sent la terre, le vin et la barrique.

Dès mon arrivée, nous commençons toujours par faire le tour des vins en bouteilles pour voir ce qui est disponible à l'achat. C'est dans la petite galerie de droite. Il n'y a pas de casiers, simplement des bouteilles sans étiquettes, empilées à même la terre. Une modeste ardoise appuyée sur chaque pile annonce l'origine du vin. On y trouve une pile d'environ deux cents bouteilles de Beaujolais Moulin-à-Vent ou une autre de quelques douzaines de Gevrey-Chambertin. Loyau désigne l'une ou l'autre, parfois la commente, ignore telle autre, de sorte que je contrôle moi-même chaque lot au cas où il serait passé à côté d'un cru pouvant m'intéresser.

«Voici un Vouvray provenant de raisins triés, me dit-il, les grappes les plus petites et les plus mûres. C'est ainsi qu'on fait du Vouvray extraordinaire. J'ai un peu de 1976 comme ça. Il fait 17,5 degrés d'alcool!

«Celui-là, c'est du Vouvray 1978. Je ne sais pas ce qu'il devient parce que je ne l'ai pas débouché depuis longtemps. J'en ai mis une barrique en bouteilles pour le vieillissement.»

En descendant, nous nous éloignons de l'unique ampoule électrique qui éclaire cette galerie. A la recherche de ses lunettes, Loyau tâte les poches de son manteau. «Je n'ai pas une très bonne vue, vous savez, mais j'y vois mieux depuis deux ans.» Haussant les sourcils, il me regarde, les yeux brillants comme si rien au monde ne pouvait être plus miraculeux: «C'est vrai, Monsieur, à partir d'un certain âge, votre vue vous revient, rajeunie.» Il fait un signe de la main en direction d'une autre pile de bouteilles. «Voici un Chinon, mais rien de spectaculaire. Vous achetez le vôtre à Joguet. Un brave type, sérieux. Vous avez bien choisi. Je viens juste de finir la mise de ce Châteauneuf-du-Pape. Je me fournis à la même propriété depuis cinquante ans. Maintenant, je traite avec le petit-fils.» Loyau me dit le nom du domaine que je connais pour l'avoir visité l'année précédente: «J'ai goûté sa propre mise mais il ne vaut pas celui que j'achète chez vous. En réalité, j'ai trouvé que sa mise était plutôt ordinaire.

– Il faut sélectionner! Je goûte toutes ses *cuvées*. Il a dix-huit hectares et la plupart de ses vignes sont en plaine. Vous voyez ce que je veux dire? Moi, je sélectionne. Le propriétaire mélange ses cuvées pour faire un seul vin. C'est une banalisation. Ce que je choisis, moi, vient du vignoble de côte. Naturellement, je dois le payer plus cher, mais j'ai ce qui me convient. Il est prévenu de me livrer telle quelle la cuvée que j'ai choisie. Autrement: retour à l'expéditeur.»

Pointant son doigt sur une rangée de quatre bouteilles : « C'est un Charmes-Chambertin 1976 mais voilà tout ce qu'il me reste. » A côté se trouve un massif de trois cents bouteilles : « C'est un autre Chambertin mais il ne se goûte pas pareil. Le Charmes est féminin, une jolie demoiselle, alors que celui-là est un homme qui en a dans la culotte. Vous savez, en Bourgogne, le meilleur vin est récolté au milieu des côtes. En haut, il y a des arbres, puis le sol change tout d'un coup. Il devient plus pauvre. C'est le milieu. Après, c'est la plaine, les terrains plats. Zéro ! Dans le commerce du vin, il faut connaître ce genre de différences. Une fois, à Meursault, un vieux type m'a envoyé un Puligny *villages* au lieu du Meursault-Perrières que j'avais commandé. Je lui ai dit : « Pas question ! Je vous retourne votre barrique et si vous voulez mes sous, envoyez-moi mon Perrières. » Il a accusé son fils de la confusion. Un Puligny, c'est un vin de plaine. Rien à voir avec un Perrières qui est un vin de côte. Je m'en suis rendu compte parce que j'ai une bonne mémoire gustative.

« Il y en a qui m'appellent *le vieux goûteur* parce que je trouve toujours le millésime dans les dégustations de vins vieux. En France, vous n'avez jamais la même année. Chacune a son caractère à elle. Dans notre métier, il faut savoir ça.

« Une fois, je suis allé dans la propriété d'un *grand monsieur* de Chinon. Je me souviendrai toujours de cette splendide maison du xve siècle, avec son mobilier magnifique. Il voulait nous faire déguster une bouteille. C'était une sorte de concours, vous voyez, pour deviner le millésime. Il y avait des négociants du coin, des vignerons, des courtiers, des œnologues, des maires... certains ont dit 1933, d'autres 1928. Le *monsieur* s'est tourné vers moi : "Et vous ? vous n'avez encore rien dit ?" J'ai répondu que j'avais écrit ma réponse sur un bout de papier que j'avais mis sous mon chapeau pour que les autres ne puissent pas m'accuser de les copier. J'ai ôté mon chapeau et je lui ai donné le papier. "Vous avez raison, m'a-t-il dit, personne d'autre n'a trouvé."

« J'ai poursuivi pour lui dire que ce cru me rappelait celui dont j'avais acheté trois millésimes consécutifs à un certain M. Landry, venant d'une petite parcelle derrière une église au lieu-dit Le Coudreau. Il était stupéfait car, en l'occurrence, c'était son propre père qui avait acheté ce 1906 au père de ce même Landry.»

Comment donc avait-il pu identifier le cru aussi précisément?

«C'est la mémoire gustative. Il y a toujours une persistance du goût par laquelle le caractère d'un vin se manifeste. Le 1906 conservait encore un petit arrière-goût de prune sauvage et de fleur d'aubépine qui me rappellait la *cuvée Le Coudreau* que M. Landry m'avait vendue.»

Le vin peut exprimer des qualités extra-vineuses. Les dégustateurs trouvent souvent, entre autres, du cassis ou de la menthe, ou encore de l'eucalyptus, etc. Le cabernet de Martha's Vineyards, qui vient des Heitz Cellars de Californie, est un exemple frappant. D'où vient son arôme caractéristique? Comment est-il possible que le jus de raisin fermenté prenne l'odeur d'un autre fruit, d'une autre fleur ou feuille? Pour Loyau, l'explication est toute simple et il en a fait la démonstration maintes fois à son avantage.

A titre d'exemple, la dégustation de Loyau à Gevrey-Chambertin, dans le chai d'un vigneron. Il se souvient: «Tous ses vins les plus vieux exprimaient une forte odeur de groseilles sauvages – il écarquille les yeux en évoquant ce monde merveilleux – pourtant, dans ses millésimes plus récents, on ne la retrouvait pas. Mystère!» Il fait durer le mot «mystère» et le laisse planer en l'air. La ruse lui plisse les yeux tandis qu'il se penche vers ma secrétaire pour tapoter quatre fois son sein gauche. Je présume que le vieux renard ménage ses effets. «J'ai mené mon enquête chez le producteur, continue-t-il avec contentement, et je lui ai demandé à quel moment il avait arraché le carré de groseilles sauvages proche de son vignoble. Bien entendu, je n'avais jamais vu ce vignoble. C'était par pure déduction. Et devinez quoi? Il y avait bien eu des groseilles sauvages poussant contre le mur de pierre qui le séparait de son voisin, jusqu'au moment.. où ce dernier les a enlevées pour planter de la vigne.»

Le sourire de Loyau est devenu tout à fait diabolique, avec des gloussements entendus. Puis son côté maître d'école est revenu. «Il n'y a qu'une seule explication possible à ce transfert mystérieux de qualités aromatiques d'une espèce végétale à une autre : les abeilles ! Les abeilles butinent le nectar des fleurs – celles des groseilles dans le cas présent – et elles se posent ensuite sur la fleur de la vigne avec leurs pattes fourrées du pollen des groseilles. »

Pollénisation croisée ? Ou manipulations génétiques de la Nature ? Je n'ai pas soumis la théorie de Loyau à un biologiste parce qu'il me déplairait de voir disséquer sa vision romantique. Mais j'y pense toujours quand je goûte des Bandol, où des cerisiers noirs sont plantés en lisière des vignes. Ou bien à Cornas, où des vergers d'abricotiers et de pêchers se trouvent au bas des coteaux en terrasses, ou encore à Nuits-Saint-Georges, dont le vin accuse si souvent de capiteuses dominantes de cassis.

Après avoir collecté une douzaine de bouteilles dans un panier, nous sommes revenus au centre de la cave pour les goûter, en commençant par une série de Vouvray. Les Vouvray de Loyau ont toujours été ses vins les plus passionnants. Ils viennent de sa terre natale. Après la Seconde Guerre mondiale, les Vouvray ont été à la mode aux Etats-Unis. Frank Schoonmaker disait que la popularité des Vouvray était due au fait que le quartier général des Alliés était basé près de Tours et que les soldats cantonnés là se sont familiarisés avec le goût du vin blanc du pays. Mais le Vouvray est passé de mode ; peut-être parce qu'il est devenu difficile d'en trouver un bon. Aujourd'hui, pour la plupart des amateurs, le Vouvray est synonyme d'un vin blanc soufré, insipide, légèrement doux. Et pourtant, un Vouvray bien vinifié, venant d'un vignoble parmi les meilleurs, est l'un des blancs les plus nobles de France.

Le vin de Vouvray est produit par un cépage qu'on appelle chenin blanc, mais je préfère le nom local de pineau de la Loire. Loyau croit que les premières plantations de pineau étaient en réalité des pinots-chardonnays importés de Bourgogne. En seize siècles ou davantage, le plant a évolué très lentement dans son adaptation au sol et au climat de Vouvray. Même aujourd'hui, prétend Loyau, certains Vouvray présentent une parenté aromatique avec les chardonnays de Côte d'Or. Moi-même, je n'ai pas d'opinion, sauf de trouver sa théorie fascinante. Je dirai cependant que le bouquet d'un bon Vouvray rappelle davantage un Meursault (chêne neuf en moins) que le chenin blanc interprété par la Californie.

Bien que venant d'un seul cépage, les Vouvray ont plusieurs types. Ces différences d'aspect les rendent difficiles à comprendre par le public. Mais une fois identifiées, leurs multiples personnalités deviennent attirantes et constituent un microcosme intégral de vins allant du plus jovial au plus profond. Le Vouvray peut être mousseux, avec des bulles comme en Champagne. Dans ce cas, il est étiqueté Vouvray Mousseux. Ou bien il a juste un collier délicat et c'est un Vouvray pétillant, dont la petite bulle peut survenir volontairement ou non, car dans les froides et traditionnelles caves de calcaire, le Vouvray manifeste le souhait naturel de pétiller. Une dose généreuse d'anhydride sulfureux inhibera ce désir, mais c'est un peu comme si l'on fouettait un chien parce qu'il remue la queue. On devrait plutôt considérer la tendance du Vouvray à pétiller, à retrouver le temps effervescent de son enfance, comme un charme supplémentaire. Quel mal y a-t-il à ce pétillement subtil, cette vivacité au palais, qui ont aussi pour effet d'exhaler et régénérer les arômes? Pour une raison ou une autre, la plupart des dégustateurs semblent se croire menacés par cette activité fougueuse, si bien que les producteurs de Vouvray ont recours à toutes sortes d'entourloupettes techniques pour tenir leur vin tranquille. Le Vouvray pétillant a pratiquement disparu du marché. Quand j'en ai importé quelques caisses, les clients me les ont retournées en pensant que le vin continuait de fermenter. Mais on fait toujours du pétillant dans les caves de Vouvray. Il est versé aux amis et les verres se vident avec allégresse.

Quant aux Vouvray tranquilles, ils peuvent être secs, demi-secs, ou moelleux et botrytisés comme des Sauternes. Ils peuvent être frais et séduisants quand ils sont tirés au fût, ou devenir de vieux chefs-d'œuvre parfaitement évolués après plusieurs dizaines d'années.

Il ne faut pas faire l'erreur de dire : «Je n'aime pas le Vouvray», parce qu'on en a rencontré un mauvais. Il y en a de toutes sortes, du rince-évier à l'œuvre d'art. Et d'ailleurs, cela est vrai partout.

Loyau commence la dégustation par son mousseux, un Vouvray qu'il fait selon la méthode champenoise. C'est sa fierté et sa joie. «Le mien ne ressemble à aucun autre», dit-il en extrayant doucement le bouchon dodu jusqu'à ce qu'un petit bruit chuchoté et une bouclette de fumée s'échappent de la bouteille. «Personne ne vinifie comme moi. Ils veulent tous le faire aller trop vite. Voici comment j'opère : j'achète cent hectos de vin à trois caves différentes parce que je veux un mélange de terroirs. C'est important. J'en fais une seule *cuvée*. Si vous ne faites pas ça, vous finirez avec un goût de terroir rendu plus fort par la deuxième fermentation en bouteilles, celle qui produit l'effervescence, et ce terroir marquerait trop le vin. Ce serait désagréable. Mais grâce à l'assemblage, vous avez l'étrange et même phénomène que lors de la réunion des couleurs de l'arc-en-ciel : *le blanc!* Curieux, n'est-ce-pas? C'est pareil avec le mousseux. Je mélange mes terroirs jusqu'à ce que je trouve *le blanc*. C'est comme ça qu'ils font en Champagne, sauf que maintenant ils plantent n'importe où et vendent leur vin dans l'année suivant la récolte. Moi, je garde le mien quatre ans avant de le vendre! Une fois que j'ai trouvé *le blanc*, je le mets en bouteilles, ajoutant la levure et la liqueur pour provoquer la deuxième fermentation. Ensuite, je couche les bouteilles et je n'y touche plus pendant au moins trois ans.»

Nous avons deux mousseux à goûter, un 1978 et un 1976. Loyau fait remarquer que la bulle du 1976 est très fine. «Vous n'en verrez pas d'aussi fine dans ces champagnes qui sont dégorgés trop jeunes. Nous sommes les plus grands concurrents du champagne. Ils ne font plus comme il faut, alors les clients viennent chez nous. Je n'ai jamais tant vendu de mousseux. Regardez la *pellicule*.

– On peut dire *pellicule* pour la mousse comme pour les cheveux?

– *Pellicule* veut dire n'importe quelle toute petite particule. Comme la pellicule sur la peau du raisin, qu'on appelle aussi cuticule. Si vous frottez du bout du doigt un raisin, vous verrez la poudre de la cuticule. C'est cela qui donne la race du vin. Je suis une sorte de professeur, vous savez. Je reçois dans cette cave des étudiants de l'université de Tours. Un jour, il y avait ici plusieurs étudiants avec leur professeur et je leur ai expliqué l'importance de la cuticule qui est aussi un élément majeur pour la fermentation. Le professeur m'a dit après : "Mais j'ignorais cela." Imaginez un peu, un professeur qui ne comprend pas le vin ! »

Lorsque je dis ma préférence pour le 1978, à cause de son bouquet original et exotique, Loyau hésite : « Peut-être... mais cette dureté dans la finale... » C'est la manière douce du père Loyau pour me faire comprendre que le 1976 est plus *fin* que le 1978. En regoûtant le 1976, je m'aperçois qu'il a plus de finesse du début à la fin et que les arômes violents du 1978 apparaissent comparativement un peu vulgaires. La finesse est un terme qui n'a pas grand sens pour les dégustateurs américains. Ceux-ci l'emploient pour tâcher de dire quelque chose de positif à propos d'un vin léger, mais pour un bon viticulteur français, c'est l'un des mots les plus élogieux du vocabulaire. Pour apprécier les vins les plus nobles de France, on doit apprendre à reconnaître et à apprécier leur finesse. Mais attention : finesse n'est pas synonyme de légèreté.

Et Loyau continue : « Mon mousseux a ce bouquet parce qu'il a reposé *sur lie*. Au début, votre vin est fatigué parce qu'il a été remué, secoué, et ses bactéries aromatiques sont atrophiées, neutralisées. Les lies sont la matière vivante du vin. Elles doivent se régénérer pour redonner du bouquet et du goût. » Il lève le doigt en guise de point d'exclamation : « Très important ! »

Je pense à certaines caves que je connais, garnies d'appareils rutilants qui sont là pour ôter toute trace de matière vivante. Quand on goûte un vin qui a de la vie, cela peut surprendre. Voyez la différence entre des petits pois en conserve ou cueillis dans la rosée du matin. On les dirait de deux espèces. Pourtant, le monde du vin se précipite autant qu'il peut à la recherche d'une sorte de perfection des petits-pois-en-boîte ; et nous en sommes au point où les consommateurs se trouvant confrontés à un vin vivant sont si étonnés par les arômes qui en émanent qu'ils le jugent mauvais.

« Mais ma façon prend du temps, dit Loyau. De trois à quatre ans. Ça coûte cher. Pensez donc que les autres ont vendu trois récoltes et encaissé l'argent. Mais on ne doit pas se faire guider par l'esprit du gain. Si c'est le cas, vous n'arrivez à rien qui vaille. Non, il faut faire tout ce qu'il faut. Et voyez, voyez ce que vous avez dans le verre! Vos clients devraient comprendre tout ça, monsieur. Il faut que vous le leur expliquiez. »

Je m'imagine en train de convaincre un client d'acheter un Vouvray méthode champenoise à cause des pellicules du raisin, du mélange des différents terroirs pour arriver au *blanc* et de l'alimentation des bactéries aromatiques en laissant le vin pendant trois ans sur ses lies. Dites le mot bactérie et vous perdez d'un coup quatre-vingt-dix-neuf pour cent de vos clients. Non, la plupart des acheteurs de vin s'intéressent davantage à ce que racontent leurs cotes des millésimes.

Pendant que Loyau débouche une série de Vouvray tranquilles, je lui demande s'il peut me trouver une barrique d'un bon Montlouis. Montlouis est aussi un vin de pineau de la Loire, qui vient sur l'autre rive, celle de Tours.

« Il est difficile de trouver quoi que ce soit de convenable à Montlouis. » Ce disant, il agite un peu du vin suivant dans nos verres pour les rincer, afin d'éliminer toute trace de ce mousseux 1978, follement aromatique. «Montlouis produit trop de vin. Où que vous soyez, si vos vignes surproduisent vous ne pouvez pas faire du grand vin. Là, goûtez-moi ça, un Vouvray sec de 1981. Le rendement a été de trente-cinq hectos à l'hectare. Cette année, à Montlouis, ils ont poussé jusqu'à cent vingt hectos par hectare! Voulez-vous que j'en rajoute? »

Son Vouvray 1981 a une sensualité cristalline. On y trouve une vibrante nervosité interne tandis que son enveloppe apparaît tendre et souple.

« En principe, notre *sec* ne doit pas être *trop* acide. Mais tout ça est très subtil, vous savez. Là, vous trouvez une certaine souplesse qui est typique du vignoble appelé le Clos des Roches...

(Il verse une autre 1981 *sec*.)

... tandis que celui-ci, un Vouvray Clos du Petit Bois, frappe surtout par sa fraîcheur, comme du raisin frais ramassé. »

Les noms des vignobles ne figurent que rarement sur les étiquettes de Vouvray. Ils le devraient, car la situation du vignoble est la genèse de la qualité du vin, qu'il soit en Bourgogne, dans la Loire ou n'importe où. Et à Vouvray, les vignobles ont des noms qui sont très beaux. Le vin est sujet aux vogues. Quand Vouvray se hissera au niveau d'estime qu'il mérite, nous verrons de nouveau sur les étiquettes la mention de l'origine cadastrale. Voici quelques noms des crus les plus estimés, avec les commentaires de Loyau sur leur étymologie.

La Bourdonnerie. Un site sauvage où les bourdons viennent s'abriter.

Bel Air. Un site bien placé qui est joli à voir.

Barguins. Un vignoble créé après bien des hésitations chez les propriétaires. Ils ont barguigné (tergiversé) longtemps avant de le planter.

Bois rideau. Une forêt se dresse à côté du vignoble qu'elle protège du gel et de la grêle.

Gaimont. Une petite colline qui est très ensoleillée.

Paradis. Des vignes qui produisent le fruit du Créateur.

Les Gais d'Amant. L'endroit préféré des amoureux.

Les Madères. Un vignoble proche du village de Vernou, dont le vin, certaines années, a un goût rappelant le Madère.

La Réveillerie. Un vignoble exposé à l'est qui reçoit les rayons du soleil les plus matinaux.

La Queue de Merluche. Une parcelle de vigne qui a la forme d'une queue de poisson.

*

Dans son livre *les Vins de Loire,* Pierre Bréjoux mentionne quarante-six vignobles, d'après un très vieux classement des terroirs de Vouvray, et nous signale que beaucoup de ces noms se réfèrent à des emplacements à flanc de côtes : Gaimont et Moncontour par exemple. Effectivement, la liste comprend le Clos Le Mont et le Clos Le Petit Mont que M. Loyau est en train de verser dans nos verres. Il annonce avec respect :

«Un 1976 sec. Sans doute le millésime de Vouvray le plus réussi depuis 1947.» Le vin est riche, doré, avec une belle structure et beaucoup de vigueur et de sève; ce qui est étonnant, c'est la lenteur et la splendeur du développement d'un grand Vouvray avec l'âge, parce qu'on pense d'habitude que c'est un vin plutôt invertébré. Sur leurs coteaux calcaires, les meilleurs vignobles le dotent de la colonne vertébrale nécessaire à ce très inattendu potentiel de vieillissement.

Puis Loyau nous sort une bouteille couverte de moisissures, qui a l'air d'une bouteille de champagne, mais ce qui remplit nos verres ne pétille pas. La robe est d'un or profond, avec des reflets d'ambre nuancé de vert. Je soulève ce vénérable flacon. Il doit peser trois fois plus qu'une bouteille d'aujourd'hui. Loyau me regarde, le sourire rayonnant: «Si ce 1959 sec vous plaît, j'en ai encore une petite provision secrète. Il vient du même vignoble, Clos Le Petit Mont.»

Je lui rétorque qu'aux Etats-Unis personne ne croirait qu'un Vouvray sec de presque trente ans serait encore potable. Alors Loyau se lève d'un bond avec l'agilité de quelqu'un qui aurait soixante ans de moins et m'attrape par le bras: «Mais, Monsieur, j'ai des bouteilles plus que centenaires! Venez par là, voyez-moi ça, c'est la *cave du patron*», et il me mène à un petit portail en fer forgé s'ouvrant sur la partie la plus exiguë de la cave. Il y a des bouteilles en loges et d'autres empilées par petits lots à même le sol. Elles sont toutes de ce verre lourd et foncé qui était utilisé pour abriter les Vouvray précieux de l'ancien temps.

Loyau se baisse pour prendre l'une des bouteilles qu'il berce dans ses bras. «Ce vin a été récolté grain à grain, comme ils font chez Lur Saluces. C'est un Vouvray moelleux 1945. A côté, ce sont des 1947. L'un d'eux est un Clos du Bourg, qui est un grand cru comme Le Petit Mont. Celui-ci est un Fouinières. Et là, les 1921. Ça, c'est un 1919, mais il est moins bon. J'en donne à mes petits-enfants. Ils aiment y rajouter du cassis pour faire du kir et c'est délicieux! Tenez, regardez ces millésimes: 1874, 1858, 1847. De tout le monde du vin, ce sont Vouvray et Sauternes qui vieillissent le mieux.» Il prend une bouteille de Fouinières et une de Clos du Bourg. Nous revenons à la table et à nos verres.

«En 1947, j'ai acheté toute la récolte des Fouinières: vingt-cinq barriques. Le propriétaire était monsieur Gaston Martin, mais il est hélas mort sans enfants pour prendre sa suite. Il se distingue encore par une certaine fraîcheur, n'est-ce pas? Le Clos du Bourg est similaire, mais il a plus d'envergure, plus de longueur. Je ne débouche pas très souvent ces vins, vous savez. Je les garde pour mes cinq petits-enfants et leurs enfants. Je voudrais qu'ils connaissent l'expérience de goûter des vins comme ceux-là. Je ne les ouvre jamais pour moi tout seul mais c'est ma grande joie de les offrir à des gens qui savent les apprécier.»

Après ces 1947 moelleux, nous nous sommes rincé la bouche au mousseux pour passer à sa petite collection de vins rouges triés sur le volet. Ce seront des Côtes du Rhône, des Beaujolais et des Bourgogne, tandis que ses commentaires passionnés se poursuivront jusque tard dans l'après-midi. Mon énergie a faibli avant la sienne. Quel homme!

Quand j'ai téléphoné à René Loyau pour lui exprimer mes meilleurs vœux à l'occasion de son quatre-vingt-dixième anniversaire, il m'a dit qu'il songeait à la retraite. «Je suis ici entouré de ma famille. Nous avons débouché quelques vieilles bouteilles. L'une d'elles est un peu plus âgée que moi, c'est un 1874. Ce vin a été offert à mon père pour un service qu'il avait rendu au château de Moncontour. Il se goûte bien, mais c'est tout à fait normal puisqu'il vient d'un des meilleurs coteaux. J'ai encore du 1858 mais je le garde pour mon centième anniversaire. Vous savez, ces Vouvray, ils tiennent bien le coup.»

*

Depuis que ce livre a été écrit, M. Loyau est décédé. Kermit Lynch a préféré maintenir son texte dans son écriture originale. Mais ce n'est pas sans émotion qu'il évoque aujourd'hui le souvenir du disparu avec lequel il s'était fortement lié d'amitié. (NDT)

Au lieu de pointer leur nez dans un verre de vin du pays, les touristes visitant la Loire le lèvent ordinairement en l'air pour regarder les innombrables châteaux de la région. Ce ne sont pas les châteaux bourgeois et passifs du Bordelais. Ce sont des monuments à vous couper le souffle par leur aristocratique splendeur d'une autre époque, des œuvres d'art à part entière et leurs murs renferment beaucoup d'histoire de France. Jeanne d'Arc a été changée de paysanne en personnage historique entre les murailles du château de Chinon. Richard Cœur-de-Lion y est mort. Le sinistre et habile cardinal de Richelieu a été son propriétaire. Léonard de Vinci est enterré dans la chapelle du château d'Amboise, que le Roi-Soleil, Louis XIV, utilisait comme prison.

Chaque château a son histoire, horrible et sublime, et chacun sa fascination. Toutefois, tous les trésors de la Loire ne se trouvent pas en surface. Un détour dans les caves de Vouvray peut représenter pour les passionnés de vin une expérience aussi marquante que la visite du château de Chenonceaux pour un fanatique de l'histoire ou de l'architecture. Non seulement les caves elles-mêmes, creusées dans les falaises crayeuses surplombant la Loire, mais aussi les habitats humains. Le long de la rivière se trouve une rangée de maisons taillées dans le roc, où se fixent les gonds des portes d'entrée et dans lequel les fenêtres ont été découpées. Ce ne sont pas des sites troglodytes de la préhistoire. Ces maisons sont toujours habitées.

Quand vous descendez dans une de ces caves à vin et que vous y dégustez un Vouvray joyeux et floral, vous comprenez qu'elles sont un environnement parfait pour l'élevage d'un vin fin. Maintenant, si je vois une exploitation viticole qui stocke son vin au-dehors, je ne m'y arrête pas, même si la température des cuves en inox est contrôlée. Comme il en est pour l'éducation d'un enfant, chaque détail de l'atmosphère familiale forme le caractère d'un vin. Sous terre, il y a une convergence de facteurs favorables à une évolution bénéfique : basse température, humidité, odeurs de terre et de bois. Le vin de Vouvray est distillé par les racines de la vigne qui font monter sa sève, à travers leur bois, à partir de cette terre froide, humide et crayeuse. Nous avons là tous les éléments d'une bonne cave. L'air, la lumière et la chaleur du soleil, tellement nécessaires à la santé du raisin, sont les ennemis du vin. Ce qui mûrit la grappe cuit le vin. Le vin qui sommeille dans les caves de Vouvray est heureux. Cherchez un environnement similaire pour votre cave personnelle, parce que, même en bouteille, le vin préfère se développer dans des conditions identiques à celles de son extraction. C'est alors comme s'il n'avait jamais quitté sa matrice et une bouteille qui a eu la chance d'être ainsi maintenue n'a de véritable naissance que lorsqu'elle est débouchée. Ce serait, de nos jours, bien improbable que vous trouviez un restaurant aux environs de Tours où l'on vous serve un poisson de la Loire *frais*, poché et en sauce ; mais rassemblez alors votre courage et commandez un Vouvray *demi-sec* pour l'accompagner. Ce mariage est bon, il sert à éclairer ce qui semble être les trois niveaux, contrastés mais harmonieux, du *demi-sec* : le velours de la texture apparente, la maturité et l'intensité de la sève, et enfin la vivacité et l'extraordinaire fraîcheur du «sentiment».

*

Les coteaux crayeux de Vouvray ne sont pas le seul endroit où le pineau de la Loire s'investit de quelque magnificence. Certains dégustateurs préfèrent le vin blanc sec de Savennières, qui a un goût de pierre à fusil plus prononcé et dont le vignoble se trouve davantage à l'ouest, vers l'Atlantique, un peu après la ville d'Angers. La petite autoroute qui va de Tours à Angers longe la Loire, aussi est-il difficile de se concentrer sur la conduite. Chaque rivière a sa personnalité. Alors que le Rhône est puissant et rapide, la Loire a un cours qui glisse avec majesté en vous donnant l'impression que vous vous pressez trop. Au-dessus, le ciel s'acharne à attirer votre attention, qu'il soit dans sa phase lumineuse d'un splendide bleu roi ou bien rempli de nuages rose saumon grands comme des montagnes. Si Cecil B. De Mille avait voulu filmer l'avènement du Messie, il aurait choisi comme décor les ciels de la Loire.

La région qui entoure Angers s'appelle l'Anjou. Sur la rive sud de la rivière, les vins sont doux. Coteaux du Layon, Quarts-de-Chaume, Bonnezeau... et d'autres *appellations* encore moins connues sont peut-être trop dépendantes du climat pour espérer une clientèle fidèle. Dans les années froides, il leur est difficile de trouver la moindre grâce de salut. Dans les années chaudes telles que 1947, quand une attaque de pourriture donne sa bénédiction aux raisins, alors on obtient quelque chose de mémorable, de grandes bouteilles qui rivalisent avec les Sauternes. Mais même les vins en provenance des meilleurs domaines de cette région n'ont jamais eu grande notoriété aux Etats-Unis.

Et pourtant, à Savennières, de l'autre côté de la rivière, il se produit en petites quantités un pineau sec qui, vinifié de façon traditionnelle, peut être fantastique. Celui qui a dégusté un bon Savennières y pourra prendre goût. L'acheteur averti, attentif au prix, trouvera là l'heureuse rencontre d'un grand et noble vin, sous-évalué parce que peu connu.

Si Vouvray tient la craie, Savennières fournit le tableau noir. Les deux vins diffèrent de manière frappante. Le changement du sol est la toute première évidence quand on s'approche d'Angers. En un clin d'œil c'est le règne des toitures d'ardoise. Ici, la roche est schisteuse et se clive facilement, ce qui est bien pratique pour couvrir les maisons. Elle est également responsable du nerf et de la fermeté de chair du Savennières, comme de sa finesse et de sa plaisante touche d'amertume en finale. Le bouquet peut être grandiose et expressif, parfois imprégné d'une émouvante fraîcheur métallique, avec des connotations de miel, de fleurs et de fruits inattendus tels que le coing, la poire et la groseille.

Savennières n'a aucune analogie phonétique avec le chenin blanc de Californie. Il n'en a pas davantage le goût. Quand il s'agit d'autres cépages, tels que le gewürztraminer, le cabernet-sauvignon ou le chardonnay, la parenté entre la version californienne et la française est facile à piger. Avec le chenin blanc et le pineau de la Loire, les résultats n'ont rien à voir entre eux. On peut adorer le Savennières et le Vouvray tout en marquant ses distances vis-à-vis du chenin blanc. Cette différence vient du sol, évidemment, et du climat. Le pineau est une variété qui mûrit tard. D'habitude, les vendanges ne commencent pas avant octobre, lorsque le soleil devient plus sudiste tandis que les journées raccourcissent de façon notable. Cela signifie une longue et douce saison de maturation. Les vignobles les mieux situés sont exposés au sud-ouest de manière à profiter du tout dernier rayon de soleil. D'autres différences sont dues au style de taille des vignes, aux siècles d'adaptation du cépage au sol et au climat de Savennières, à la vinification et à maints autres facteurs mineurs tels que – sait-on jamais? – la délicatesse de l'air d'un hiver angevin.

Il y a seulement une douzaine de *domaines* viticoles à Savennières. La Coulée de Serrant en est le plus célèbre. Son vin a été bu par d'Artagnan et ses copains mousquetaires, grâce au bon goût d'Alexandre Dumas. Je ne sais plus si c'était Brillat-Savarin ou Curnonsky qui a mis la Coulée de Serrant au même rang qu'Yquem, le Montrachet et Château-Grillet comme les quatre vins blancs les plus précieux de France. Ou bien était-ce Fernand Point, le grand chef de *La Pyramide,* qui commençait chaque journée avec un magnum de champagne et qui fut le maître à penser de Bocuse et des frères Troisgros? Peu importe, le vin de la Coulée de Serrant jouit depuis longtemps d'une réputation considérable quoique discrète. J'en avais goûté quelques vieux millésimes impressionnants et il me semblait intéressant d'importer ce cru. Mais les accidents arrivent dans les meilleures familles : le jour où je m'y suis arrêté pour une dégustation, le millésime disponible souffrait d'un excès de soufre. En gros volume, le SO_2 est un gaz suffocant parce qu'il chasse l'oxygène. C'est pour cette raison que le SO_2 est d'un emploi commode pour la plupart des viticulteurs. Mais si l'on perçoit tant soit peu son odeur désagréable, l'arôme naturel du vin se trouve occulté. Cela sent l'allumette qu'on vient d'allumer. Certains dégustateurs ont confondu le nez de l'anhydride sulfureux avec celui de la pierre à fusil qui est un véritable et recommandable arôme naturel comme quelques terroirs peuvent en susciter, celui de Savennières par exemple. Après tout, il n'est pas sorcier de faire la différence. L'anhydride sulfureux brûle les fosses nasales; la pierre à fusil est subtile et raffinée. Lorsque, l'année suivante, je suis retourné à la Coulée de Serrant pour mettre la main sur une bonne livraison, un autre importateur avait déjà mis le grappin dessus.

A la place, j'ai commencé de travailler avec le Château d'Epiré, propriété de la famille Bizard qui continue toujours de suivre la vieille tradition de la fermentation et du vieillissement sous bois.

« Château d'Epiré » signifie deux choses : c'est un vin et c'est un château du XVIe siècle dans le village d'Epiré. Sa chapelle du XIIe abrite les installations vinicoles.

J'ai commencé d'importer le Château d'Epiré avec le millésime 1971. M. Bizard a joint aux vins que j'avais commandés des échantillons d'années plus anciennes : 1961 et 1947. Oui, Savennières est un vin blanc qui vieillit bien. Et c'est un vin qui réussit particulièrement dans les années « décriées », comme disent les journalistes du vin. Le 1977 était une merveilleuse marchandise qui s'est grandement fait remarquer par la presse américaine du vin.

Tout allait comme sur des roulettes jusqu'en 1985, quand je m'y suis rendu, quelques mois après le décès de M. Bizard. La famille était accablée. J'étais moi-même ému. Les larmes coulaient. Ils m'ont dit qu'ils avaient des problèmes car les clients habituels ont cessé d'acheter après la disparition de M. Bizard. Pendant ce temps, je remarquais trois cuves neuves en inox, posées sur des pieds anguleux et maigrichons dans une partie du chai où reposaient auparavant de vieilles barriques. La fille de Bizard, une charmante jeune personne, m'a expliqué que son père avait eu des revenus assez importants de son affaire parisienne, fabriquant de la charcuterie pour les supermarchés. Epiré était sa maison de campagne, davantage sa fierté et sa joie qu'une propriété de rapport. Il pouvait se permettre d'ignorer la balance de son compte d'exploitation qui passait le plus souvent au rouge. La famille aimerait bien continuer à faire le vin de façon artisanale, quasiment à la main, mais les impératifs de la conjoncture ne le permettaient plus. Pour avoir des prix concurrentiels avec ceux des voisins, il faudrait mettre la vinification à la page du XXe siècle ; la faire à l'ancienne coûtait trop de main-d'œuvre. Toutes ces barriques à surveiller ! Et pour éviter d'avoir des clients mécontents, il est indispensable de faire en sorte que les vins ne fassent plus de dépôt.

Puisque la cave n'était pas entièrement reconvertie en cuves, ce dilemme nous a donné l'occasion de déguster le même vin dans les deux versions, traditionnelle et moderne, côte à côte.

Le vin à la moderne était déjà mis en bouteilles parce que les méthodes d'aujourd'hui lui permettent de s'accomplir vite au lieu de mettre des mois à évoluer en fonction de ses penchants naturels. Il avait un goût fadasse et insignifiant. Il sentait le carton à cause des plaques de filtres qu'on avait utilisées. Le vin est incroyablement impressionnable. Il se laisse influencer par la moindre babiole, du sol où pousse la vigne aux mûres du voisin. Pressé à travers des plaques stériles, ce pauvre vin n'exprimait plus que la stérilité et le carton.

Ensuite, nous avons commencé à déguster, barrique après barrique, les cuvées du même millésime vinifiées selon une tradition élaborée au fil des siècles. Il y avait un gros fût ovale – qu'on appelle *demi-muid* – dont le contenu était sublime. Voilà, me suis-je dit, voilà pourquoi j'aime le vin, voilà pourquoi je supporte le décalage horaire et les chambres d'hôtel froides. Tous les motifs d'exprimer mon enthousiasme étaient là. Mes hôtes en furent d'accord avec tristesse. Bien sûr qu'il était meilleur. Oui, ils acceptaient de le mettre en bouteilles, cette année, pour moi, à la main, sans filtration, à condition que j'endosse la responsabilité d'un éventuel dépôt. Mais cette année risquait d'être la dernière de ce genre parce que, à ce prix, il n'y avait aucun bénéfice. Pour survivre, il leur fallait changer. Tout cela me déprimait et ils étaient aussi découragés que moi.

En réalité aussi bas que puisse être son prix, je n'achèterais jamais le vin stérilisé à la moderne. Qui donc peut importer un vin qu'il ne boirait pas lui-même ?

Alors, je les ai soudoyés en leur proposant un prix plus élevé s'ils continuaient à vinifier en barriques la vendange de leurs meilleures parcelles, et à mettre ce vin en bouteilles sans filtration, avec une dose minimale de SO_2. Ils ont accepté, et cette mise en bouteilles particulière, étiquetée «Cuvée spéciale», est un exemple de pineau de la Loire à son sommet, comme on aurait pu en goûter il y a cent ans.

Jusqu'ici, aucun des millésimes n'a eu de dépôt, mais cela pourrait se produire. Cela *doit* arriver et, ce jour-là, certains clients vont me rapporter les bouteilles qu'ils croient défectueuses. Le dépôt d'un vin blanc est mille fois moins acceptable que celui d'un vin rouge. J'ai cependant remarqué que les amateurs de vin ont soif de connaissance ; ainsi, quand on me rend une bouteille à cause d'un dépôt, je la rembourse sans rechigner. C'est seulement à ce moment-là que j'explique à mon client pourquoi le vin a du dépôt. C'est le signe possible d'un vin naturel. Si l'on souhaite un vin qui ne soit pas naturel, il y en a des tas sur le marché et mon client serait alors mieux servi ailleurs. Quand il repart, c'est généralement avec le même vin et lorsqu'il (ou elle) le débouchera, son plaisir sera d'autant plus grand que sa compréhension aura été meilleure.

Trois ou quatre fois, j'ai vu tourner un vin qui n'avait pas été filtré, mais cela ne représente qu'une infime proportion des vins non filtrés que j'ai importés au fil des années. C'est peut-être utopique de ma part, mais j'estime que les clients ayant un vin gâté dans leur cave devraient accepter la perte et se taire. Vous plaindre à ce sujet fait peur à votre marchand de vin qui, à son tour, fait peur au producteur, lequel stérilisera ses vins par voie de conséquence et pour des raisons de sécurité commerciale. Dites-moi où est le gagnant dans cette affaire ? Si on aime les vins naturels, on accepte une calamité de temps à autre. Nous n'allons tout de même pas castrer tous les hommes parce que quelques-uns tournent mal et se mettent à violer ! En tout cas, pas moi.

*

Hommage soit rendu aux générations de vignerons anonymes qui se sont battus pour acclimater, cultiver et sélectionner le pineau de la Loire. D'autres cépages auraient été plus faciles. Dans la vallée de la Loire, l'été est ensoleillé et plusieurs variétés de vigne y produiraient un raisin assez mûr pour une vendange début septembre. Non : à Vouvray et à Savennières, où une récolte d'année moyenne commence à peine avant fin octobre, on a intégré l'adéquation et l'obligation du pineau de la Loire dans les lois mêmes de l'appellation. Le Vouvray et le Savennières doivent être faits avec du pineau. Comme on le voit, les Anciens ont choisi le chemin difficile et beaucoup de vignerons le prennent encore malgré le fait que le marché de grande consommation – même pour ce qui est des vins fins – boude ces chefs-d'œuvre ; malgré le fait que le public est probablement disposé à payer davantage pour un chardonnay élevé dans une serre de l'Alaska que pour un délicieux Savennières. Il est possible que la délicatesse, la pureté et la finesse du pineau de la Loire le rendent trop baroque pour qu'un tel vin puisse être bien compris de nos jours. Peut-être reviendra-t-il à la mode ? Dans le monde du vin comme dans celui de l'art, les goûts changent. Notre génération dépense des montagnes d'argent pour les tableaux de Van Gogh, comme pour racheter la totale ignorance de ses contemporains.

Rien n'est plus passionnant dans l'histoire du vin que de tenter d'imaginer la mentalité des vignerons d'autrefois. Quelle œuvre colossale ont-ils accompli ! Ils étaient très certainement habités par une mentalité différente, guidée par l'instinct, l'expérience et le goût. C'est en goûtant le raisin qu'ils décidaient du début des vendanges. C'est en goûtant le vin qu'ils savaient quand il leur fallait le mettre en bouteilles, et quel genre de chêne était à utiliser, et les meilleures proportions d'une barrique, et comment tailler les différents cépages, et ainsi de suite. D'un village à l'autre, les traditions pouvaient varier selon les différences de cépages, de terroirs et de microclimats. Les traditions encore en force au début de ce siècle étaient les résultats de siècles de tâtonnements. Si le goût du vin indiquait qu'une parcelle de terre pentue et rocailleuse faisait du meilleur, alors on le travaillait sans considération de la peine engagée. Si le goût du public venait à changer, ils n'arrachaient pas leurs plants de pineau pour les remplacer par du chardonnay. Ne croyez pas un seul instant que c'étaient des ignares ne sachant pas ce qu'ils faisaient. Ils semblaient être guidés d'instinct par la qualité. Ce n'est qu'au cours de

ce siècle que nous avons assisté au rejet brutal du savoir durement acquis des Anciens, et cela pratiquement d'un jour à l'autre et au nom du
progrès. J'en veux pour témoignage l'abandon à peu près unanime de
la fermentation sous bois au profit de la cuve en inox, aussi bien dans
la Loire que dans les Graves du Bordelais. Et ce changement a d'ores et
déjà sévi également à Puligny et à Meursault! Autre témoignage, dans
la vallée du Rhône, l'affreuse déshérence des vignobles sur terrasses à
flanc de coteaux, en faveur des médiocres rives plates de la rivière, plus
faciles à cultiver.

La mentalité d'aujourd'hui est différente. L'instinct motivant est différent. On ne mesure plus le progrès en termes de qualité, on le mesure
à travers la sécurité et la facilité.

Aujourd'hui, à Savennières, on utilise souvent de la dynamite pour
préparer un sol à de nouvelles plantations. Personne n'a rien à redire
à ça, mais vous pourriez lever votre verre aux moines du XIVe qui
exécutaient ce travail à la main, inspirés par l'éreintante obsession de
produire une toujours meilleure barrique de pineau de la Loire.

« Ce n'est pas bien généreux
ni vigoureux, mais il y a du bouquet pas mal,
et puis je ne sais quelle sorte de mordant sombre
et sournois qui n'est pas désagréable. »
Alexandre Dumas, citant le maréchal de Richelieu.

Bordeaux se trouve plein sud par rapport à Savennières. Ce n'est pas très éloigné en temps – quelques heures seulement – , mais, question tempérament, c'est miracle de les trouver dans la même galaxie.

Pour la plupart des importateurs, Bordeaux est la base de leur commerce, mais moi j'y suis arrivé plusieurs années après avoir travaillé dans la Loire, la Bourgogne et le Rhône. Je me rappelle ma première réaction en voyant le paysage viticole du Médoc :

« Que c'est plat ! Comment peuvent-ils faire du vin fin, ici ? » Ce n'était que le premier symptôme d'une espèce de conflit de personnalités entre le Bordelais et moi.

On pourrait même m'accuser d'une tendance à démolir les façades. Bordeaux est un pays à façades. Au cœur de la ville, on trouve la monumentale façade du Grand-Théâtre avec ses douze colonnes corinthiennes aussi hautes que des missiles, les façades à échelle réduite des nombreuses banques, les façades impassibles des maisons de négoce le long des quais... Henry James a écrit que «la ville entière a l'air marquée par une opulence presque dépressive». Au sujet du bon vin de Bordeaux, il poursuivait: «Ce n'est certainement pas à Bordeaux que j'en ai trouvé, car j'y ai bu un liquide très ordinaire.» Il a effectivement vu «des pyramides, des montagnes de bouteilles, sans parler des piles de caisses et des caveaux à bouteilles», et James conclut: «Le bon vin n'est pas une satisfaction de l'œil, c'est une émotion intérieure.»

Et puis il y a les façades et les tourelles des châtelains... Ah! les châteaux! Leur nombre est ahurissant. Le paysage est jonché et emplumé de châteaux! Cela procure à l'observateur une impression de classe, de stabilité, de sécurité, de tradition et d'incontestable standing. Mais, ici, même le nom de château est une façade, parce que beaucoup d'entre eux ne sont que des hangars délabrés dans lesquels on fait du vin. A Bordeaux, vous n'avez pas besoin d'être un château pour être un château!

Si vous êtes propriétaire dans le Bordelais, vous n'avez même pas besoin d'un bon maître de chai, quoique celui-ci puisse vous rapporter quelques centimes de plus par bouteille quand sortent les dernières mercuriales. Il vous faut seulement avoir été inclus dans la classification de 1855, il y a plus de 130 ans de ça. Votre vignoble peut bien être dix fois plus grand aujourd'hui qu'à l'époque, votre production à l'hectare cinq fois plus importante, votre encépagement composé de façon différente et votre vinification d'un nouveau genre (mais dissimulée derrière une façade de cuves en chêne verni)... peu importe. Si le nom de votre château fait partie du classement de 1855, vous êtes en bons termes avec votre banquier. Vous pouvez même être banquier.

Non, l'image projetée par Bordeaux n'est pas celle de pieux religieux cassant la rocaille en quête d'une ineffable perfection. Ici, les devises mondiales pleuvent comme des confettis. Un importateur peut acheter du Chambertin, de l'Hermitage, du Château-Grillet directement au producteur, mais il ne pourra pas acheter du Château Lafite ni du Château Margaux au château. J'ai débarqué avec l'habitude d'acheter du vin le nez-dans-le-verre, dans la cave du producteur, et j'ai essayé de mener mes affaires de la même façon à Bordeaux. C'était comme vouloir entrer dans une pièce sans avoir ouvert la porte. A Bordeaux, un château vend son vin à un *négociant* qui le revend ensuite à l'importateur. La structure du négoce bordelais provient d'un long passé et elle maintient une intransigeante férule sur son commerce. Ce qui fait que, plus d'une fois, je me suis cassé le nez tout en recevant des blessures d'amour-propre.

Le système *négociant* fonctionne. Les vins se vendent. Ne touchez pas à la réussite!

Et après tout, pourquoi résister? Quand j'ai tenté de contourner les négociants pour acheter directement au château, certains Bordelais ont supposé que je voulais court-circuiter la marge du négociant afin d'obtenir un prix plus avantageux. On m'a rarement prêté l'oreille pour que je puisse expliquer que tel n'était pas le cas.

J'aime déguster et discuter avec celui qui fait venir le raisin et qui vinifie le vin. Pour pressentir la qualité, il faut bien plus qu'un rapide coup de nez et de langue, mais l'attitude bordelaise est habituellement: «Les cotes des millésimes notent ce vin à 18 sur 20 et c'est un deuxième cru. Son prix est de tant. Que vous faut-il de plus?»

La plupart des dégustations ont lieu dans les bureaux des négociants. Je déteste devoir juger un vin sur un petit échantillon, format repas d'avion. D'accord, si vous êtes bien gentil, on vous arrangera une visite dans un château. Cela est l'occasion de jauger votre importance. Si vous êtes du menu fretin, vous aurez droit au car touristique. Si vous êtes un bon client, il pourra bien y avoir un repas dans un château, classé cinquième cru. Si vous êtes vraiment un battant et un brasseur d'affaires, vous dînerez chez l'un des premiers crus avec un déploiement des plus vieux millésimes.

J'aime déguster en long et en large dans un chai plusieurs barriques, plusieurs millésimes, en évaluant la personnalité de celui qui a fait le vin, en l'écoutant apprécier son propre travail, en regardant son territoire, en essayant de dégager un sentiment sur tout ce qui se passe là, en me demandant : « Pourquoi fait-il comme ça ? » Je veux pouvoir discuter des procédés au moment capital de la mise en bouteilles. Le vin sera-t-il filtré ? Selon quelle méthode ? Avec quelle rigueur ? La filtration est-elle délibérée ou inévitable ? Il est également important que les viticulteurs entendent l'opinion de ceux d'entre nous qui n'ont pas peur d'un vin nature. Ce genre d'échanges est bénéfique des deux côtés. Toutefois, la majorité du négoce bordelais se contente de focaliser l'attention sur l'étiquette plutôt que sur le vin.

En définitive, j'aime acheter en direct parce que c'est le seul moyen pour moi de contrôler la condition physique du vin depuis le moment où il quitte les chais du château jusqu'à celui où mon client le prend dans mon magasin.

Le plus souvent, le public achète le Bordeaux en fonction du millésime, de l'étiquette et du prix. En conséquence, le vin n'est pas forcément dégusté avant d'être acheté ; mais admettons que vous ayez participé à une dégustation de divers Bordeaux 1983 et que vous ayez décidé qu'il vous fallait une caisse de Château Margaux. Vous devez alors faire le tour des maisons de négoce, parce que de nombreux importateurs font venir du Château Margaux et plusieurs négociants ont du 1983 à des prix qui varient énormément. Bien entendu, vous achetez au meilleur prix car un Château Margaux 1983 est partout le même. Vraiment ? Même si toutes les bouteilles contenaient le même vin au départ du château, il n'y a pas lieu de croire qu'elles se goûteront toutes de la même façon au moment où vous en prendrez une chez un détaillant pour l'apporter chez vous.

Un ami de San Francisco m'a invité à une dégustation de plusieurs millésimes de Château Margaux : 1983, 1982, 1981, 1980, 1979, 1978, 1961 et 1945. Pour arriver à San Francisco, les bouteilles ont dû aller du château aux chais du *négociant* par camion, puis sur les quais pour être embarquées sur un cargo. Elles pouvaient ensuite, selon les cas, soit être débarquées sur la côte est pour être transportées par route ou par rail jusqu'à la côte ouest, soit y aller directement en bateau par le canal de Panama. Après avoir été déchargées, elles ont passé tôt ou tard la douane avant d'être entreposées par l'importateur ou le détaillant. On compte ainsi de nombreuses occasions où le vin a pu s'abîmer en route par excès de chaleur, et chacun des Margaux, lors de cette dégustation, avait souffert à quelque différent degré (Fahrenheit ou Celsius !).

La couleur du 1945 était plus proche du noir que du marron et il était totalement imbuvable. Cette bouteille avait été payée cinq cents dollars. Le 1961 n'avait qu'un seul pied dans la terre. Pour ces deux vieux millésimes, le problème était sans doute une conjugaison de mauvais transport et de nombreuses années de mauvais entreposage. Les mêmes millésimes goûtés à Château Margaux sont magnifiques. Mais les millésimes récents, eux aussi, avaient tous été chauffés. Quelques-uns étaient bien cuits, d'autres « à point », mais aucun n'était saignant comme j'aime. Les mauvais traitements les avaient privés de nuances, les rendant pratiquement uniformes au nez et au goût. Après des années de dégustations chez les viticulteurs, on sait reconnaître un vin en bonne santé, un vin sensible. Aucun des vins que nous avons dégustés n'était en parfait état, aucun ne se goûtait comme à Château Margaux : tous avaient perdu de leur éclat, ce qui n'est pas la faute du cru, à moins de vouloir lui reprocher son manque d'exigence sur les conditions de transport d'un produit aussi coûteux. Je préfère acheter le vin en direct parce que je sais qu'il quittera les chais sombres et frais du château dans un conteneur aux caractéristiques semblables.

Pour la clientèle de détail, l'achat d'un Bordeaux signifie davantage que de fouiner en quête du meilleur prix. Renseignez-vous sur l'historique du transport et sur les conditions de stockage. Mieux encore, goûtez une bouteille du lot que vous souhaitez acquérir. Assurez-vous de la santé du vin que vous allez acheter. Bien plus tard, quand vous aurez jugé votre grand Bordeaux prêt à être bu, vous n'aimerez pas les mauvaises surprises.

Des années durant, je suis retourné à Bordeaux pour chercher à dégoter de bons viticulteurs qui voudraient bien faire des affaires directes avec moi. J'ai obtenu quelques succès et quelques échecs, quelques heureuses rencontres et quelques rencontres bizarres.

J'ai été très impressionné par la qualité du Château-l'Arrosée, près de Saint-Emilion, mais je n'ai pas pu aboutir à un achat direct avec le propriétaire. Ce dernier ne croit personne capable de goûter ses vins avant la mise en bouteilles, et j'ai dû employer des trésors de persuasion pour qu'il me permette l'accès de son chai afin de déguster à la barrique. L'opération s'est accompagnée de son discours à propos de son cru : il détient le meilleur de tout Saint-Emilion, le meilleur sol, la meilleure exposition, les meilleures barriques et le meilleur procédé de vinification. C'était plutôt fascinant (encore que d'aucuns auraient pu trouver plutôt asphyxiante son autosatisfaction) parce que son vignoble est véritablement à flanc de côtes, chose rare en Bordelais. Oui, les pentes douces ne manquent pas, mais on n'y voit rarement des configurations de terrain qui puissent être appelées des coteaux. Aussi fier de son vin qu'il eût pu être, il n'était pas intéressé de prendre des mesures pour que celui-ci arrive aux Etats-Unis en parfaite condition. Lorsque je suis revenu pour déguster le millésime suivant, et à nouveau celui d'après, il m'a fait entendre, presque mot pour mot, la même allocution que la première fois. J'ai essayé d'interjeter mon opinion, mais il a poursuivi son scénario comme s'il ne m'avait pas entendu. J'ai bien tenté de lui poser des questions incidentes quand il marquait une pause, mais il m'interrompait aussitôt pour continuer son discours. C'était aussi agaçant qu'un moustique à l'oreille. Ce type n'avait pas de bouton d'arrêt.

Voilà un exemple extrême de la propension bordelaise à ériger une façade de prétentions. Peut-être n'ont-ils rien à cacher, mais quand il est impossible de passer derrière la façade, quand on s'y cogne sans arrêt, cela inspire de la méfiance.

Cependant, il y a des gens comme Jacques Marly, au Château Malartic-Lagravière, qui est fier de son vin et adore en discuter passionnément dans le détail, se plaisant à écouter des avis différents avec une sensibilité des plus exquises. Ou bien Claude Ricard, propriétaire du Domaine de Chevalier jusqu'en 1984. Il a suivi dans sa jeunesse des cours de piano pour être concertiste. Un dîner chez lui peut très bien être précédé d'un récital au salon. A table, il dispose le service des vins avec la même attention que celle d'un pianiste traçant le programme de son concert. Ricard m'a réchauffé le cœur lors de l'un de ces mémorables dîners. Après une petite dégustation de Beethoven, Chopin et de Chevalier *blanc* 1963, il a servi côte à côte deux vieilles bouteilles parmi ses vins rouges. L'une d'elles avait pris de l'âge comme on aimerait vieillir soi-même. Toutes ses facultés étaient intactes. L'autre sortait d'une maison de retraite, sinon de la morgue. Tout le monde a joué à la devinette pour attribuer à la bonne vieille bouteille une heureuse naissance telle que 1928 ou 1929. Chacun a annoncé une année différente, plutôt décriée, pour le vin sénile. Alors Ricard a étonné ses invités en révélant que les deux bouteilles étaient du millésime 1928. Le séduisant Chevalier avait été sorti de la cave du domaine. Le Chevalier très fatigué avait été acheté récemment chez un négociant de Bordeaux. Cette dramatique comparaison m'a donné le prétexte idéal pour taper sur le clou de ma politique d'achats directs. De temps en temps, Ricard et moi nous nous sommes rencontrés et nous avons parlé de ce sujet. Je pensais avoir fait quelques progrès dans ce sens quand la structure familiale propriétaire du domaine s'est trouvée modifiée.

Jean Gautreau est un négociant qui a acheté un château pour faire son propre vin. C'est curieux qu'il soit, parmi tant d'autres producteurs, l'un de ceux qui ont accepté de faire des affaires directes avec moi, contournant même pour cela sa propre maison de commerce. Mais ce n'est là qu'une de ses façons de sortir des normes bordelaises. Il dit des choses qu'on n'entend pas ailleurs. Quand il parle avec sa casquette de négociant, il déclare : « Si j'offre un *petit château* à quinze francs la bouteille, tout le monde exige d'en avoir un échantillon. Ils doivent absolument le goûter avant d'acheter. Mais si c'est un château à cent cinquante francs, ils l'achètent sans déguster. C'est l'étiquette qui compte. »

Quand je suis arrivé chez Gautreau, début 1986, pour goûter son propre cru, Château Sociando Mallet, la ruée aux achats des 1985 avait déjà commencé. Les journalistes du vin avaient provoqué cette frénésie : « Année du siècle ! Année de la comète ! » J'ai demandé à Gautreau si le millésime méritait vraiment tout ce tralala.

« Regardez, dit-il en roulant un petit cigare d'un coin de sa bouche à l'autre, en 1982, les Bordelais ont produit plus de vin que jamais. Une récolte record. Un pactole. En 1983, à peu près pareil. En 1985, *trente pour cent* de plus. Qu'est-ce que vous espérez ? Bien sûr, il y a de bons vins, mais il ne faut pas s'étonner si certains sont plutôt liquides et dilués. »

Débiter une telle franchise devant un client potentiel est caractéristique de Jean Gautreau. Quand nous goûtions son 1982, il a fait cette remarque : « 1982 est un millésime tout à fait exceptionnel, c'est la première année depuis 1961 où nous n'avons pas chaptalisé. » Je suis devenu inquiet pour sa sécurité. Chacun montre du doigt les vilains Bourguignons qui l'admettent ouvertement. Dans l'esprit du public, il y a une lie de vin sur la réputation du Bourgogne à cause de la chaptalisation, tandis que ce mot n'est jamais prononcé quand il est question des Bordeaux. Mais, selon Gautreau, elle se pratique à peu près chaque année et certains ont même chaptalisé en 1982. Et il ajoute : « Ou bien c'est ça, ou bien les femmes des viticulteurs ont fait une quantité colossale de confitures car, au moment des vendanges, on voyait les sacs de sucre empilés devant les cuviers. »

*

La propriétaire du Château de l'Hospital, dans les Graves, près de Bordeaux, a une abondante chevelure grisonnante qui se plaît à retomber sur ses yeux pleins de vivacité. Elle s'habille de manière raffinée et insouciante : un pull-over chiné aux couleurs terriennes, une jupe de laine anthracite et des mocassins de cuir un peu usagés. Elle a de la classe et de la personnalité. C'est un caractère. Plus proche de soixante-dix que de soixante ans, elle incarne ce que les Français appellent affectueusement la vieille France. Il y en a qui la prennent probablement pour un moulin à paroles, mais moi, j'adore son bavardage.

L'un de ses sujets de conversation préférés est le vin frauduleux ou mal vinifié.

« Tout près d'ici, commence-t-elle sur un ton de confidence en relevant les cheveux de ses yeux, il y a un petit chai... et quel trafic! *C'est incroyable*! Il y a des vins des Corbières, d'Italie, d'Algérie, de partout; des rouges comme des blancs. Parfois, après une soirée en ville, je reviens par cette route et, mon Dieu! il faut voir la file de camions. Tous ces vins repartent du chai sous l'étiquette Graves – *ça c'est grave* – ou sous d'autres appellations bordelaises. Un de ces quatre matins, il y aura un scandale. J'en suis sûre! »

Son expression atterrée, ses yeux écarquillés et incrédules expriment la gravité d'un agissement aussi épouvantable : un crime contre la terre, l'humanité, et les lois des *appellations contrôlées*. « *Incroyable* », fait-elle d'une voix de fausset.

Elle a la même attitude peinée à l'égard des grands crus qui ont pris une orientation assez commerciale, y compris des noms célèbres. Pour faire entendre que le propriétaire concocte son vin selon une recette douteuse, avec Dieu sait quels ingrédients, elle annonce : « C'est une usine » ou encore « c'est un bon cuisinier. »

Puis elle frémit d'horreur en évoquant les pratiques de ses voisins : « A l'heure actuelle, ici-même à Portets, nous sommes seulement trois propriétaires qui analysons la teneur en sucre du raisin avant les vendanges. Les autres ne le font pas! Ils ramassent les grappes... et en route! S'il pleut, ils vendangent quand même. S'il pleut durant toute la nuit, ils vendangent le lendemain et nul ne s'en soucie. Les grands châteaux, comme les petits. En septembre dernier, j'ai fait peser mon moût qui titrait 13 degrés Baumé. Quelqu'un m'a dit : "J'espère que vous lui avez ajouté de l'eau." Quelle horreur! De l'eau dans mon vin? Je n'ai pas envie de voir des grenouilles sortir de mes cuves. »

Il me semble qu'un vin peut refléter la personnalité de celui ou de celle qui le fait. Mme de Lacaussade est une personne flamboyante et son vin est loin d'être éteint. Mais je réalise alors combien ma théorie est absurde, aussi juste qu'elle puisse paraître. Comment un jus de raisin fermenté peut-il exprimer la personnalité de quelqu'un?

Les femmes viticulteurs sont rares en France. La profession reste l'apanage des hommes. Mme de Lacaussade a pris en main la vinification lorsque la tragédie la frappa, au premier jour des vendanges de 1964. Le temps était idéal et elle était partie chercher les vendangeurs. Quand elle est revenue à la propriété, c'était la panique. Quelqu'un a hurlé: «Monsieur est tombé dans une cuve!»

Son mari était descendu dans une cuve pour vérifier qu'elle avait été bien nettoyée. L'échelle a glissé sur le bois humide et il est tombé à la renverse, se cassant trois vertèbres.

Le médecin est arrivé; il s'est introduit dans la grande cuve en chêne pour examiner la blessure.

Son épouse se souvient. «Je me suis dit: maintenant, ils sont deux dans la cuve. Mon mari souffrait horriblement. On l'a attaché à l'échelle pour le sortir. L'ambulance est arrivée et l'a transporté à l'hôpital. Je me suis trouvée devant un fait accompli parce que la vendange était prête. Il faisait un temps superbe, les vendangeurs étaient là, il a bien fallu que j'agisse. Je dois dire que j'avais un voisin très obligeant, qui est venu me conseiller. Il m'a expliqué: "Quand le thermomètre de la cuve en fermentation atteint 35 degrés, il faut soutirer le vin, c'est-à-dire le transférer dans une autre cuve pour le rafraîchir." Après dîner, je suis allée au cuvier. J'ai contrôlé le thermomètre. Je n'en croyais pas mes yeux. Je me suis précipitée aux cuisines pour dire aux vendangeurs: "Nous devons absolument soutirer le vin." On a fait du thé et travaillé toute la nuit jusqu'à cinq heures du matin. A huit heures, nous avons recommencé comme si de rien n'était. Ce fut une rude journée, mais, d'une certaine façon, j'avais de la chance parce que 1964 était une bonne année, relativement facile à faire.» J'ai dégusté son 1964 qui est aussi parfait que possible: riche en arômes et en saveurs, très complet. Il n'est pas si rare qu'un premier essai de vinification donne des résultats qui ne seront jamais dépassés par la suite. J'ai ma théorie là-dessus (encore une de mes vagues suppositions que je suis incapable de prouver) : le viticulteur est un inquiet et il manque de confiance en lui-même : «Le raisin est là... qu'est-ce que je fais maintenant?» Alors, il s'en tient à la méthode classique. Il utilise les techniques les plus simples, les plus éprouvées et les plus primitives. Il dorlote son vin comme un premier enfant. Et puis, *voilà*, quelque chose d'exceptionnel est mis en bouteilles. Alors il se croit talentueux et commence à prendre des initiatives au lieu d'attendre que la nature fasse le vin. Je me rappelle les mots de Joseph Swan, viticulteur en Californie, me disant qu'une fois obtenu un bon jus de raisin, le rôle du vinificateur consiste à «ne pas cafouiller».

Le vignoble du Château de l'Hospital est assez petit pour que Mme de Lacaussade puisse vendre directement tout son vin. Elle n'a pas besoin de passer par le système des courtiers et des négociants qui régit le commerce du vin à Bordeaux, un système qui – elle n'hésite pas à le souligner – est entièrement dominé par les hommes. Ils n'ont aucune espèce d'admiration pour une femme dans un chai, dit-elle, ils n'ont que du mépris, et les femmes qui possèdent de plus grands *domaines* (il y en a quelques-unes) connaissent des heures difficiles quand elles doivent traiter avec les courtiers bordelais.

Après la mort de son mari, Mme de Lacaussade a eu des problèmes avec la clientèle privée qui achetait auparavant son vin. Les ventes ont chuté de quatre-vingts pour cent. Non seulement les clients la quittaient, mais aussi les employés se croyaient tout permis. Elle évoque cette époque pénible. Ses deux fils, des hommes d'affaires parisiens, ne l'ont pas beaucoup aidée.

«Après la mort de leur père, ils m'ont proposé de m'acheter un petit appartement à Bordeaux ou à Paris, comme je préférais, ou bien un voyage autour du monde pour m'amuser.

«Je leur ai répondu que j'allais m'ennuyer, toute seule dans un petit appartement. J'étais habituée aux grandes pièces. J'avais mes chiens et mes chats... qu'allais-je en faire? Non, cela ne me conviendrait pas. Mais alors, pas du tout! A la campagne, il y a toujours quelque chose à faire. Je ne suis pas claustrophobe, mais je le serais devenue.»

Au lieu de ça, elle s'est inscrite à l'institut d'œnologie de l'université de Bordeaux pour apprendre le métier du vin. Ses deux fils, qui voyaient que les clients n'achetaient que trois bouteilles à la fois au lieu d'une caisse entière, lui ont dit qu'elle aurait mieux fait de les écouter.

Avec un brin de tristesse, elle remarque: «Ce n'était pas très encourageant. A mon âge, c'est pénible d'entendre ça.

«Ils disent que je suis impossible. Mais ils sont complètement accaparés par le monde des affaires. Business, business, business! Ils sont tous deux célibataires, en quête de la femme exceptionnelle. Moi, je leur dis toujours que personne n'est exceptionnel, et même si vous avez une maîtresse qui l'est, elle cessera de l'être le jour où vous l'épouserez. Ils ont beaucoup d'amis mariés et ils les voient se disputer, vous voyez, et ils voient que les enfants ont la rougeole, les oreillons ou Dieu sait quoi encore. Alors, *adieu* leur belle liberté! Et cela leur fait peur.»

D'après ce que j'ai pu comprendre, ils menaient une vie très simple. La famille ramassait des fraises, déterrait les pommes de terre, etc. Du jour où ils ont quitté l'université pour aller à Paris, ils ont commencé à laisser tomber. Ils se sont fait des amis dans le gratin – la belle vie, dépensière, superficielle. Il me semblait presque l'entendre dire: «Je ne serai pas encore froide dans ma tombe qu'ils auront déjà vendu ce château pour s'acheter une villa à Saint-Tropez.»

Mais elle me racontait: «L'autre jour, un de mes fils était ici. Il est resté huit jours et une bande d'amis est arrivée, ce qui m'a procuré beaucoup de travail. Il n'avait guère d'attentions pour moi. Ses amis avant tout. Il a téléphoné à une petite amie à Paris... je ne sais pas, sa maîtresse?... et je les ai entendus. Elle a dû lui demander comment ça allait et s'il était content de son séjour. C'est alors qu'il a répondu: "Qu'est-ce que tu crois? c'est toujours pareil. Il n'y a rien d'autre à faire ici que se cogner la tête contre les murs..."»

Malgré l'attitude de ses fils, Mme de Lacaussade a persévéré et elle a maintenu les traditions du Château de l'Hospital. Heureusement, les clients sont revenus. Elle est aujourd'hui confrontée à un autre problème, si on peut ainsi appeler son manque de vin pour satisfaire la demande. J'estime avoir de la chance si elle me fournit cinquante caisses de douze par an. Le plus souvent, elle me promet les cinquante caisses, quitte à diminuer ma réservation parce qu'elle n'a pas pu refuser aux gens qui sonnaient à sa porte pour avoir quelques bouteilles.

Tout en réduisant mes quantités, elle n'a aucun scrupule à rallonger son prix, un gros sou après l'autre. A réception d'un avis d'augmentation musclée, je lui ai écrit avec l'espoir d'obtenir un meilleur tarif. Sa réponse est parfaitement représentative de sa personnalité. Elle constitue aussi un exemple classique de la manière dont les petits viticulteurs français conduisent leurs négociations commerciales :

Cher Monsieur,

Merci de votre lettre, entendu pour le départ des cartons début octobre.

Je suis tout à fait désolée de vous savoir aussi contrarié au sujet du prix du vin. Je vous avais «fait» un prix amical pour le 1979, et ne pensais pas qu'il serait une habitude de continuer ainsi!

Si j'ai le plaisir de vous revoir, je vous montrerai les factures de fournisseurs et main-d'œuvre pour le chai!

Je ne compte pas mon temps, et vous n'ignorez pas que les expéditions pour les USA sont plus longues à préparer, le paiement plus lent aussi.

Mes clients européens ne font aucune difficulté pour l'augmentation.

Le 1979 était à 30 francs; il ne me reste que... 24 bouteilles et autant de magnums, que je voudrais garder.

Il me semble tout à fait normal d'augmenter de 3 francs mon prix de vente.

Le 1980 est peut-être médiocre chez les autres, mais pas ici.

J'ai augmenté mon prix lors d'une réunion du CIVB après avis autorisé.

N'oubliez pas que mon vignoble bien modeste, bien petit, est un cru exceptionnel rattaché aux Graves de Léognan. Sur ce territoire, il est impossible de trouver un prix approchant; certains crus y jouent la politique du rendement et leur qualité ne vaut pas... la mienne.

Comme je ne veux pas ruiner un homme aussi aimable et aussi amoureux du vin que vous, je veux bien vous consentir une nouvelle fois le prix amical de 30 francs au lieu de 33 francs pour le millésime 1980, en échange de quoi vous voudrez bien me régler plus rapidement.

Recevez, cher Monsieur, mon souvenir le meilleur.

MME DE LACAUSSADE

*

Son château du XVIIIe siècle est proche de la Garonne, fleuve navigable qui passe devant les vignobles de Sauternes et des Graves, puis à travers Bordeaux et enfin le long du Médoc avant de se jeter dans l'Atlantique. Mme de Lacaussade raconte qu'à l'époque où le château a été construit on voyageait en bateau à cause du danger permanent d'échauffourées entre protestants et catholiques sur les routes du pays. La voie fluviale était plus sûre et plus rapide, c'est pourquoi le château a été bâti à proximité. Il y avait déjà des vignes lors de sa construction.

On va jusqu'au portail en fer forgé du château par une route en terre bordée d'arbres. A ma première visite, je suis passé devant trois ou quatre fois parce qu'il n'y a pas de panneau.

On voit des fleurs, des arbustes, des arbres, des vignes et une abondante végétation tout autour du château en U, avec un joli petit jardin dans la cour centrale. Lors d'une dégustation, Mme de Lacaussade est sortie pour vider son verre dans un pot de fleurs. Elle assure que les plantes *aiment* le vin, surtout le rouge! «Le vin est très riche au point de vue nutritif. Ce dont je ne me sers pas en cuisine, je l'utilise à nourrir mes plantes.» De fait, ses plantes affichent une santé anormale.

En tant que château, il y en a qui sont de loin plus magnifiques, mais, ce qui est étonnant à l'Hospital, c'est l'intérieur, décoration et mobilier restant inchangés depuis un siècle. Rien n'a bougé. C'est un ensemble splendide qui est cependant une demeure privée, bien qu'elle soit remplie de tableaux anciens, de portraits de famille, de grandes potiches, de vaisselle précieuse, d'un énorme poêle en faïence et de statues superbes, moulées d'après des modèles de Versailles. «Le roi a autorisé qu'on les fasse copier», précise Mme de Lacaussade. Ici, on entre dans une autre époque, un refuge du monde moderne, un lieu qui est loin, très loin d'un petit appartement à Bordeaux.

Je me rappelle m'être levé de table au cours d'un déjeuner, m'appuyant d'une main pour garder l'équilibre après plusieurs millésimes du cru. J'ai demandé où se trouvaient les toilettes. La maîtresse de maison parlait à un autre invité et a fait un geste vague en direction du vestibule. J'ai traversé trois vastes salles (... d'hôpital!), trois grandes pièces garnies de meubles anciens avec, ici et là, de splendides vases de fleurs coupées. J'ai dû essayer plusieurs portes (dont la plupart ouvraient dans le noir car peu d'interrupteurs fonctionnaient), avançant à tâtons jusqu'à ce que j'aie trouvé le cabinet de toilette d'un autre âge avec son trône en bois. On chasse avec un grand broc d'eau qu'on remplit pour le visiteur suivant. Aller aux petits coins du Château de l'Hospital est un événement plus marquant qu'à l'ordinaire dans notre xxe siècle.

Ma première visite chez Mme de Lacaussade a eu lieu par une froide journée de novembre. Nous nous sommes enfermés dans une minuscule pièce de forme triangulaire qui a dû être l'antichambre des domestiques. Nous tâchions de nous tenir au chaud près d'un feu de vieilles douelles de barriques, pendant que nous faisions une dégustation verticale de vieux millésimes. Je n'oublierai jamais la vue à travers la fenêtre, offrant une scène hivernale de feuilles qui tombaient en tournoyant sur un étang frémissant et glacé où deux cygnes stoïques se pavanaient. On aurait dit des effets de mise en scène.

Ses voisins lui ont conseillé d'abattre le petit bois autour de l'étang et de reconvertir ces terres en vignobles pour produire davantage de vin, engendrant ainsi des revenus supplémentaires, peut-être suffisamment pour rendre la propriété rentable. Mais elle résiste en prétextant que le sol est d'une nature différente, médiocre pour la vigne, et que cela entraînerait une modification du caractère du vin. D'autres auraient sacrifié la qualité sur l'autel de la nécessité économique. Elle se ronge à ce sujet. Les finances sont pour elle une source permanente de soucis, mais sa passion pour la qualité est la plus forte. Elle s'est fâchée lorsque l'un de ses fils a vendu quelques bouteilles à un ami industriel, juste après la mise, quand le vin faisait ce que nous appelons, en jargon du métier, la maladie de bouteille.

«Et si ce monsieur débouchait trop tôt une bouteille? Il pourrait trouver que le vin n'est pas bon du tout. Et s'il était déçu, il dirait: "Mme de Lacaussade m'a filé une infecte bibine", ce qui n'est absolument pas le cas. Espérons qu'il attendra un peu...»

Chaque fois que je rencontre un propriétaire en quête de qualité de façon aussi évidente, j'essaie de le convaincre de me communiquer d'autres adresses. Mme de Lacaussade m'a gentiment donné une liste de huit à dix producteurs à Saint-Emilion et à Pomerol. Le lendemain, muni de ces renseignements, je suis allé en récolter les promesses. A midi, je remarquais avec amusement que chaque propriétaire qu'elle m'avait fait rencontrer était du sexe féminin. Etait-ce par solidarité? Les consœurs de la vigne? Ma gente dame a horreur de certaines pratiques telles que les engrais chimiques et les plaques de filtration en amiante, mais quelques autres traitements ont trouvé sa faveur.

«A l'analyse en laboratoire, on voit tout. Si les vignes sont traitées au sulfate de cuivre, vous en retrouvez la trace dans le vin. Les vins qui ont séjourné dans des cuves en inox prennent un goût métallique. Alors, bien entendu, j'interdis les produits désherbants dans mon vignoble parce que je n'en veux pas dans mon vin.»

Ni la vinification ni le style de son Graves rouge n'ont changé depuis la mort de son époux. Le cuvier est une antiquité; la majeure partie du matériel date du début du siècle. Elle affirme qu'elle continue de l'utiliser parce qu'il a fait ses preuves.

Son vin est fait de cabernet franc et de cabernet-sauvignon avec un peu de malbec. Ce dernier cépage est fragile, difficile à cultiver, et la propriétaire dit que beaucoup de ses voisins l'ont supprimé. Au lieu du jus de raisin malbec, riche en fructose naturel, ils rajoutent tout simplement du sucre. Bien sûr, quelque chose se perd.

La fermentation et le vieillissement du vin rouge se font sous bois. Elle estime que le chêne se combine bien avec les saveurs de terre, de baies rouges et de feuilles mortes qu'elle trouve dans son vin.

Mais elle n'utilise pas le chêne pour son vin blanc : « Je pense que le bois est nuisible parce qu'on a un bon vin blanc quand il a goût de fruits et le chêne masque le goût du raisin. »

J'ai mentionné les grands Graves blancs du Domaine de Chevalier car je savais qu'on leur faisait faire un vieillissement partiel dans du bois neuf.

« Oui, oui, a-t-elle répondu, mais Chevalier a un fort pourcentage de vignes vieilles de soixante ans, ce qui est très important. Dans ces conditions, on peut élever dans du chêne. Le vin a plus de nerf, plus de corps, plus de vigueur parce que les racines plongent plus profond dans la terre. Ici, on a arraché toutes les vignes blanches pour en replanter. J'étais furieuse, mais, en ce temps-là, je n'avais pas voix au chapitre. Mes vignes de blanc n'ont que dix ans. Elles sont encore jeunes. Alors il est impensable que le vin aille dans du bois neuf. Mon mari a eu des problèmes parce qu'il avait trop de vieille futaille. Il me fallait en remplacer. Vu le prix des barriques neuves, j'ai vraiment préféré acheter des cuves d'acier émaillé. »

*

La vieille France. Comme elle disparaît à coup sûr ! Depuis quinze ans, je l'ai sillonnée et les changements m'apparaissent radicaux. Dans la France nouvelle, la France syndicaliste, où le conseil d'administration est le gouvernement, où l'agriculture est orientée vers la production à tout prix, quel est l'avenir d'un *domaine* comme le Château de l'Hospital, où le désherbage est effectué par un troupeau de moutons et où le compost organique est le seul engrais? Est-ce que ce seront des caves coopératives géantes ou des *négociants* en sociétés anonymes qui nous approvisionneront de leur fade pinard dépersonnalisé?

Quittant Bordeaux, ses célèbres châteaux et sa mentalité boursière, je prends la direction du sud-ouest vers le Languedoc en passant par Toulouse.

C'est en vain que j'ai cherché dans les livres sur le vin de la littérature à propos du Languedoc, cette grande région incurvée de la France méridionale, à l'ouest du Rhône, qui s'étend pratiquement jusqu'à la frontière d'Espagne, incluant Carcassonne, Narbonne, Nîmes et Montpellier. C'est le pays viticole le plus important de France en termes de volume. Dans l'édition 1970 de *l'Encyclopédie des vins et alcools* d'Alexis Lichine, on trouve le paragraphe suivant : «Une vaste plaine du sud de la France, qui comprend le département de l'Hérault où l'on produit de grandes quantités de vin, médiocre la plupart du temps. L'un des meilleurs est la Clairette du Languedoc.»

Que voilà un verbiage qui ne risque pas d'exciter notre soif, à propos d'une province produisant en moyenne près de 25 millions d'hectolitres de vin, soit plus de trois milliards de bouteilles ! Dieu merci, les dernières éditions de *l'Encyclopédie* de Lichine ont été plus généreuses.

Le Languedoc est une région qui sait récompenser le touriste, sauf au mois d'août, quand les Européens qui n'ont pas les moyens de se payer la Côte d'Azur affluent pour ravager ses rivages. Les paysages sont empreints d'une rare beauté sauvage, à la fois dépouillée et haute en couleurs, et tout le pays foisonne de châteaux forts et de cathédrales médiévales, de formations géologiques insolites, de plages méditerranéennes au sable fin et de cuisine sans prétention.

C'est presque la Provence. En plus austère, plus protestant, moins passionnel et moins joyeux.

Commençons par Carcassonne. Non point pour ses vins mais pour sa magnifique cité médiévale (surtout vue de loin). On n'y trouve pas le moindre morceau convenable à manger, encore moins un *cassoulet* qui se respecte ou un verre buvable de vin local. De corpulents autocars à air conditionné vomissent leurs touristes affublés d'appareils photo-ciné, etc., qui jouent des coudes pour pénétrer dans la cité aux épais murs fortifiés. C'est un endroit grandiose et déprimant qu'il ne faut pas louper. Il faut seulement éviter d'y manger. Baladez-vous sur les remparts, dans les rues ventées... et rêvez au temps jadis.

En roulant vers l'est, Narbonne et la Méditerranée, on entre dans les Corbières qui sont l'une des plus belles régions viticoles de France. Surtout en automne après les vendanges, vous contemplez le paysage en vous disant qu'on devrait en faire une peinture. Mais pour le bien traduire, il faudrait un coloriste tel que Van Gogh ou Vlaminck. Il est certes sévère, et peut ressembler au Sud-Ouest américain, mais il se trouve transfiguré par les changements de saison. Partout : des vignes. Ce ne sont pas des petites côtes bien tracées comme en Bourgogne ; ici, s'étend à perte de vue un patchwork grossier de vignes qui ne rendent leur dernier soupir qu'en novembre, offrant grâce à leurs feuilles mourantes une éclatante foison de couleurs radieuses. En Bourgogne, tous les cépages sont du pinot. Ici, on ne compte pas les différentes variétés et chaque parcelle rutile de sa nuance propre. J'ai découvert que l'alicante est le responsable des explosions de violet vif. Et l'on voit des feuilles orangées, jaunes, dorées, rouge sang, et aussi d'un lumineux blanc laiteux, et tout à l'avenant. Presque au cœur de l'hiver, cette fabuleuse palette chromatique est ensorcelante.

Maintenant, vous connaissez la seule et unique raison d'aller dans le Languedoc en novembre.

Quant à l'hôtellerie, je ne me suis pas rendu victime de multiples expériences. Je continue de retourner au *Relais du Val d'Orbieu*, près d'Ornaisons, à quinze kilomètres à l'ouest de Narbonne. J'y reviens, même si les guides n'arrêtent pas de lui ajouter des étoiles, des toques et des «petits oiseaux», ce qui ne manque pas de produire un effet inflationniste sur le prix d'un hébergement correct. Il y a toutefois une piscine, chose agréable en Languedoc. Et il y a du romarin, du thym et de la lavande tout autour de vous, outre des chambres confortables et un silence bienvenu, sauf quand le vent hurle. Le *Relais* est isolé, à l'écart d'une route quasi désertée, entièrement barricadé pour que vous ne puissiez pas être emportés par le terrible vent, le vent félon qu'on appelle *la tramontane* et qui est la version languedocienne du mistral provençal.

On couvre le restaurant de louanges. Moi, je suis tenté d'avancer que le meilleur restaurant de la France méridionale se trouve *Chez Panisse*, à Berkeley en Californie. Le menu y change chaque soir. Au *Relais*, il est limité et toujours le même. C'est lassant. Pas pour moi, qui suis libre d'aller ailleurs, mais qu'en est-il du pauvre chef aux fourneaux? Comment peut-il sauvegarder son équilibre mental alors qu'il est condamné à faire la même cuisine tous les jours?

Un soir, j'ai commandé un *loup*, poisson très recherché de Méditerranée, grillé à la manière traditionnelle avec une branche de fenouil dans la gueule. Il était trop cuit et j'ai demandé de l'huile d'olive pour rendre sa chair un peu moelleuse. Le garçon est revenu en me disant à voix basse : «Je suis désolé, Monsieur, nous n'avons pas d'huile d'olive.»

Incrédule, j'ai articulé : «*L'huile d'olive.*»

– Non, veuillez m'excuser, il n'y en a pas.»

Je lui ai répondu que je n'avais pas besoin d'un huilier de présentation et qu'il suffisait d'aller à la cuisine pour emprunter au chef une bouteille d'huile d'olive. Il est revenu une fois de plus en hochant la tête : « Il n'y a pas d'huile d'olive en cuisine. »

Abominable ! Incroyable !

Un autre soir, j'ai mangé jusqu'à la dernière miette une de leurs spécialités : une chose que j'appellerai poulet au thym et au ketchup. Je ne peux pas vraiment recommander ça, mais j'étais là, me léchant les doigts, un peu honteux d'ailleurs. En tout cas, cela prouve combien il est difficile de rater un mariage entre le thym et la tomate. Entre-temps, cet établissement a changé de mains.

Leurs vins du pays avaient été choisis intelligemment, mais en Languedoc, il y a peu de bonnes caves, aussi faut-il se méfier de l'état des millésimes anciens. J'ai appris ma leçon le jour où j'ai dû renvoyer une bouteille d'Yquem 1955 qui était morte.

Sur leur carte des vins, j'ai réellement découvert un régal pas ordinaire, un délicieux Corbières blanc, produit par Jean Bérail à Ornaisons, presque la porte à côté. Je fustige bien souvent les vins qui ont été excessivement traités, et les gens en déduisent que je suis contre toute technologie, ce qui n'est pas le cas. Je paie le transport de mes vins en conteneurs réfrigérés pour assurer un voyage sûr à ces vivantes créatures. C'est une technologie qui n'était pas utilisée jusqu'ici par les importateurs. Jean Bérail a été le premier en Corbières à pratiquer la fermentation à froid, réussissant ainsi à faire un vin blanc sec, frais et vif au lieu de cuit et neutre.

Petites excursions : aller donc siroter un *pastis* en plein air au *centre-ville* de Narbonne, tout en regardant les gens passer, à moins que vous ne dévoriez le journal anglais acheté au coin de la rue. Mais évitez les plages de Narbonne, plates et venteuses, envahies de touristes avec leurs camping-cars et leurs caravanes. On peut aussi aller vers le sud, le long de la côte, près de l'Espagne, jusqu'à Collioures ou Banyuls : deux petits ports parmi les plus jolis de la Méditerranée française. Si c'est en été, plongez dans la mer.

On peut aller à Boutenac, à dix kilomètres au sud de Lézignan, pour y acheter quelques bouteilles de *rouge* et de gris de gris chez Yves

Laboucarie. C'est un gars aimable et dévoué qui a un cœur grand comme ça ! D'ailleurs, il doit s'embêter dans un bled comme Boutenac. Alors n'hésitez pas à lui faire une visite.

Prenons ses vins dans le bon ordre de service, voici d'abord son *gris de gris*, ce joli vin sec et vif qui fait claquer la langue (l'applaudissement du dégustateur). On parle beaucoup des rosés de Provence mais, à part le Bandol rosé du Domaine Tempier, je n'en ai jamais rencontré de meilleur que celui d'Yves.

D'après les gens du pays, la Cuvée des Demoiselles du Domaine de Fontsainte appartenant à Laboucarie est le plus agréable Corbières rouge produit dans les années 80. Les six hectares du vignoble des Demoiselles descendent comme un tapis qui se déroule à partir du sommet d'une colline couronnée de forêts, à l'image de Corton. L'encépagement est de quatre-vingts pour cent de carignan, dix pour cent de grenache noir et dix pour cent d'un mélange de variétés anciennes comprenant le mourvèdre. Toutes ces vignes sont âgées de soixante-dix à quatre-vingts ans ! La Cuvée des Demoiselles est vinifiée dans du chêne, collée aux blancs d'œufs et mise en bouteilles sans filtration. C'est un vin riche, souple et racé, marqué par des notes épicées de cannelle.

On peut continuer au sud de Boutenac jusqu'aux Pyrénées en empruntant les petites routes. Les étendues de terre sont vastes, couleur de sienne brûlée, mais pas du tout arides ; si vous voulez prendre des photos, vous ne manquerez pas de sujets.

Et il y a des vignes partout. Brillat-Savarin a noté deux traits qui différencient l'homme de la bête :

1. la crainte de l'avenir ;
2. le goût des boissons fermentées.

Ces paysages enchanteurs vous révéleront le tenace entretien par l'humanité de sa deuxième différence, car vous verrez ici des vignes plantées sur des terrains qui semblent impossibles. Le problème est que pratiquement tous les vins sont de vulgaires gros rouges, moches à voir, à sentir et à boire.

La mauvaise réputation du Languedoc se justifie par les volumes d'infâme bibine qu'il produit. Il est planté de cépages choisis en fonction de leur productivité. Pour la plupart des viticulteurs, le vin est une récolte, point. Ce pourrait être aussi bien du haricot ou de la pomme de terre. Tout tient au rendement et le prix de la production ne se base pas sur sa qualité mais sur son degré alcoolique. De ce fait, on calcule la valeur d'une terre en fonction du volume de raisin qu'elle peut fournir. Si on utilisait les mêmes critères pour évaluer la Californie, les centaines d'hectares de la vallée de San Joaquin vaudraient plus cher que le vignoble de Martha's Vineyard dans la Napa Valley ou la petite parcelle de chardonnay de l'inestimable Stony Hill.

Bien sûr, les volumes produits dans les plaines fertiles sont supérieurs à ceux des terrains rocailleux des coteaux. Mais si vous recherchez des vins qui ont du type, c'est-à-dire un caractère intéressant, il faut vous réfugier dans les collines. Heureusement, le Créateur a dispensé nombre de coteaux pierreux sur le rude Languedoc.

Au Prieuré de Saint-Jean de Bébian, Alain Roux m'a dit : « Les meilleurs vignobles sont souvent les moins chers parce que personne n'en veut. Si je les achète, mes voisins me prennent pour un cinglé. »

Alain est un jeune enthousiaste et passionné du vin, un pionnier important dans le développement du vin fin en Languedoc. Ses 1980 et 1981, les premiers qu'il ait vendus en bouteilles, démontrent que cette région a un potentiel considérable. Ce sont des vins qui vous saisissent au nez et vous obligent à les remarquer.

Le vin de Saint-Jean de Bébian a changé depuis qu'Alain s'en occupe. Son grand-père était vigneron mais il vendait en vrac, comme presque tous les autres. Après la mort de son grand-père, en 1954, ses parents n'ont rien fait pour améliorer la propriété. Lui-même ne s'y intéressait pas avant son départ pour l'université, où il s'est lié d'amitié avec un jeune viticulteur de Châteauneuf-du-Pape qui l'accompagnait pour des week-ends à Saint-Jean de Bébian.

Son ami a été frappé par la similitude entre certains vignobles de Saint-Jean et ceux de Châteauneuf. Il les visitait à pied, examinant des poignées de terre pour essayer d'en déterminer la composition minéralogique. Il étudiait aussi les cartes géologiques de la région. Peu à peu, il a conduit Alain à regarder par terre et il a fini par le convaincre que quelque chose pouvait, voire *devait*, être développé à Saint-Jean de Bébian. Et Alain de conclure : « Un grand cru était en sommeil parce qu'on l'ignorait. »

A cette époque, d'après Alain, le vin produit au domaine avait une seule qualité marquante. Il était *désaltérant*, un vin charmant, facile à boire et à apprécier. Mais il manquait de densité. Il manquait de longueur de goût. Il n'avait aucune faculté de vieillissement. Il lui manquait l'attrait intellectuel du vin qui est issu d'une union parfaite entre le *cépage* et le *terroir*, le raisin et le sol. C'était ce qu'on appelle en France un petit vin.

A l'instar des autres vignobles du Languedoc, Saint-Jean de Bébian était planté de cépages à haut rendement. Convaincu de posséder un terroir et un climat capables de produire un vin fin, Alain décida de faire le saut et arracha le vieux vignoble. Vint alors la question suivante : « Quelles variétés vaut-il mieux planter ? » Très logiquement, il s'est tourné du côté de Châteauneuf-du-Pape pour déterminer son nouvel encépagement.

Mais les choses ne sont pas aussi faciles. Faire un grand vin n'est pas tout simple. C'est la conjonction d'un ensemble de facteurs majeurs, tels que la décision de replanter prise par Alain, mais c'est aussi une réunion de détails qui apparaissent mineurs et dont la somme équivaut à la complexité que vous dégusterez dans votre verre. Alain s'est aperçu que treize cépages différents sont cultivés à Châteauneuf-du-Pape. Le Bourgogne est fait du seul pinot noir et le Beaujolais de gamay. Mais on ne peut pas faire du Châteauneuf-du-Pape avec un seul type de raisin.

Je me souviens d'un dîner, il y a quelques années, au Domaine Tempier à Bandol, où je parlais avec Lucien Peyraud et ses deux fils des vins de Châteauneuf-du-Pape. Nous disions du bien de tel ou tel domaine et l'un des fils s'est risqué à avancer l'opinion que le meilleur cru était celui du Domaine X. Lucien a froncé le sourcil en faisant « non » de la tête. Il a levé la main pour couper toute discussion : « Le Domaine X est cent pour cent grenache, il n'a pas les treize cépages ! »

Il s'est alors levé d'un coup pour disparaître de la salle à manger. Il est revenu un petit moment après, cajolant dans ses mains une vieille bouteille poussiéreuse. «C'est le Châteauneuf-du-Pape du Baron Le Roy, annonça-t-il; ma dernière bouteille de son 1961.»

C'était le Châteauneuf-du-Pape le plus merveilleux de ma vie. Tant de ces vins sont seulement riches et lourds! Celui-là avait des nuances, du parfum, de la race.

«Voilà, dit Lucien, c'est ça du vrai Châteauneuf-du-Pape, le vin aux treize cépages.»

Il était une fois, raconte l'histoire... Les vignobles de Châteauneuf-du-Pape étaient plantés de treize différents cépages. Un mélange des treize raisins faisait le vin du village. L'un donnait sa couleur, un autre apportait un certain parfum, un autre sa finesse, sa chaleur, un goût épicé, et ainsi de suite. Cependant, avant le début du xxᵉ siècle, Châteauneuf-du-Pape avait dégénéré; il n'était devenu rien d'autre qu'un vin utilisé dans les cuvées des grandes maisons de négoce du Nord, à Beaune et Nuits-Saint-Georges. Sauf dans les très rares années chaudes, on considérait que le Bourgogne manquait de couleur, de corps et d'alcool, aussi allait-on chercher ces qualités sous le soleil de Châteauneuf-du-Pape. S'adaptant à la demande de ce gros et lucratif marché, les producteurs de Châteauneuf ont arraché les vignes donnant finesse et bouquet au bénéfice des espèces procurant belle couleur et bon alcool. Même aujourd'hui, comme je l'ai mentionné plus haut, il est possible d'acheter des Bourgogne, mise du négoce, dont l'arôme évoque le Châteauneuf-du-Pape d'une manière inspirant la méfiance.

Avec son vignoble en Languedoc, où le vin se vend pour presque rien, et sans avoir droit à une grande appellation, Alain a décidé de remplacer ses vignes à haute productivité par les treize cépages. Quel pari, quand on y pense! Quels investissements de temps, de travail et d'argent, entrepris des années avant qu'il ne soit possible de déguster et juger leur résultat! Alain a tout risqué dans l'espoir de faire quelque chose de bon. La vinification est, bien sûr, un facteur déterminant et, pour lui, les expériences en ce domaine ne seront vraisemblablement jamais terminées. Piétiner n'est pas son style. La dernière fois que je l'ai vu, nous avons dégusté une cuvée de son 1981, vieilli dans du chêne neuf, expérience très coûteuse et bien peu rentable pour un vin aussi bon marché que le Saint-Jean de Bébian. Il n'était pas satisfait du résultat car il trouvait que le chêne prédominait, masquant les arômes naturels de fruit. Il pense donc que la solution pourrait être un vieillissement en grands foudres qui donneraient à son vin la possibilité de respirer, le dotant d'une bonne longueur en bouche sans toutefois le marquer excessivement par le bois.

Un deuxième facteur est le juste mariage du terroir, du climat et du cépage. Enfin, quand je dis « mariage »... il s'agit plutôt d'un *ménage à trois*. Alain est certain d'avoir réussi le sien, maintenant qu'il cultive les treize cépages de Châteauneuf-du-Pape dans son terroir et sous son climat. Ah ! si davantage de viticulteurs californiens étaient conscients de l'importance de ce facteur ! Souvent, on dirait que leur attitude se résume à quelque chose comme : « Sous notre climat, tout mûrit, alors nous pouvons planter le cépage que nous voulons. Je pense que le meilleur vin du monde se fait à Château Latour, alors je vais planter du cabernet-sauvignon. » Tel autre affectionne le Bourgogne et du pinot noir se trouve planté juste à côté du cabernet, du riesling ou du n'importe quoi du voisin. Ce qui est curieux, c'est que question climat, la Napa Valley ressemble au Midi de la France, mais on y essaie bien rarement de cultiver le grenache, le mourvèdre, le cinsault ou d'autres cépages des zones viticoles françaises à climat chaud.

Le facteur numéro trois consiste à connaître l'exacte composition minérale du sol dans lequel les vignes vont s'alimenter. Sur ce point, Alain a des idées révolutionnaires. Avec son meilleur ami, François Serre, œnologue à Béziers, il procède à une analyse systématique de ses sols, parallèlement à ceux des meilleurs terrains viticoles de France.

François prend pour exemple de ses découvertes les vignobles limitrophes de Meursault et de Puligny-Montrachet en Bourgogne blanc. A première vue et à l'œil nu, on ne trouve aucune différence entre ces deux célèbres villages. Ils sont à même hauteur de côte, ils sont tous deux plantés en chardonnay et le climat est identique. Pourtant, tous les connaisseurs savent faire la différence entre le vin de Meursault et celui de Puligny, même s'ils ne savent pas toujours l'exprimer avec un langage précis. François Serre a analysé des échantillons des deux terroirs et il a effectivement trouvé une différence de première importance. Le sol de Meursault contient un élément minéral qui n'existe pas, juste à côté, à Puligny.

Notre chercheur est convaincu que le caractère et le goût distinctifs de Meursault sont dûs à la présence de cet élément minéral. Tout le monde parle de *goût de terroir*; François Serre prétend en avoir isolé un. Il pense qu'on pourrait faire à Puligny un vin ressemblant à du Meursault si on incorporait au sol un peu du minéral en question au moment des labours.

Alain et François concluent qu'on ne peut pas produire un grand vin dans un sol manquant de certains éléments. Car le cépage noble et le bon climat ne suffisent pas et si ces éléments du sol font défaut on n'aura en fin de compte qu'un petit vin superficiel, quelle que soit la méthode de vinification employée. L'analyse en laboratoire d'échantillons de sols en provenance des *grands crus* est en train de leur apprendre quels sont ces éléments et en quelles proportions ils sont nécessaires à la qualité. Alain croit fermement qu'en rectifiant l'équilibre minéral de ses sols il pourra corriger toute imperfection de ses vins.

Quand j'ai demandé à Alain quels étaient ses espoirs pour l'avenir de Saint-Jean de Bébian, il m'a répondu: «Un vin meilleur que l'Hermitage de Chave. Le jour où j'arriverai à faire aussi bien que Chave, eh bien... ça sera quelque chose! Chave obtient autant de profondeur et de longueur à cause de son sol. Si j'ajoute des phosphates, je pourrai faire encore mieux.»

Des phosphates? J'ai entendu toutes sortes de théories sur les secrets du grand vin. En entendant celle-là, j'ai frémi d'horreur à l'idée qu'il puisse agiter des phosphates dans ses cuves. Mais il a éclaté de rire: les phosphates sont inclus dans la terre en la labourant, dans le but d'enrichir la qualité du vin.

Je lui ai dit: «A Hermitage, on a une côte très raide, bien exposée au sud. Ici, on a plusieurs petites parcelles qui sont très variées en natures de sol et en expositions.

– Ils n'ont que deux sortes de sols, m'a répondu Alain, le schiste et le calcaire. Ici, nous avons une myriade de types de terrains et nous pouvons donc faire mieux. D'accord, il y a quelques problèmes mais je suis sûr que nous pourrons les résoudre une fois que les questions seront correctement posées.»

Je suis le premier à admettre qu'il existe des vins meilleurs que le Domaine de Saint-Jean de Bébian d'Alain. S'il possédait des vignes à Chambertin ou à Hermitage, on prendrait sa réussite pour acquise car la qualité de ces sites viticoles a fait ses preuves au fil des siècles et nous pouvons nous attendre à ce qu'ils produisent des vins extraordinaires. C'est ça qui donne à son défi une touche d'héroïsme.

Et d'après son Saint-Jean de Bébian 1984, on peut constater qu'en décidant d'arracher l'ancien vignoble, il a gagné son pari et que le terroir du Languedoc détient une noblesse insoupçonnée, méconnue jusqu'ici à cause des quantités de pinard produites dans ce pays. Une brillante touche de violet dans le verre est la première indication que celui-ci contient quelque chose d'extraordinaire. Le bouquet suggère le thym, le fenouil, la griotte et le poivre noir. Ce vin possède une personnalité expressive qui capte l'intérêt et le maintient après de nombreuses dégustations. Il a la chaleur et la générosité d'un vin solaire mais il n'est ni trop lourd ni trop capiteux. Et le tanin est à l'avenant.

J'ai récemment ouvert l'une de mes dernières bouteilles de Saint-Jean de Bébian 1981. Son arôme était sauvage et mûr, chargé de fines herbes, d'épices exotiques et de truffe noire. Il avait le goût d'un Châteauneuf-du-Pape de premier ordre, avec son *terroir* pierreux. Ses tanins qui avaient eu beaucoup de mâche au début s'étaient aimablement fondus. Des notes de violettes et de baies rouges s'attardaient en bouche avec une longueur normalement réservée aux grandes appellations.

Alain vise haut. Bon nombre de dégustateurs éminents estiment que l'Hermitage de Chave est le meilleur vin du sud de la France. Peu de viticulteurs auraient le culot de mentionner leur vin et celui de Chave dans la même phrase. Alain ose le faire et, bien que son 1981 ne soit pas tout à fait au niveau du grand Hermitage de Chave, ce vin a déjà fait du bruit dans le monde du vin en France, chassant avec fracas préjugés et idées toutes faites à propos des vins du Languedoc. Le vin d'Alain n'est pas *petit*.

*

Les routes conduisant vers l'intérieur du pays sont bordées de platanes. Les parcelles de vigne ont souvent des haies de cyprès. Des montagnes déchiquetées se dressent au nord. Faugères est un petit village paresseux dont le robuste vin rouge a récemment été homologué en appellation contrôlée à part entière. Le village est constitué de quelques maisons en pierre, couvertes de tuiles, à l'ombre de platanes omniprésents qui atténuent la chaleur étouffante de l'été méditerranéen. Les rues apparaissent constamment désertes. Je n'y ai pas remarqué un café, un bistro, ni même l'inévitable *tabac*. L'activité se tient dans les caves et dans les vignes. Les vignerons de Faugères sont méconnus et sans gloriole, ce qui veut dire que vous serez accueillis chez eux avec une hospitalité véritable.

Cherchez maintenant sur votre carte routière l'abbaye de Valmagne, près de Villeveyrac. C'est une cathédrale fort impressionnante, mi-romane, mi-gothique, plantée dans un décor follement beau, en plein milieu de nulle part. Sa nef gigantesque est aujourd'hui garnie des plus grands fûts à vin que j'aie jamais vus. Sur les conseils de François Serre, l'ami d'Alain Roux, l'abbaye a commencé de replanter son vignoble en cépages nobles tels que la syrah et le mourvèdre. J'ai l'intention d'y revenir afin de suivre leurs progrès. Les derniers millésimes semblent prometteurs. Pour l'instant, c'est un lieu fantastique qui permet d'associer l'amour du vin aux plaisirs du tourisme.

Dans ce département du Languedoc qui s'appelle l'Hérault, on peut également voir une des exploitations viticoles les plus remarquables au monde : le Mas de Daumas Gassac où le dynamique Aimé Guibert a sorti des garrigues, des broussailles et des pinèdes un vignoble dont le vin a fait l'unanimité dans la presse, des deux côtés de l'Atlantique.

Le tout premier millésime de Guibert, son 1978 de jeunes vignes, a fait irruption dans les gazettes, provoquant une copieuse pluie d'éloges moussants qui n'ont été surpassés que par les notes accordées aux millésimes suivants.

Si je ne me trompe pas, c'est le magazine *Gault-Millau* qui a le premier informé le public de l'arrivée du prodige, appelant le Mas de Daumas Gassac « le Lafite du Languedoc ».

Comme si un tel dithyrambe pouvait être encore amélioré, le journal *The Times* de Londres a assuré que les vins sont « en réalité plus proches de Latour que de Lafite... avec leur énorme couleur et leur immense, vigoureux caractère tannique ». Une énorme couleur ? Est-ce qu'une couleur peut avoir une dimension ? Peut-elle éventuellement se gonfler jusqu'à dépasser les limites de son contenant, un verre à vin en l'occurrence ? Je ne vais pas me mettre à discutailler là-dessus parce que cette citation à sensation, « davantage un Latour qu'un Lafite », m'a rudement aidé quand j'ai présenté Daumas Gassac au marché californien.

Dans *The Wine Advocate*, Robert Parker déclare : « Le goût de ce vin me rappelle un mélange qui comprendrait trente pour cent d'un grand Graves de Bordeaux, mettons La Mission Haut-Brion, et soixante-dix pour cent d'un grand Châteauneuf-du-Pape, Le Vieux Télégraphe, par exemple. Ne passez pas à côté de ce vin. »

The Underground Wineletter, tout en notant que le Mas de Daumas Gassac est fait en majorité de cabernet-sauvignon, assure qu'« il est sans doute le meilleur achat pour un vin de ce genre qu'on puisse trouver aux Etats-Unis... rien en Californie ne s'approche de ce rapport qualité-prix ».

Un tel ramdam me rappelle quelque peu la première représentation des cabernets et des chardonnays californiens sur la scène mondiale du vin. C'était à la suite d'une dégustation à l'aveugle, organisée par Steven Spurrier, de Paris, entre vins de Californie et de France. La presse se chargea de bien orchestrer les résultats. Tout à coup, les cabernets de notre Eldorado se vendirent pour douze, vingt, trente et même quarante dollars la bouteille. Je me souviens d'un chardonnay californien à production limitée qui a été proposé à cinquante dollars! Et pourquoi pas? Un certain soir, n'a-t-on pas vu un certain Chardonnay de Californie surgir du peloton et coiffer au poteau, de l'épaisseur d'un naseau, un certain Bourgogne blanc? Et cette rencontre «héppique» n'a-t-elle pas eu *Newsweek* pour témoin?

A partir de ce moment, on aurait dit qu'une nouvelle superstar arrivait de n'importe où pour damer le pion, à l'aveugle, au Château Latour ou à quelque autre nom célèbre. Comment donc quiconque peut-il décemment faire une ou deux fois valser un vin ou deux dans un verre, autant de fois le renifler et le sucer et déclarer l'un gagnant et l'autre perdant? Comment peut-il à peine jeter un coup d'œil au vin et reconnaître sa race véritable?... Mais bon, je n'ai pas observé que Château Latour demandait l'indulgence du jury. La vérité percera au travers du temps, au fur et à mesure que s'enlèveront les bouchons pour délivrer d'une part ce magnifique premier grand cru et d'autre part une pléthore de champions nuls et «aveugles» de naissance.

Aimé Guibert est le propriétaire du Mas de Daumas Gassac. Il a de beaux cheveux gris et des yeux étonnants, couleur d'aigue-marine, des yeux vivants et perçants qui disent: «Allons-y donc, ne lanternons pas.» Père de cinq fils, Guibert a passé le plus clair de sa vie active à diriger une importante tannerie fournissant les maisons de haute couture du monde entier. Il n'est pas natif du pays et sa façon d'être n'a rien de languedocien. Il déborde d'énergie capitaliste et c'est dans cet esprit qu'il mène son affaire. Cependant, sa femme est originaire de la région. Elle est ethnologue et se passionne pour la culture celtique, ce qui me fait me sentir ici comme chez moi; un Lynch peut en effet y revendiquer ses racines, grâce aux vestiges d'une colonie celte qui ont été découverts près de Béziers.

Il y a déjà quelques années qu'ils ont acquis cette belle propriété en tant que maison de campagne, entre Gignac et Aniane. Il n'y avait pas de vignes autour du vieux mas mais, même en friche, le domaine était un vrai petit paradis couvert d'arbres et de plantes odorantes, avec des panoramas spectaculaires tout autour, un ruisseau d'eau vive et un air embaumé de ces complexes senteurs sauvages qui ne se trouvent que dans le Midi.

Comme si tout cela ne suffisait pas, peu après leur acquisition, un ami qui les visitait a fait la remarque de la parfaite adéquation du site au développement d'un vignoble.

Cet avis amical n'était pas une opinion à prendre à la légère, car son auteur n'était autre que Henri Enjalbert, le géologue-géographe-œnophile qui a écrit une quinzaine d'ouvrages faisant autorité, où l'on trouve le remarquable chapitre intitulé *l'Origine de la qualité* duquel j'extrais le paragraphe suivant :

Définir d'un mot les traits spécifiques d'un terroir privilégié et citer, en bref, les meneurs de jeu qui s'illustrèrent à faire triompher la qualité dans le domaine de la viticulture et de la vinification ne suffit pas à résoudre le difficile problème de la genèse des grands vins. Une analyse approfondie des terroirs – sites, sols et sous-sol – et un historique détaillé de l'œuvre conjointe des propriétaires, régisseurs, chefs de culture et maîtres de chai, devraient être menés de façon systématique si nous voulions rendre compte de chacune des étapes de l'élaboration des grands crus. Mais il faut dire que personne ne savait à l'avance de quelles vertus pouvait faire montre un site de terroir viticole de réputation aujourd'hui confirmée. Empiriquement poursuivie pendant des dizaines d'années, la création d'un vignoble de qualité a été, au sens propre du mot, une aventure. Il fallait saisir, en cours de production, les aptitudes propres du sol et, dans le même temps, livrer bataille sur le double front du «mesnage des champs» et de la pratique du chai : choix des cépages, système de taille, façons culturales d'un côté, modalités de la vendange et de l'élaboration du vin, techniques de conservation et de veillissement de l'autre.

Au moment de sa mort, survenue en 1984, Enjalbert avait commencé une monographie traitant du sol au Mas de Daumas Gassac. Elle est restée inachevée mais M. Guibert l'a tout de même fait éditer afin d'avoir un tangible fondement scientifique pour justifier l'utilisation du terme *grand cru* au profit de son vin.

Apparemment, Daumas Gassac a une formation géologique unique en Languedoc : crayeux, friable, pauvre en humus, la granulométrie se calibre du grain de sable au caillou. Ce sol est similaire d'aspect et de constitution à ceux de la Côte d'Or et du Frioul italien.

Gratifié d'un microclimat qui retarde la maturation d'au moins quinze jours comparativement aux vignes situées dans la plaine caniculaire, ce territoire possède des qualités qui ont conduit Guibert à se vouer corps et âme à la production d'un *grand cru*, là où rien n'existait précédemment.

Une entreprise d'une telle envergure serait accueillie avec indifférence en Californie, où les nababs de Hollywood passent leur temps perdu à créer des vignobles prétendant matcher les *grands crus* français, tandis que ce genre de sport est inconnu en France, où les *domaines* se transmettent normalement de père en fils, et où la tradition arbitre des questions comme l'encépagement, les façons culturales ou la vinification.

Ce que Guibert a voulu faire n'a pas été fait avant lui ; il a créé quelque chose à partir de rien et ce quelque chose n'est pas du tout *typique de la région !* Et il a rencontré du ressentiment, de la résistance et de la jalousie chez ses voisins. Rappelons-nous qu'avec Guibert nous avons affaire à un outsider débutant. Mais je n'ai pas vu dans son comportement les moindres signes de contrariété. S'il a enregistré des réactions négatives, il s'en balance. Pourtant, j'ai entendu des potins dans les caves... dont il ressort que Guibert n'est pas très aimé en tant qu'homme mais en tant que sujet de conversation. Principalement à cause de ses prix de vente que les gens du pays trouvent anormaux. Moi, je ne suis pas tenté de croire que ses voisins refuseraient pour leurs vins les mêmes prix élevés.

La seule décision capitale de Guibert a été le choix des cépages. Pour suivre la voie traditionnelle de l'Hérault, il aurait dû par exemple planter du carignan, du grenache et du cinsault. Je lui ai demandé pourquoi il a planté du cabernet-sauvignon dans son «bourguignon» de sol languedocien. «L'inspiration de Dieu», m'a-t-il répondu. (Ces *vignerons* du Languedoc ne se distinguent pas par la modestie. A neuf heures du matin, ils sont aussi lyriques qu'un poète irlandais après son premier godet.)

Mais il poursuit: «Non, à la vérité, cela résulte de mon goût personnel. Je n'ai jamais été partisan du pinot.»

C'est ainsi qu'écoutant les conseils de l'œnologue bordelais Emile Peynaud, Guibert s'est renseigné sur les pratiques de vinification dans les chais des grands crus classés du Médoc. Les fermentations durent dix-huit à vingt jours, à température contrôlée, afin d'obtenir un vin de garde. Il fait ensuite vieillir le vin pendant quinze à vingt mois en barriques, pour partie dans du bois neuf et l'autre partie dans des barriques de deuxième vidange qu'il achète aux Châteaux Margaux et Palmer. Il le colle aux blancs d'œufs et le met en bouteilles sans filtration. Pour la vinification comme pour la culture, Guibert observe les règles biologiques les plus strictes pour produire un vin sain au goût naturel.

Je dois dire que je n'ai pas été tout de suite conquis par la création de Guibert. D'abord, je ne suis pas fanatique du cabernet-sauvignon qui m'a toujours paru trop facile, presque monotone. La différence entre un Vosne et un Chambolle me fascine bien davantage que la distinction entre Pauillac et Saint-Estèphe, ou entre un cabernet de chez Heitz et un cabernet de chez Mondavi.

Le cabernet est un cépage qui peut faire du vin convenable partout où il mûrit, de l'Espagne à l'Afrique, du Chili à l'Australie. Et les distinctions entre les grands cabernets-sauvignons, vieillis en chêne, ne m'ont jamais semblé très subtiles, qu'ils fussent italiens, français, californiens ou de n'importe où. Quand j'ai goûté pour la première fois le Mas de Daumas Gassac, je me suis dit: «Tiens, en voilà un autre!» Je savais que c'était un modèle exemplaire; d'ailleurs, vous pouvez lui faire matcher tous les autres cabernets si cela vous chante, de *l'Opus One* au Château Margaux. Le Daumas Gassac sera tout sauf humilié. Je savais que j'avais trouvé quelque chose qui ferait une certaine sensation, mais ma motivation était plus commerciale que passionnelle.

Le goût du cabernet-sauvignon a tendance à dominer les facteurs de son environnement, à la différence des pinot noir, syrah ou mourvèdre, par exemple, qui ont plutôt tendance à exprimer ces mêmes facteurs. J'achète un vin blanc italien venant d'un vignoble aussi planté de caroubiers et le parfum capiteux de leurs fleurs blanches en cascade y est perceptible. Ce qui est dans l'air est dans le vin. Les dégustateurs du nord du Rhône trouvent toujours un goût d'aubépine aux bons Hermitage ; elle pousse à l'état sauvage dans tous les alentours. Et les différents arômes exprimés par les bons Bourgogne ont tous une cause. Voilà bien qui est excitant. Regardez les vins qui sont produits autour de Gevrey-Chambertin. Ici, les vignes croissent dans les sols – tels que celui de Mazis-Chambertin – qui contiennent une proportion de marne, d'où le goût de réglisse de ce vin. Un autre Gevrey-Chambertin, Les Cherbaudes, s'exprime peu en termes de baies rouges ou d'autres fruits, mais à la place, il est très animal, avec un goût qui ressemble presque à du gibier cru. A la porte à côté, au Clos de la Roche, on trouve un parfum caractéristique de griotte qui n'existe pas à Gevrey.

Mais voilà, le cabernet n'exprime que lui-même sauf en de rares circonstances, bien trop rares à mon goût. Naturellement, le sol joue son rôle, mais n'est-ce pas la plupart du temps par rapport à la charpente et à la densité du vin ? Quand on compare Lafite, Latour et Margaux, ne trouvez-vous pas que l'on remarque surtout des différences de volume, de tanin ou de finesse ?

L'étape la plus impressionnante dans le développement de Daumas Gassac a été l'acclimatation du cabernet-sauvignon à son environnement. Avec l'âge des vignes, le goût dominateur du cabernet, tellement insistant avec les 1978 et les 1980, est allé du *forte* au *piano*, laissant percevoir tous les arômes sauvages dont l'air est chargé. Ils sont bien présents dans le 1983, un délice sensuel et odorant qui interpelle nos facultés par la vertu de son originalité et qui semble pénétrer directement dans notre système sanguin.

Normalement, je penche du côté de la tradition et cette tendance a pu me rendre au début aveugle à l'aventure, au «miracle» dirait Guibert, qui se produit à Daumas Gassac. A chaque nouveau millésime, je me trouve de plus en plus étonné par les résultats, au fur et à mesure que la vigne s'adapte et que ses racines plongent plus profondément en terre.

Ici, l'avenir est multiple. Sera-ce le premier *grand cru* du Languedoc, comme l'espère M. Guibert? Ce dernier dépense en tout cas la plus grande partie de son énergie herculéenne à cette fin. Mais son tempérament de capitaliste l'inclinera-t-il à se laisser séduire par le potentiel économique que les journalistes ont provoqué? Est-ce que ce potentiel le conduira vers la surproduction? En ce moment, il permet un faible rendement par hectare qui correspond tout à fait aux pratiques des *grands crus classés* du Médoc. Ou alors sera-t-il amené à planter en vignes des quartiers moins indiqués de son domaine, de façon à en mélanger leur production à la crème? Au Mas de Daumas Gassac, l'aventure continue.

*

Je suis toujours pressé. Certes, mon métier est source de plaisirs mais il y a trop de territoires à couvrir. La vie à l'hôtel m'inspire ardemment le souhait de vite rentrer chez moi. Aussi, je me dépêche toujours vers la cave suivante. Mais, si j'étais à votre place, je m'attarderais dans ces villages rustiques du Midi. J'irais à la recherche de l'auberge idéale dont nous rêvons tous et je passerais une semaine ou deux à explorer la région et à y traînasser agréablement. Quand il vous faudra partir, vous aimerez sans doute faire une halte à Nîmes pour voir ses vestiges gallo-romains. Il y en a qui sont remarquablement bien conservés. C'est à Nîmes que Henry James a noté «une certaine contagion d'antiquité dans l'air». Les temps ont toutefois changé depuis sa visite. On trouve une différence quelque peu déprimante entre la réalité d'aujourd'hui, ces édifices antiques se dressant au milieu des immondices de notre propre siècle, et la vision de ces mêmes édifices, telle qu'on peut l'avoir dans les vieilles gravures où ils se dressent noblement dans leur environnement.

Je flânais dans le temple de Diane à Nîmes et je suis tombé par hasard sur deux punks qui avaient l'air norvégien. C'étaient des touristes. L'un d'eux mâchouillait son *chewing-gum* comme une vache qui rumine tout en soulageant un besoin naturel contre un pilier gallo-romain couvert de graffitis. J'ai trouvé difficile de m'abandonner à une méditation sur les critiques de Henry James à propos de l'architecture romaine et ses tentatives. Il disait : «Les moyens sont toujours exagérés, de telle sorte que la fin dépasse le but.» Il fallait un Henry James pour avoir l'audace de critiquer de tels chefs-d'œuvre. Devant eux, la plupart d'entre nous éprouvons plutôt du respect, malgré les marchands de *croque-monsieur...* qui payent leur écot à la ville.

J'espère que vous n'appliquerez pas la critique de Henry James à ma tentative de vous présenter les vins du Languedoc! Malgré mon expérience désagréable, je ne vous dirai pas d'éviter Nîmes... bien que vous ne soyez déjà pas très loin d'Avignon, de Gigondas, Vaison-la-Romaine, Aix et Cassis. A vous de décider s'il vaudrait mieux rester à la maison en sirotant un verre de *gris de gris* tout en ayant honte de rater les ruines de Nîmes, tandis que votre esprit, excité par le fruit de la vigne, imaginerait de superbes amphithéâtres, des temples grandioses et des cirques magnifiques!

PROVENCE

Quand on arrive en Provence par le nord, il y a un endroit qui ne manque jamais de me remonter le moral comme par magie. Après Montélimar, l'autoroute traverse une gorge qui l'encaisse jusqu'au ras des bas-côtés pour s'ouvrir ensuite sur une vaste plaine couverte de vignes. L'effet est émouvant mais euphorisant, comme si l'on vous défaisait un nœud dans la tête. C'est à la fois une libération et un choc intérieur. Votre esprit s'élargit à la mesure du paysage. Peu de temps après, un grand panneau routier vous annonce : *VOUS ÊTES EN PROVENCE.*

La Provence fait du bien au psychisme. En approchant de Cassis, j'ai le souffle coupé par la vue de la mer étincelante, alors je suis heureux. Je me mets à chanter. Je me sens *chez moi.*

Cassis produit le seul vin que j'achète dont les vignes regardent réellement la Méditerranée. Ce village de pêcheurs à l'est de Marseille, qui a été pendant longtemps un lieu de villégiature pour les Marseillais fortunés, n'a rien à voir avec la crème de cassis. Ce Cassis-là est l'un des villages les moins défigurés et les plus pittoresques de la Provence.

La baie, le village et son petit port sont visibles de très loin sur l'autoroute. Au fur et à mesure que vous descendez jusqu'à la mer en tournicotant, vous voyez les formations géologiques qui rendent Cassis aussi particulier. Des millénaires d'érosion ont mis à nu toute une série d'énormes proéminences en forme de couronnes qui ont la couleur d'ossements blanchis, au sommet des montagnes couvertes de broussailles vert-de-gris, comme si c'étaient les crânes de l'éternité. Ce paysage accidenté a protégé Cassis contre ce que j'appellerai «le syndrôme Côte d'Azur», soit la transformation d'un lieu idyllique en un endroit qu'il faut absolument éviter. Les promoteurs ont de réelles difficultés pour ériger à Cassis leurs tours collectivistes.

La route qui descend depuis l'autoroute traverse un des meilleurs vignobles de Cassis, le Domaine de Paternal, dont le propriétaire était M. Cathinaud, un vieux monsieur plein de malice qui avait vu défiler au moins quatre-vingt-dix années. Dans sa jeunesse, il avait pratiquement appris l'anglais en étudiant Shakespeare dans le texte et il prenait prétexte de ma présence annuelle pour rafraîchir avec un accent effroyable son vocabulaire et sa grammaire shakespeariens. Son plaisir était de faire des jeux de mots, alors je l'accompagnais d'un rire aussi joyeux que possible bien que je comprisse très rarement ce qu'il me disait. Je me gardais de lui faire savoir que son baragouinage en anglais était incompréhensible, afin de ne pas contrarier son évidente satisfaction. Hélas, depuis ce temps-là, j'ai appris son décès.

Le *centre-ville* de Cassis, le vieux quartier, est un endroit vivant et haut en couleur, avec un port rempli de mâts et une rangée de terrasses de cafés très animées. Les gens y sirotent leur pastis en s'imbibant de soleil et d'air marin.

Cassis a été le thème d'un poème de Frédéric Mistral et a également attiré des peintres tels que Vlaminck, Dufy et Matisse. De nos jours, il n'est pas rare d'y voir une équipe de cinéastes se servant de ce site attrayant comme toile de fond.

La plage principale est trop envahie et trop caillouteuse pour être intéressante. En continuant sur un demi-kilomètre à l'est, on trouve une crique avec une petite plage où l'eau est irrésistiblement tentante. Là se rassemblent apparemment la plupart des filles à moitié nues, du genre jeunes starlettes. Si vous allez encore plus loin, en suivant les flèches vers *La Presqu'île*, vous paierez huit à dix francs pour entrer dans un petit parking. Ce prix semble décourager les foules car, une fois stationné parmi les pins, vous êtes relativement isolé, chose rare sur la Riviera.

Cependant, il n'y a pas de plage de sable fin. Vous prenez votre bain de soleil sur les roches plates qui surplombent la mer, mais il y a des endroits pour que vos doigts de pieds puissent faire trempette, ou bien des hauteurs spectaculaires permettant de plonger si vous préférez un bon choc qui réveille. On dit qu'à Cassis, l'eau est la plus froide de la Méditerranée à cause des sources d'eau douce en provenance des Alpes qui débouchent dans la mer sous les rochers. Mais un avantage en découle, c'est qu'on dit aussi que l'eau de mer y est la plus propre de la côte française. Je vous assure que cet aspect compte beaucoup une fois qu'on a scruté les eaux troubles de certains lieux sur la Côte d'Azur, où les égouts des villes se déversent dans la mer à quelques brasses de la côte. J'apporte un tapis et une serviette de bain, je trouve une plate-forme sur la pierre chaude pour m'y installer confortablement. De temps en temps, j'essaie de me concentrer sur un roman policier et quand je suis assez cuit je plonge dans la mer. Je fais des petits sommes, je casse la croûte en pique-niquant, je regarde les bateaux de pêche qui posent leurs filets ou les bateaux de plaisance qui sillonnent lourdement les parages avec des jumelles et des appareils photo braqués sur les corps dénudés qui lézardent tout au long du rivage. Et je contemple un fabuleux spectacle de lumière : le célèbre cap Canaille, qui est la plus haute falaise de France, avance sa masse ocre dans la mer bleue. Tandis que le soleil suit sa course dans le ciel immense, tandis que les nuages naviguent en modifiant la lumière, l'imposant profil de la falaise change de couleur. L'ocre devient orange qui devient rouille qui devient violet. De même, la mer change ses bleus en verts et en gris, selon des variations infinies à vous couper le souffle. Un peintre passerait sa journée entière à mélanger et remélanger sa palette.

Il y a même un restaurant convenable dans le coin, *La Presqu'île*, où l'on peut apprécier une bouillabaisse en plein air pendant que la mer s'éclate en bas sur les rochers et que le cap Canaille fait son numéro de l'autre côté de la baie. La carte des vins propose les meilleurs crus de Provence, y compris le Cassis du Clos Sainte-Magdeleine dont les vignes sont plantées sur un cap large de sept kilomètres seulement, qui s'avance dans la Méditerranée. Les poissons peuvent presque picorer les grappes. Ce vignoble est sans doute parmi les plus chers de France. Mais ce n'est pas en tant que territoire viticole qu'il mériterait une fortune, c'est en tant que site exceptionnel pour développer une marina. Je me demande ce que la chaîne Hilton ou le Club Med pourraient bien offrir pour acheter ce paradis sur terre du Clos Sainte-Magdeleine. J'espère ne pas me mordre les doigts, un jour, d'avoir fait cette réflexion...

Cassis produit du vin rouge et rosé, mais c'est le blanc qui retient surtout l'attention. Je cite *les Grands Vins de France* (1931) de Paul Ramain : « *Ils ont une saveur particulière due à l'exposition unique des terres qui les produisent.* » C'est une citation typique des livres français sur le vin. Mais que dit-il pour donner la moindre idée du goût du Cassis *blanc* ? Il semble vouloir dire que le Cassis *blanc* a goût de Cassis *blanc* ! Sans doute est-il vrai que beaucoup de vins n'ont aucune personnalité et qu'ils ont un type semblable à celui du village voisin. Mais le vin blanc de Cassis, grâce à l'exposition des vignes et au sol calcaire, a bel et bien un caractère inimitable. En bref, c'est une étonnante combinaison de nervosité et d'onctuosité. Vous pouvez trouver la première dans un bon Muscadet et la seconde de préférence probable dans un Montrachet, mais rencontrer cette coexistence dans un vin blanc sec est d'un attrait tout particulier. Le vin de Cassis a une couleur brillante et ensoleillée. Il se marie à ravir avec la cuisine locale. Nous sommes au pays de l'ail et de l'huile d'olive et ce serait délirant de boire un Muscadet ou un Montrachet sur la marée du jour. Les menus accordent la vedette aux *oursins*, aux escargots de mer (*bigorneaux*, NDT) à l'aïoli, à la *soupe de poissons*, aux *rougets* frais ou au *loup* grillé sur du charbon de bois et, bien entendu, à la *bouillabaisse* dans toutes ses bâtardises.

Le vin de Cassis est un de ceux dont on prétend qu'il ne voyage pas bien. Il m'arrive de lire tel ou tel gastronome se prenant pour un gourou du vin et déclarant que tel ou tel vin (Cassis, Beaujolais, Chablis, Dolcetto, etc.) doit absolument se consommer sur place. J'en déduis qu'il a passé un bon moment ici ou là et que le vin du pays s'y est goûté meilleur que jamais. Le vin voyage toujours bien quand il est convenablement expédié, ce qui veut dire qu'il faut une température contrôlée. Les mouvements ne sont pas dommageables au vin, mais les températures élevées le sont. Un petit coup de chaleur l'abîmera un petit peu ; un grand coup de chaud – par exemple trois ou quatre jours sur le canal de Panama ou le mois de juillet dans un entrepôt de New York – et le vin aura été bouilli. Si vous le faites transporter à environ 15° C et stocker dans un entrepôt à air conditionné, votre vin n'aura pas changé entre Cassis et les Etats-Unis.

Mais c'est sûr que le vin de Cassis se goûte mieux à Cassis ! Debussy s'écoute mieux après une flânerie nocturne à travers les rues brumeuses et lunaires de Paris. Vous êtes alors au plein milieu de l'atmosphère créatrice. Ce n'est pas le vin ni la musique qui sont différents. C'est vous.

Le Cassis blanc du Clos Sainte-Magdeleine a connu un vif succès au restaurant *Chez Panisse* à Berkeley. Cela tombe bien non seulement à cause de la cuisine de style méditerranéen, mais aussi parce que le nom de Panisse a été emprunté à l'œuvre de Marcel Pagnol, qui est né près de Cassis. En effet, sa mère était de passage à Cassis quand elle a ressenti les premières douleurs. Elle s'est hâtée de traverser les montagnes rocailleuses dans une carriole à cheval afin de faire naître son fils chez elle à Aubagne. Marcel Pagnol a bien failli être Cassiden.

*

Plus loin sur la côte maritime, à une vingtaine de kilomètres de Cassis, se trouve le village de Bandol, surtout célèbre pour le vin qui porte son nom. Il n'y a pas de vignes à Bandol même, mais elles décorent le paysage qui est séparé de la mer par une ligne de collines.

Bandol possède une baie ourlée de plages de sable fin et un petit port plein d'animation qui abrite une flottille de pêche. Le poisson frétille encore quand il est vendu directement depuis les bateaux à quai. Bandol est une petite station balnéaire, vieillotte et pittoresque, qui semble attirer ces vacanciers français aimant frimer avec leurs caniches en se faisant passer pour des gens chics et friqués. On peut y trouver des journaux anglais et allemands, mais Bandol est loin de représenter un endroit branché de la Côte d'Azur.

*

On devrait écrire un livre entier sur le Domaine Tempier, près de Bandol. On y trouverait du vin en abondance... Oh, là, là! comme s'il ruisselait d'une fontaine, mais ce ne serait pas un livre ordinaire à propos du vin, comme ces monographies laborieuses qui sont publiées à propos des grands châteaux tels que Latour ou Lafite. Raconter toute l'histoire du Domaine Tempier exigerait une approche plus intime. Aujourd'hui, Château Latour est contrôlé par un consortium d'intérêts britanniques. Il a changé de mains plusieurs fois au cours des siècles ; il continue pourtant de produire des vins de Premier Cru. Si jamais une société anglaise achète le Domaine Tempier, je crains fort que ce soit sa fin. Les éloges dithyrambiques se tariraient. Les pèlerinages de chefs célèbres, de négociants, d'écrivains et journalistes du vin et de viticulteurs s'arrêteraient. Moi, je garderais alors comme un trésor une collection de vieilles bouteilles condamnée à la diminution et chacun des flacons débouchés déclencherait mes larmes et mon fou rire, avec une floppée de souvenirs. Le Domaine Tempier est un lieu de Provence, une maison avec son chai et ses vignobles, ses oliviers et ses cyprès. Elle abrite une famille provençale, c'est-à-dire grande et joyeuse. Tout cela fait un vin. Et bien que celui-ci soit tout à fait fortuit comme l'un de ces miracles hasardeux qui embellissent l'existence – aucune recette pour cela dans une école d'œnologie – on y trouve une force vitale qui marque de son empreinte chaque somptueuse gorgée.

Pour écrire le livre du Domaine Tempier, il faudrait une peinture de caractère (provençal!...) à la Marcel Pagnol en même temps que la science œnologique d'un professionnel. Comment faire pour coucher *la Femme du Boulanger* et Emile Peynaud sous la même couverture? Il nous faut un roman fleuve qui coule doucement, avec des enfants qui grandissent l'un après l'autre, un roman qui va droit de la cave à la chambre à coucher et qui a toujours un chapitre suivant.

Aujourd'hui, le Domaine Tempier fait le meilleur vin rouge de Provence, mais il n'en a pas toujours été ainsi. Jusqu'en 1941, l'*appellation* Bandol n'existait même pas. L'histoire de sa naissance et du combat mené par Lucien Peyraud pour élaborer un vin fin au Domaine Tempier contient à elle seule tout l'enseignement souhaitable pour pénétrer les mystères attachés à l'origine de la qualité.

Lors de chacune de mes visites pour acheter du vin, j'ai glané des bribes de cette histoire. Au fil des années, je me suis construit la saga du Domaine Tempier et de ses propriétaires, les Peyraud. Mais j'ai conscience de m'être fabriqué une version plutôt mythique des faits, en partie à cause de ma maîtrise du français (approximative et sans-doute-sans-espoir), en partie parce que l'histoire m'est venue en fragments qui sont à la fois de première et de deuxième main, et, enfin, parce que leur réalité se prête à la fiction.

Maintenant que j'ai fait des investigations plus poussées, je suis toujours réticent à abandonner ma version mythique. J'aime la manière dont j'ai, malgré moi, arrangé l'histoire et je vous invite à la partager avant de ne passer à rien d'autre qu'aux faits.

*

Il y a un village en Ardèche, entre Hermitage et Côte Rôtie, qui s'appelle Peyraud. Là vécurent les ancêtres de Lucien Peyraud, avec en toile de fond des terrasses plantées de syrah. Quant à lui, Lucien a grandi à Grenoble, environné par les blancs sommets des Alpes. Adolescent, il est parti un beau printemps, quand la sève commençait à monter, pour prendre son premier travail. Il est allé vers le sud, suivant sa route de vallée en vallée jusqu'à ce que les montagnes le rapetissent de moins en moins et que la neige disparaisse. Comme il descendait, une procession de platanes est apparue sur son parcours pour l'ombrager. Au loin, la lavande et le thym se gorgeaient de soleil.

Lucien est arrivé à Aix-en-Provence pour effectuer un stage dans une exploitation viticole et la magie de cette terre bénie des dieux l'a ensorcelé. L'air était chaud et embaumé ; les empreintes de la grande civilisation romaine, et avant elle celles des Grecs étaient là ; des fontaines en pierre laissaient jaillir leurs eaux enchanteresses ; la place du marché était bruissante de couleurs et de cris ; les vignes distillaient leur sang poupre de la terre austère et rocailleuse.

Ce hardi garçon blond n'est jamais revenu dans les montagnes. Il appartenait désormais à la Provence.

A l'âge de vingt et un ans, Lucien a demandé sa main à Lucie (dite Lulu) Tempier, une délicate beauté marseillaise de dix-huit ans, aux yeux micacés d'anthracite et aux cheveux de jais. De leur mariage est issue une lignée de petits Peyraud, sept en tout, qui sont arrivés l'un après l'autre si rapidement qu'on aurait dit parfois qu'ils n'avaient pas entre eux les neuf mois d'écart réglementaires.

Le jour de la noce, le père de Lulu, Alphonse Tempier, a donné à Lucien une vieille bouteille toute croûteuse en lui disant : « Ceci représente sans doute davantage un intérêt historique qu'un bon verre de vin pour agrémenter le déjeuner. Ça vient de l'ancien temps. Je ne connais pas son âge exact mais ce vin date d'avant le phylloxéra qui ravagea nos vignes et nous obligea à les arracher. »

Son autre cadeau de mariage était le petit *domaine* viticole de famille près de Bandol, le Domaine Tempier.

Un soir d'hiver, alors qu'un mistral glacé menaçait de soulever la vieille maison hors de ses fondations, Lucien a décanté la bouteille avec de grandes précautions, à la lueur d'une bougie. Un parfum de vieux cuir a empli la pièce. Mais ce que Lucien a immédiatement remarqué était la couleur, car, en principe, les vins rouges de Provence viraient au marron après quatre ou cinq ans de vieillissement. Ce vin avait encore du rubis au cœur. Lucien l'a humé, trouvant dans ses arômes le souvenir de toutes les senteurs sauvages qu'il avait respirées pendant sa descente de Grenoble. Il l'a dégusté en s'interrogeant, parce qu'il goûtait là un très grand vin, un vin qui ne ressemblait à aucun autre.

Ce vin fut une révélation et la curiosité de Lucien est alors devenue passionnée. Il a fouillé les bibliothèques, cherchant tous les vieux textes et les documents du village qui pouvaient le renseigner davantage sur le vin qu'on produisait à Bandol au XIXᵉ siècle, parce qu'en fait, tous les vignobles de Provence avaient été replantés comme dans le reste de la France, à cause de la plus sinistre Faucheuse que la vigne ait jamais connue : le phylloxéra.

Lucien découvrit ainsi que le vin de Bandol avait eu une grande réputation et qu'il se vendait à des prix rivalisant avec tous les autres, à l'exception des très grands Bordeaux. On considérait alors que le vin de Bandol était assez robuste pour supporter les voyages de façon exceptionnelle. Effectivement, il a été expédié dans le monde entier à partir du port tout proche... même jusqu'en lointaine Californie.

Lucien a lu un ouvrage intitulé *Géographie de la Provence, du comtat Venaissin, de la principauté d'Orange et du comté de Nice*, publié en 1787, où se trouve ce paragraphe à propos des vins de Bandol :

Ces vins ont la consistance, le bouquet, la finesse que recherchent les connaisseurs en quête de la vraie qualité plus que de l'étiquette.

Par les vieux textes, Lucien a appris qu'avant le phylloxéra les vignobles étaient en grande part composés de mourvèdre, un cépage qui n'avait pas été replanté, principalement en raison de son faible rendement. On l'avait presque oublié. Lucien a lu que le mourvèdre était à l'origine venu en Provence depuis l'Espagne où on le considérait comme un cépage noble, le meilleur du Bassin méditerranéen. Il était connu sous plusieurs pseudonymes tels que Mataro, Buona Vise, Flouron, Balzac et Benada. L'une de ses caractéristiques était son extrême résistance à l'oxydation. Lucien a réalisé que cette qualité était responsable de l'apparente jeunesse du vin offert par son beau-père.

A l'exception de sa ribambelle d'enfants, produits avec une remarquable régularité, toute l'énergie de Lucien était consacrée à ses recherches. C'était comme s'il avait découvert la carte de l'île au trésor. Son imagination s'enflammait à la pensée de ce qui pourrait être ; ce qui pourrait renaître.

Il voyait les vins rouges du jour. Bon ! c'étaient des *vins de table* convenables. Sans plus. Au vrai, Bandol produisait aussi un rosé de qualité : il fallait aller à Tavel pour en trouver d'aussi bon. Mais ce que tout ça pourrait devenir ! C'était ça qui lui servait de moteur.

Vers la fin des années 30, le grand nom du vin était le baron Le Roy, de Châteauneuf-du-Pape, qui était en train de changer l'histoire du vin français par la force de son intelligence, de sa vision et de sa personnalité, en essayant de protéger par des lois ce qui rendait chaque région viticole originale et unique.

Lucien est allé trouver le baron, armé de nouvelles bouteilles préphylloxériques et de copies des vieux textes. Le baron et son comité ont accueilli la présentation de Lucien. Il y avait là des personnages provenant de toutes les grandes *appellations* de Bourgogne et Bordeaux, de la Loire, de la Champagne et du Rhône. Ils ont été stupéfaits. Comme chacun pouvait le voir et le déguster, ils étaient en face d'un trésor oublié, un véritable *vin de terroir*. Ils sont tombés d'accord : «C'est certainement une très grande appellation», et le comité n'a pas hésité à prendre les mesures nécessaires pour la ressusciter. Après une étude précise de la géographie, de la géologie et des expositions des anciens territoires viticoles de Bandol (La Cadière, Saint-Cyr, Le Castellet, Le Plan-de-Castellet, Le Beausset, Evenos, Ollioules et Sanary), ils ont délimité une région d'appellation Bandol contrôlée.

Ce n'était pas si simple que cela, car les terrains étaient extrêmement variés. En définitive, vous pouviez avoir une parcelle ayant le droit de s'appeler Bandol ; sa voisine immédiate avait droit à l'appellation Côtes de Provence et, juste à côté se trouvait un lopin moins fortuné dont les raisins n'auraient jamais l'élégance de s'appeler autrement que *vin de table*. Mais ce n'était pas tout. Il fallait encore penser au mourvèdre.

116

Contrairement à la croyance populaire, la création d'appellations contrôlées n'a pas seulement consisté à délimiter les meilleurs terrains viticoles. Ce fut aussi une volonté de préserver les particularités locales et leurs traditions. Un vignoble de Bandol planté en pinot noir pourrait produire un vin décent mais auquel manquerait tout le caractère traditionnel du Bandol. Avant le phylloxéra, ce vin était surtout fait de mourvèdre. Aussi a-t-il été décidé que, sans une certaine proportion de mourvèdre, aucun cru ne pourrait s'appeler Bandol. Mais comme il n'y avait plus du tout de mourvèdre à Bandol, on a arrêté un calendrier attaché à la réglementation de *l'appellation*. Le comité a d'abord exigé un minimum de dix pour cent en 1941. En 1946, il devait être de vingt pour cent, ce qui obligerait les vignerons à arracher les cépages ordinaires s'ils souhaitaient bénéficier des prix plus élevés obtenus pour un vin d'AOC.

Lucien se tenait en position avancée, travaillant sans relâche à la replantation du Domaine Tempier. Puis, en 1951, il a pu acheter une nouvelle vigne appelée La Tourtine, qui s'étageait en terrasses impeccables sous Le Castellet. Les précédents propriétaires avaient replanté en mourdèvre une importante partie du vignoble en 1941, juste à la naissance de *l'appellation* Bandol, de telle sorte que Lucien pouvait désormais travailler avec des vignes de coteaux qui avaient quelque dix ans. L'année suivante, il a rajouté La Migoua au patrimoine familial. La Migoua est le petit pays le plus sauvage qu'on puisse imaginer pour un vignoble. Haut perchées sur les collines, des parcelles de vignes luttent pour survivre en pleine Provence maquisarde. Quel beau décor des premiers temps! Et là se trouvaient quelques vieux ceps pour donner de la profondeur terrienne aux assemblages de Lucien.

Il a fait la lente expérience de cuvées comprenant de plus en plus de mourvèdre. En voyant les résultats, il a consacré sa vie à la restauration de son vignoble et à l'ensemble de *l'appellation* Bandol.

Lulu ne passait pas tout son temps à la maternité. Elle était devenue une fort jolie femme et une grande cuisinière pour recevoir au *domaine* des cohortes de visiteurs. La porte était toujours ouverte ; il était facile d'ajouter un couvert et il y avait en permanence du rosé frais pour accueillir un nouveau venu.

Ses déjeuners et ses dîners sont légendaires en France. Il n'était pas rare de s'asseoir à table en compagnie de quinze ou vingt autres invités, avec un contingent de quelques Peyraud, bien évidemment. Les plus hauts personnages de l'Etat ont pu assister à l'un des festins provençaux de Lulu. Le vin coulait sans cesse dans les verres tout autour de la table, ce qui ne laissait pas d'améliorer encore sa réputation croissante de qualité. C'étaient des fêtes pleines d'entrain, des réunions joyeuses (Bacchus a dû en être ravi) et l'on ne pouvait s'en souvenir que de manière emphatique.

En 1980, grâce à Lucien Peyraud, la proportion requise de mourvèdre pour avoir droit à l'AOC Bandol avait atteint cinquante pour cent. Au Domaine Tempier, on proposait des cuvées spéciales comprenant quatre-vingts pour cent.

A cette époque, le Bandol s'expédiait à nouveau de façon régulière en Californie. Lucien avait pris sa retraite (du moins, officiellement), laissant la culture du vignoble à son fils François et la vinification à son aîné, Jean-Marie.

C'est ainsi que naquirent une *appellation*, Bandol, et une famille, Peyraud.

*

En tout cas, telle était ma petite fable bien troussée.

La fable contient beaucoup de renseignements exacts mais l'histoire vraie ne s'est pas précisément déroulée comme ça et elle n'a certaine-ment pas été aussi idyllique. Lucien n'était pas originaire de Grenoble. Comment diable ai-je pu me fourvoyer ainsi? Il apparaît qu'il y a passé les années de guerre sous les drapeaux.

J'ai souvent observé que lorsque quelqu'un rencontre les Peyraud et le Domaine Tempier, il ou elle tend à les sublimer. Tout semble à la fois terriblement terrien mais parfaitement merveilleux. Même les noms:

Lucie et Lucien. Le décor naturel joue également son rôle : les collines aux pentes accidentées, la mer et le fabuleux ciel bleu créent un paysage aux divines dimensions. Avec un verre qui n'est jamais vide, il est naturel de rêver.

Ensuite, quand vous commencez à mieux connaître les Peyraud et que vous découvrez combien ils sont humains – «fous et merveilleux», d'après leur ami Richard Olney –, vous les aimez encore davantage, eux et leur vin. Oui, on finit par adorer leur vin. Dans ma cave personnelle, je possède plus de bouteilles de Domaine Tempier (ce vin rouge émouvant et mystique au goût intrépide) que de tout autre cru. Cela n'a rien de rationnel ; c'est une histoire d'amour.

On pourrait sans doute camper le personnage de Lucien aussi bien sur le mode comique qu'héroïque... C'est pourquoi un traitement à la Pagnol semble le mieux indiqué. Il faudrait le génie si particulier de Pagnol pour montrer intactes les deux facettes de Lucien... Ce gardien de la moralité, petit et râblé avec les cheveux en brosse, pestant contre la marche du progrès, essayant de lutter à lui tout seul contre les déprédations de son pays d'adoption.

Il a combattu, sans succès, la construction de l'autoroute reliant Marseille à Toulon. Achevée en 1972, elle se taille une voie bruyante et polluante à travers ce qui était, depuis l'aube de l'humanité, une vallée enchantée.

Il s'est également battu contre la promotion immobilière d'appartements collectifs dans le village proche du *domaine*. Je me rappelle les avoir vus se construire, avec Lucien à côté de moi hurlant de rage : «Des clapiers ! C'est pas fait pour des gens, c'est fait pour des lapins !»

Mais en donnant forme à *l'appellation* Bandol, Lucien a connu le succès et ce brave homme a procuré beaucoup de plaisir à beaucoup de gens... Levons notre verre à Lucien Peyraud ! Il mérite sa propre légende.

A vrai dire, il n'y avait rien de comique dans son appréhension de l'autoroute et des nouveaux immeubles. L'autoroute a fait plus qu'apporter bruit et pollution. Bandol est maintenant à une demi-heure de Marseille. On peut désormais faire la navette depuis les environs de Bandol pour aller gagner son pain dans la métropole. Les terrains deviennent plus chers pour la construction que pour ce qu'ils peuvent produire. Nous autres Américains savons bien ce que cela signifie. Vous travaillez dans un bureau du centre-ville et vous conduisez votre voiture dans une intense circulation pour aller dormir dans votre lotissement où tout caractère campagnard a été détruit. Pour ces lotissements modernes, les Français font preuve d'un goût franchement tocard.

Un jour, en revenant de Sanary, charmant petit port entre Bandol et Toulon où le marché hebdomadaire est particulièrement pittoresque, Lucien m'a signalé un lotissement flambant neuf, dont les petites maisons, toutes pareilles, étaient serrées les unes contre les autres comme des cubes.

Lucien m'a dit : « Ça, c'était le Château Milhière, l'un des plus grands *domaines* de Bandol. »

Je n'en croyais pas mes yeux ni mes oreilles ! On aurait dû interdire ce lotissement rien que pour raison d'esthétique. Je décrirai cela comme un massacre, même si tout ce qu'on voyait venait juste d'être construit. C'était tellement neuf que les habitants n'étaient pas encore installés.

« C'était la propriété du docteur André Rœthlisberger, quelqu'un qui avait parfaitement compris la qualité des terres par ici. Il faisait des vins excellents, rouges et rosés, mais surtout de superbes vins blancs, peut-être à cause de ses origines suisses.

« C'est lui qui a rassemblé toute la documentation historique pour la présentation au baron Le Roy, lui aussi qui est allé trouver les vieux *vignerons* pour prendre leurs témoignages sur ce qui se faisait autrefois à Bandol.

« Le Château Milhière avait un *caractère magnifique*. Par-dessus tout, c'était l'hospitalité qui était absolument délicieuse. Madame Rœthlisberger recevait quantité de gens. Je crois que *l'appellation* Bandol est née de cette hospitalité, à partir des discussions qui s'y sont tenues, pas seulement sur le plan théorique mais surtout par les dégustations qu'ils ont organisées. Ils ont offert des réceptions innombrables ! Grâce à Rœthlisberger, j'ai aussi réalisé que nous ne réussirions pas notre coup de façon durable – après tout, nous avions créé une *appellation*! – si nous ne prouvions pas, chaque jour et en toutes circonstances, la valeur de notre *terroir* avec son produit comme catalyseur : le vin de Bandol. C'est ça qui était indispensable. »

Comme nous continuions notre route dans sa 2CV, laissant derrière nous le massacre, zigzaguant sur la petite route tortueuse entre les montagnes et la mer, Lucien m'a expliqué avec émotion la reconnaissance qu'il éprouvait à l'égard de Rœthlisberger. Travailler avec lui était une véritable *formation*. « Mais l'histoire de son *domaine* du Château Milhière est très triste parce qu'il n'y a pas eu de suite. »

Lucien a stoppé sa voiture au bord de la route et s'est tourné vers moi : « André Rœthlisberger est mort en 1969, laissant sa veuve toute seule car leurs trois enfants ne s'intéressaient pas à la propriété ; elle a essayé de continuer mais c'était trop difficile et finalement le *domaine* est tombé dans l'indivision. C'était terrible à cause de l'abominable appétit des *urbanistes* qui ne pensaient qu'à le tailler en pièces pour construire. Effectivement, c'est ce qui s'est passé. » Lucien a tourné la clef de contact et la petite voiture, cacochyme et brinquebalante, a repris la route. Il a alors conclu : « Comment peut-on demander aux gens de rester *vignerons* quand on leur propose des prix exorbitants pour leurs terres ? Aujourd'hui, le grand drame de *l'appellation*, c'est ça. »

Supposez que vous êtes à la place d'un propriétaire à Bandol. On peut sans doute difficilement imaginer la situation tant qu'on est pas soi-même confronté au dilemme. Mais admettons que vous êtes forcé de vendre vos dix hectares de vignes à flanc de colline, regardant la Méditerranée (je dis bien « forcé », parce qu'aucune personne prétendue saine d'esprit ne s'en irait de plein gré d'un tel site). Pour une exploitation viticole, le calcul de la rentabilité permettait à un vigneron de vous en offrir au grand maximum dix millions de francs. Mais voilà qu'arrive un promoteur de villas de vacances de pacotille. Votre vue imprenable sur la mer le fait baver et il vous propose quatre fois plus. Vous pouvez décider de refuser car il serait préférable que ces terrains demeurent en vignobles qui produisent l'un des plus grands dons de Dieu : le vin ; et cela, au nom de l'intérêt et du bien-être publics comme à celui de la qualité de la vie. Mais combien vont faire la croix sur trente millions de francs ? Il va falloir que quelqu'un tranche ce genre de question. Si la chose est laissée au libre arbitre de chacun, il restera fichtrement peu de vignes dans les alentours de Bandol. Si cela se passe entre les mains du législateur, l'argent parlera le plus fort et les « pots-de-vin » pourraient bien sceller le destin de l'appellation Bandol...

*

Et maintenant, quelques bonnes nouvelles. Même Pagnol n'aurait pas imaginé de meilleurs Peyraud que ses deux fils pour continuer l'œuvre de Lucien. On n'a aucune bile à se faire quant à Jean-Marie ou François vendant leur âme à un groupe d'investissement foncier et quittant le Domaine Tempier pour qu'il subisse le même sort que le Château Milhière. Ces deux-là monteraient sur les barricades avant de laisser les promoteurs raser leurs vignes au bulldozer.

François s'occupe des vignes. Petit et costaud, basané, aussi poilu qu'Esaü, c'est lui qui bosse le plus en termes d'effort physique et sa musculature le prouve. Quand il m'hébergeait chez lui, au sommet de la colline, avec Le Castellet au-dessus et les terrasses de La Tourtine au-dessous, j'étais réveillé chaque matin par les quintes de toux de son tracteur qu'il sortait du garage. En Californie, les tracteurs croisent tranquillement dans les champs, leur conducteur ne faisant rien de plus que les maintenir en ligne droite. Mais François monte sur son tracteur comme sur un sacré putain de cheval de rodéo, toute la question étant qu'il se tienne debout. Il prend le volant à bras-le-corps, attentif à ne pas faire une embardée qui risquerait de blesser un rang de vignes. Son tracteur est équipé d'une barre antiroulis. Plusieurs agriculteurs ont été mutilés ou carrément tués quand leurs tracteurs se sont renversés sur ces collines. A midi, François rentrait chez lui et, le plus souvent, il s'effondrait sur son lit sans avoir déjeuné. Une petite sieste, un léger casse-croûte, et il sautait sur son tracteur jusqu'à la nuit tombée.

Goûter du vin avec François est une joie parce que ce qu'il ressent, il l'interprète à partir des arômes sauvages qu'il perçoit en plein air. En ce qui me concerne, j'ai tendance à déguster d'une manière que j'appellerai structurelle, cherchant avant tout l'équilibre d'un vin complet, pour ainsi dire. Si je pense «fruité», François va droit au sujet: «Fleur d'abricotier, noyau de cerise, grenadine», par exemple. Je remets mon nez dans le verre, et c'est exactement ce qui m'apparaît. C'est une façon de déguster qui approfondit la connaissance du vin. Elle inspire de l'émerveillement pour le talent avec lequel la vigne s'exprime.

François est un savant, et toute sa culture semble vouée à la culture de ses vignes. Il connaît la biologie, la botanique, l'horticulture, la chimie, la géologie et l'histoire naturelle. En cours de conversation, il me laissera à la traîne en supposant que quiconque travaillant dans le vin sait, par exemple, en quoi consiste *l'excoriose* (champignon qui se développe quand apparaissent les bois de l'année, ce qui peut inhiber le crucial bourgeonnement de la vigne).

Il ne peut pas y avoir de bons vins sans bons raisins, et le boulot de François est de veiller à ce que son frère Jean-Marie obtienne la matière première (un bon jus) nécessaire pour vinifier un bon vin.

Si l'on représentait l'activité de la vigne à la manière d'un film de botanique accéléré, avec réduction du cycle annuel à une seule minute qui commencerait juste après les vendanges, le metteur en scène dirait: «Lumières, caméra, moteur!» et rien ne se passerait, car de la fin d'octobre au début d'avril la vigne est en sommeil. Elle resterait dans l'état où la taille du début de l'hiver l'a sculptée. D'une façon générale, vous verriez son tronc noueux avec quatre bras (ou branches) proprement amputés pour ne laisser à chacun que deux yeux (ou bourgeons). Dans ce film, nous attendrions dix, vingt, presque trente secondes avant d'assister à l'éclosion de tendres pousses vertes à partir des yeux. Alors se produirait une frénésie de mouvements et de croissance tandis que les feuilles apparaîtraient. Puis sortiraient les mannes vertes s'ouvrant pour la floraison. Ce serait enfin la formation des grappes et leur maturation avant qu'elles soient vendangées – de préférence bien mûres – et la vigne serait taillée une nouvelle fois pour retrouver son attitude hivernale.

Même s'il les mérite, François ne prend pas de vacances après les vendanges. C'est le moment de commencer les travaux d'entretien et d'inspecter chaque plant de vigne. Les ceps morts sont arrachés, y compris les racines qui pourriraient dans le sol. Il trace entre les rangs de vigne un sillon qui recevra un compost qu'il appelle *la merde*. C'est ce qui reste du raisin, les peaux et les pépins, après la vinification et la distillation du *marc* pour faire de l'eau-de-vie. François n'utilise aucun autre engrais que cette *merde*.

Début novembre, la terre est labourée de façon à la remonter autour de chaque pied de vigne pour le défendre contre le froid.

Les feuilles sont tombées et, de fait, il commence à faire froid, mais il est temps de se mettre à tailler.

La sévérité de cette taille compte pour beaucoup dans la détermination de la qualité de la prochaine récolte. Si on laisse un trop grand nombre d'yeux, les raisins manqueront de concentration car il y aura trop de grappes sur chaque pied et elles n'atteindront pas leur maturité maximale. On réserve la taille pour les jours secs par lune décroissante car les bois sont alors plus durs et la coupe est plus nette.

S'il n'y a pas eu trop de pluie, le mois de décembre met fin à la taille, et François s'occupe aux besognes de nettoyage telles que de ramasser et brûler les sarments.

A l'exception de l'agitation et du remue-ménage des vendanges, c'est l'un des spectacles les plus pittoresques qu'on puisse voir dans les vignobles. Il n'y a plus de feuilles, le ciel frigide est gris. François jette des sarments sur un feu qui fume. Il se tient debout, emmitouflé contre la froidure de décembre. Partout sur les collines, des rubans de fumée montent au ciel tandis que les vignerons font brûler les sarments porteurs du dernier millésime. Le feu est à portée de mains quand celles-ci commencent à souffrir du froid.

Une autre tâche est la préparation du sol pour les nouvelles plantations qui débuteront en janvier.

En février et mars, les traitements fongicides se poursuivent dès qu'on a un moment de calme. Sans ces traitements – c'est-à-dire si on laissait les champignons proliférer – François assure qu'il perdrait chaque année dix pour cent de ses vignes. C'est également à cette époque qu'il convient de déchausser les ceps. Les mauvaises herbes sont enlevées à la charrue et à la bêche. François s'interdit tout désherbant.

Début avril, la plante se réveille, les bourgeons grossissent et les pousses jaillissent. Leur croissance se mesure de jour en jour à l'œil nu. Les feuilles se déploient. On éclaircit constamment à la main les pousses indésirables.

Autant que nécessaire, on pulvérise au soufre pur, en provenance des gisements de Lacq, dans les Pyrénées-Atlantiques. François dit qu'il y a actuellement une compétition entre les grandes sociétés de produits chimiques pour mettre au point quelque chose de plus efficace ; mais il ne semble pas leur faire confiance pour ce qui est de trouver un traitement de substitution aussi sain.

S'il pleut, il faut traiter les vignes au sulfate de cuivre contre le mildiou.

Au fur et à mesure que les bois de l'année grandissent, les vignes qui poussent de travers sont reprises sur de nouveaux piquets.

A la fin mai, on effectue un léger épamprage. Les sommets ou extrémités des branches sont décapités afin qu'ils ne retombent pas de part ou d'autre, ce qui gênerait le passage du tracteur dans les rangs. De cette manière, on s'assure aussi que la précieuse sève se concentre au départ des branches, dans leur premier tiers, là où se forment les grappes.

Une vigne ne fait pas son autocritique. De plus, elle ne réalise pas que c'est son boulot de produire des raisins pour faire du vin. Et François d'ajouter : « La vigne est une plante qu'on doit persécuter au point de vue de la circulation de la sève. Si les branches ne sont pas rabattues maintenant, la sève montera toujours vers les extrémités, le cep risquera de mourir tandis que les pampres continueront de croître. »

Au tout début de juin, François a vu et senti la floraison. L'air est embaumé par ce parfum. Ensuite, les petites grappes vertes apparaissent.

Un jour, je l'ai accompagné dans les vignes alors qu'il supprimait une bonne moitié des grappes naissantes en les pinçant entre deux doigts. Il n'aurait pas permis que je l'aide car «c'est un travail délicat. C'est désagréable de détruire une moitié de récolte mais c'est nécessaire. J'ai étudié la question. Si on ne fait pas ça, les raisins restent roses. Il nous faut un raisin au jus mûr, alors nous écartons une grappe sur deux». Les petites grappes éliminées se flétrissaient par terre au soleil chaud de juin.

En juillet, François continue de travailler sa terre pour qu'elle reste friable. Egalement, il désherbe afin de conserver pour la vigne seule toutes les réserves du sol en eau. L'irrigation ne se pratique pas, elle est d'ailleurs interdite.

Il doit garder un œil vigilant sur la moindre attaque de champignons qui pourrait contrecarrer la photosynthèse des feuilles : «Je pulvérise au soufre contre l'oïdium quand c'est nécessaire et au moins une fois à cette époque de la maturation des grappes. L'oïdium se développe sur la tige et il envahirait la feuille si on ne traitait pas. La feuille atteinte se met à blanchir, paralysée par la prolifération du champignon, puis elle se dessèche et c'est ensuite toute la branche qui devient rabougrie.

«Là, mon travail, c'est de veiller à ce que la vigne soit en bon état, en bonne santé, et de faire gaffe aux champignons.»

Je lui ai demandé s'il connaissait chaque pied de vigne individuellement. Il a réfléchi un moment, avant de me répondre : «Je dirai que oui...» Cette réponse pourra paraître absurde à ceux qui imaginent un vignoble en plaine, au fond d'une vallée, où toutes les vignes ont l'air identiques dans leurs parfaits alignements. Mais sur les terrains accidentés de Bandol, avec leurs terrasses, avec des oliviers et des arbres fruitiers mélangés aux vignes et avec plusieurs variétés de cépages plantées dans des parcelles dispersées... la gloriole de François semble justifiée étant donné sa capacité de travail et son implication personnelle.

«Moi, m'a-t-il dit, je demande à mes vignes un rendement intelligent : trente-cinq hectolitres à l'hectare, c'est bien assez. Mais il y en a d'autres qui veulent toujours le plus haut rendement possible. Leur politique est de brasser des flots de vin en demandant toujours le même prix par bouteille. Je trouve préférable de faire moins de quantité, de demander un bon prix et de savourer le plaisir d'avoir fait un grand vin.

«Cette année, en Côtes de Provence, j'ai vu cent hectos/hectare. Ils ont pratiquement doublé leur production! Je ne sais pas comment ça peut être bon. C'est peut-être du vin, mais il manquera de richesse et de profondeur. Il fera tout au plus un vin potable!»

En août, on laisse les vignes tranquilles. Le travail se concentre sur l'entretien des murs en pierre ou des terrasses qui maintiennent la terre en place sur les coteaux. François mène une guerre sans répit aux mauvaises herbes qui poussent entre les pierres que les racines risquent de disloquer. Là encore, il refuse l'arme des désherbants, même pour les pulvériser sur des pierres, comme pratiquement tout un chacun le fait en gagnant ainsi un temps et une peine incroyables.

«A la première pluie, tous ces poisons iraient tout droit dans ma terre.»

*

Nés à deux ans d'intervalle, Jean-Marie et François sont des frères qui idolâtrent leur père. Voilà bien l'embryon d'un scénario idéal où la rivalité joue un grand rôle.

J'ai demandé à Lucien en fonction de quoi avait été décidé le partage du travail entre eux deux, parce qu'il en aurait pu résulter une situation tendue.

Il m'a expliqué: «Pas besoin d'une décision. François a toujours été au-dehors dans les vignes et Jean-Marie est toujours resté dans la *cave*.»

Ça marche, mais tout n'est pas pour autant que douceur et sourires.

Comme c'est lui qui fait le vin, c'est Jean-Marie qui reçoit dans le dos les bonnes tapes exprimant l'approbation du monde extérieur. Mais à l'intérieur d'une exploitation viticole, on estime le plus souvent que la qualité du vin est déterminée par la santé et la maturité du raisin. De telle sorte que si François apporte une vendange parfaite, il ne reste à Jean-Marie qu'un rôle d'ouvrier d'entretien consistant à vinifier le bon moût selon les traditions mises au point par papa Lucien. En réalité, chacun d'eux a l'impression d'être légèrement sous-estimé. Jean-Marie désire trouver sa propre reconnaissance à la maison, tandis que François fait du prosélytisme à l'extérieur pour démontrer l'importance capitale de la viticulture. Cette subtile rivalité est bonne pour le vin. Ils sont inlassablement en quête de perfection. S'ils ne peuvent oublier l'œuvre de pionnier de leur père, ils n'ont aucun scrupule à l'améliorer, même si l'ombre de Lucien est de grande taille.

Jean-Marie tient ses archives avec ferveur. Quand nous goûtons les différentes barriques d'un nouveau millésime, il feuillette ses notes : « Celui-ci est soixante-dix pour cent mourvèdre, quinze pour cent grenache, huit pour cent syrah et sept pour cent vieux carignan. Il est fait de raisins qui viennent à soixante-cinq pour cent de La Tourtine. La fermentation a duré douze jours. » Et ainsi de suite... il donne le curriculum de chaque *cuvée* pendant que nous le dégustons. Jetant un coup d'œil sur ses carnets, il me rappellera quelle *cuvée* j'ai préféré lors de ma précédente visite. Il a même consigné par écrit tous les sets de tennis que nous avons disputés au fil des années !

Si je dîne dans la rustique maison provencale de Jean-Marie, là-haut dans sa cambrousse de La Migoua, je ne peux jamais voir l'étiquette d'un vin avant qu'il ne m'ait mis à l'épreuve. Un soir, en 1985, il m'a servi un rosé et m'a demandé son âge. C'était un vin vieux mais son bouquet était plutôt frais, évoquant diverses notes épicées comme pour un bon Châteauneuf-du-Pape. Avec l'imprécision caractéristique de l'expérience, j'ai deviné qu'il avait au moins dix ans.

Jean-Marie s'est censément mis à danser autour de la table en chantant sa victoire : « C'est un 1958 ! Ah, ah, Kermit, vingt-sept ans d'âge ! » Le vin suivant était un Domaine Tempier rouge 1955. J'ai avancé 1969. Passons.

Au cours des années, j'ai goûté tous les millésimes du Domaine Tempier rouge, à l'exception du premier : 1951. Aucun d'eux ne s'est jamais montré fatigué. Pas un seul ! Combien de Bordeaux ou de Bourgogne peuvent se targuer d'une consistance et d'une longévité semblables ?

Aujourd'hui, ils produisent environ deux bouteilles de rouge pour une de rosé. Quelles qualités Jean-Marie recherche-t-il pour son rosé? «Je crois qu'un rosé ne doit pas être un vin qui se prenne trop au sérieux, mais qui apporte de la joie: un vin fruité et facile à boire et non un rosé lourd et râpeux qui a trop de tanins. En 1951, Lucien a seulement fait cinq pour cent de rouge. En 1960, plus de trente pour cent. En 1973 nous avons finalement fait plus de rouge que de rosé. J'aimerais ne faire que du rouge. Il me semble que ce serait plus normal dans un terroir comme Bandol, un terroir qui est voué aux grands vins rouges. Laissons le rosé aux Côtes de Provence. Ils ne peuvent pas faire des rouges comme les nôtres. Mais il y aura toujours une demande pour le rosé de Bandol. C'est un vin qui a ses fidèles.»

Il me fallait plaider la cause du rosé du Domaine Tempier (contre son propre auteur!) ne serait-ce que pour une raison égoïste: je l'adore.

«Mais, Jean-Marie, écoute, il te faut quelque chose à servir avant le vin rouge. A quoi est *bon* un rouge s'il n'est pas précédé d'un blanc? Et puisque tu ne fais pas de blanc...

– Je suis obligé de faire du rosé pour satisfaire la demande. Un vin rosé ne sera jamais un grand vin mais, de temps en temps, on souhaite quelque chose pour se désaltérer.

– Il y a place pour un gentil vin comme ça. Et de plus, le rosé est en relation directe avec la personnalité du Domaine Tempier, qui exprime la *joie de vivre*. Dès qu'on arrive on est accueilli avec un verre de rosé frais. C'est sans équivalent.

– Tout à fait d'accord, m'a-t-il enfin concédé, et d'ailleurs, c'est bien dans cet esprit que je le fais.»

La décision de commencer les vendanges est prise en commun par Lucien et ses deux fils, mais la responsabilité initiale est celle de François. A cause de la multiplicité des cépages et de tous les microclimats, la maturation ne s'effectue pas avec régularité. C'est pourquoi, au début de septembre, François prélève un échantillonnage des raisins de chaque parcelle. Il les presse afin de connaître leur teneur en sucre et en acidité. Il répète ce processus chaque semaine et observe l'évolution de chaque parcelle. Dès qu'on obtient une maturité satisfaisante, les grappes sont vendangées à la main, en commençant par les parcelles les plus précoces. Il n'y a pas de machine à vendanger.

Pour éviter toute oxydation, on prend un soin extrême à transporter intacte la vendange entre la vigne et la cave.

Celle-ci est égrappée à cent pour cent, ce qui surprend maints dégustateurs parce que le Tempier rouge a de quoi satisfaire les plus exigeants, question tannicité. Oui, cent pour cent d'égrappage, et il en a toujours été ainsi! Le mourvèdre est bien assez tannique comme ça! De surcroît la tige reste toujours verte, même quand le raisin est à bonne maturité. Aussi donnerait-elle au vin un goût indésirable, du genre végétal ou herbacé. Les grains sont très légèrement foulés juste avant de tomber dans la cuve. La fermentation commence quand elle veut. Plutôt que d'introduire des levures étrangères, Jean-Marie préfère celles du pays, qui sont très abondantes dans l'air et sur la peau des raisins à l'époque des vendanges. La fermentation primaire, par laquelle le sucre du fruit se transforme en alcool et le jus de raisins en vin, se produit dans des cuves en ciment ou en acier inoxydable. Pour Jean-Marie les deux se valent, mais il n'aime guère y laisser séjourner son vin au-delà des premiers jours. La fermentation secondaire, dite malolactique, démarre toujours pendant la fermentation alcoolique et se poursuit après le transvasement en *foudres* de chêne. Même si la fermentation alcoolique n'est pas terminée, on soutire le vin sur sa lie après six à dix jours pour qu'il se finisse de façon naturelle dans le bois. Je dis «naturelle» parce que chaque vin a une volonté qui est bien à lui. A la différence de la vigne, que les Peyraud conduisent à coups de serpe jusqu'à sa soumission totale, chaque vin attire leur respect vis-à-vis de sa personnalité particulière, son intelligence native, sa faculté de déterminer sa propre évolution. Ils se montrent réticents à le domestiquer, même quand son comportement leur semble capricieux.

Leur 1971 a mis quatre ans pour terminer sa fermentation. La plupart des viticulteurs se seraient paniqués, essayant d'accélérer les choses par toutes sortes d'interventions artificielles. Ils auraient pu forcer leur vin à s'achever plus vite, mais celui-ci se serait altéré, peut-être même épuisé, par de telles manipulations.

«Le 1971 avait beaucoup d'alcool en puissance, dit Jean-Marie, plus de 14 degrés. Et il lui a fallu quatre ans pour perdre tout son sucre. Il a fermenté chaque année au printemps ou en été. A chaque fois que le temps s'est réchauffé, le vin a recommencé à vivre et il a continué son évolution. Nous avons attendu qu'il ait complètement terminé avant de le mettre en bouteilles. D'autres auraient chauffé leur cave et lui auraient ajouté des levures pour le faire hâter mais Lucien a dit que non : il finirait bien de lui-même. Ça s'est bien fini comme ça.»

Actuellement, cet intraitable 1971 est le plus précieux des trésors parmi la progéniture des Peyraud.

Pour accorder le droit à l'appellation Bandol, la loi exige qu'un vin vieillisse dix-huit mois dans le bois. Au Domaine Tempier, c'est un minimum, ainsi qu'on l'a vu pour le 1971. Mais leur 1983, un vin au délicieux fruité de cerises noires et à la structure plus délicate, a été mis en bouteilles aussitôt après les dix-huit mois réglementaires en *foudres*, afin de préserver sa fraîcheur.

Deux bizarreries dans le traitement des vins au Domaine Tempier sont sources de discussions sans fin chez ceux qui suivent leur production. Jean-Marie refuse l'emploi de l'anhydride sulfureux (SO_2), aux vendanges comme lors de la mise en bouteilles. On ne le met jamais au contact du vin bien qu'il soit utilisé pour nettoyer le matériel, tuyaux et barriques vides par exemple. L'anhydride sulfureux est un gaz dont on se sert pratiquement dans toutes les installations vinicoles à cause de ses propriétés antiseptiques. Il stérilise, stabilise et désinfecte. A l'état libre, il protège la surface du vin et agit comme antioxydant. Malheureusement, il peut aussi anesthésier les organes olfactifs, et personne ne semble exactement savoir à quel point il peut être ou ne pas être bon pour la santé lorsqu'il est absorbé en doses quotidiennes. Lucien inhale du SO_2 chaque fois qu'il sent un rhume venir, et il maintient *mordicus* que, son vin n'en contenant pas, on peut le boire jusqu'à l'excès sans crainte de mal au crâne le lendemain matin.

Le Domaine Tempier rouge a une tendance à *pétiller* très légèrement. Ce soupçon de gaz est du gaz carbonique (CO_2), qui n'a rien à voir avec l'anhydride sulfureux. C'est un produit secondaire et naturel de la fermentation, alors que le SO_2 est un ajout. Tous les vins ont du CO_2, mais il est habituellement parti avant la mise en bouteilles ou calmé par une dose de SO_2.

Certains aiment bien ce picotement du CO_2. Richard Olney le trouve agréable ; c'est le signe d'un vin naturel et je suis personnellement d'accord. D'autres dégustateurs le jugent choquant et estiment que c'est une tare. Les restaurants constituent une part importante de la clientèle du Domaine Tempier et cette *pétillance* qui apparaît de temps en temps dans le vin (par exemple quand le temps se réchauffe ou quand les conditions de stockage ne sont pas assez fraîches, ou encore à la saison de la floraison ou à celle des vendanges) rend les restaurateurs furibonds. M. Haugoult-Dujour entre en se pavanant, une jolie minette au bras. Le sommelier verse un peu de Tempier dans le verre. M. Haugoult-Dujour pose son *Romeo y Julieta gran corona*, fait tourner son verre sur un cercle voisin de la circonférence de la table, hume d'un air approbateur, prend une gorgée, fait entendre un grognement, tord le nez, et déclare que le vin fermente dans la bouteille ! « Reprenez-le », commande-t-il, tandis que sa jeune connaissance lui fait du genou en douce.

Pour lui, c'est un soir de gloire ; mais le restaurateur voit que sa bouteille à cent balles va partir en sauce. Ou alors, la solution est de la reboucher et de la retourner au Domaine Tempier avec toutes celles qui restent.

Dans le même temps où plusieurs grands amateurs encensent Jean-Marie pour avoir réussi ce vin-là parce qu'ils apprécient son léger et tout naturel picotement au palais, lui ne voit que la perte d'une vente, la perte d'un client et la douloureuse qui en découle.

Et pourtant, Jean-Marie persiste et signe à l'encontre de l'épouvantable SO_2. Il se justifie : « D'ailleurs, cette petite touche de gaz carbonique permet à notre vin de garder plus longtemps sa jeunesse. »

Malgré sa farouche volonté de faire un vin aussi naturel que possible, Jean-Marie filtre avant de mettre en bouteilles. Et il avoue: «Lucien a toujours fait comme ça. J'ai suivi son exemple afin d'éviter un dépôt excessif. Nous pourrions ne pas filtrer, mais nous vendons environ soixante pour cent de notre production aux restaurateurs et beaucoup d'entre eux ne savent pas expliquer à leurs clients le dépôt d'un vin qui a un tant soit peu de bouteille. Si je ne filtrais pas, c'est sûr qu'il y aurait beaucoup de dépôt.»

Pourquoi donc refuse-t-il alors de modifier son parti pris envers ce SO₂? Pourquoi ne pas en mettre un petit peu pour prévenir toute *pétillance* possible de manière à satisfaire ces mêmes restaurateurs?

«Ouais, dit-il, mais vous savez: ils n'ont qu'à aérer le vin en le décantant pour que ce petit pétillement disparaisse.»

Ben voyons, et ils n'ont qu'à le décanter pour écarter aussi le dépôt!

Mais je n'ai pas dit ça! Je persistais à ne pas élucider ce paradoxe. Je craignais de l'énoncer trop crûment et que Jean-Marie ne vienne à se tirer du dilemme en gazant au SO₂ son vin vivant et délicieux.

C'est alors que j'ai commencé à choisir chaque année mes *cuvées* avant la mise en bouteilles. Mes vins passent directement du *foudre* à la bouteille. Ils n'ont pas été filtrés ; ils ont une tendance à pétiller mais c'est un vin nature et qui vit ; rien ne lui a été ajouté ni ôté.

*

Aucune propriété viticole ne trouverait sa personnalité sans celle de la maîtresse de maison. Les épouses des viticulteurs jouent un rôle central quoique rarement de premier plan. Elle ne s'aventurent guère dans les caves de leur mari, quitte à montrer un brin de jalousie lorsqu'une autre femme y pénètre.

En France, il est proverbial qu'un vin reflète le caractère de celui qui l'a fait. Mais n'est-ce pas tout aussi convaincant de prétendre que vous pouvez voir dans un vin le caractère de la bien-aimée du vigneron? Après tout, celui-ci est un artiste (enfin, espérons-le!) et il tend à faire un vin aussi idéal que possible par rapport à ce qu'il croit bon et beau, non seulement en termes d'aspect physique mais encore au point de vue du caractère et de la personnalité, c'est-à-dire de l'être tout entier.

Dans un village où j'achetais autrefois les vins de deux propriétés différentes, Mme A, du Domaine A, avait des cheveux décolorés et une coiffure chic; elle s'habillait à la pointe de la mode, était copieusement fardée, et roulait en Mercedes flambant neuve. Les hommes la remarquaient dans la rue. Le vin de son mari était tout aussi tape-à-l'œil; il sautait quasiment du verre et j'avoue qu'il m'a quelque temps tout à fait séduit. Mais malgré ses arômes plutôt éblouissants j'ai fini par trouver à la longue un manque de profondeur, une sorte de superficialité. Et mon intérêt est tombé.

Mme Z, du Domaine Z, ne déguisait aucunement son âge. Elle aimait par-dessus tout faire la cuisine chez elle pour sa famille et ses amis. Pour elle, rien n'avait plus d'importance que le bien-être des siens et elle restait auprès d'eux quoi qu'il arrive. Elle était chaleureuse et généreuse de façon rare. Elle se sentait bien dans sa peau. Le vin de son mari ne gueule pas et ne brandit pas de drapeau rouge mais je continue d'y découvrir des qualités qui n'étaient pas évidentes lors de mes premières dégustations.

Est-ce aller trop loin de faire un parallèle entre les femmes et le vin? Il est certain que le cru du Domaine Tempier ne serait pas le même sans Lulu. Sa personnalité ressemble à celle du vin, avec ses qualités de robustesse terrienne et de finesse. Sa propre pétillance n'a pas été gazée au SO_2, encore qu'elle mériterait une légère filtration de temps à autre, pour rendre propre à la consommation du public son sens de l'humour qui ne manque pas de sel, voire de piment. Discutant d'encépagement avec un vigneron du Rhône, je lui ai dit en passant que j'achetais un vin largement fait de mourvèdre, au Domaine Tempier. «Aahh! Lulu, soupira-t-il tandis que ses yeux se mirent à briller, elle est notre légende, vous savez.» Son sourire était comme celui d'un amoureux.

Je ne peux pas vraiment parler d'elle en connaissance de cause parce que j'ai débarqué après les beaux jours des années cinquante et soixante, lorsqu'elle recevait si fréquemment et – dit-on – de façon si mémorable. Mais on écoute ce qui se raconte. Il est sûr que sa beauté était remarquable et que tous les hommes assis autour de la table la dévoraient des yeux, la tête pleine de plusieurs millésimes du Domaine Tempier, assaillis de fantasmes provoqués par cette fougueuse beauté provençale qui n'arrêtait pas de mettre devant leurs faces affamées des platées de nourriture, satisfaisant ainsi au moins un de leurs appétits.

Avec une lueur canaille dans l'œil, Lulu parle comme Colette écrit, d'une voix juvénile, avec la même abondance de détails imaginaires, mais qui paraissent véridiques tant ils sont bien racontés.

Un jour, elle m'a proposé de visiter Marseille, sa ville natale. Nous avons pris ma voiture. Elle affirme que, malgré sa renommée, Marseille n'est pas touristique. «Je ne sais pas pourquoi, dit-elle en baissant la voix pour murmurer ; peut-être parce que Marseille n'a pas bonne réputation, tu vois. Sans doute les touristes en ont peur.»

Notre première étape a été un village de pêcheurs qui s'appelle Les Goudes, situé dans une *calanque* pleine de vieux bateaux de pêche en bois. Il n'y avait pas de beaux yachts comme on peut en voir à Bandol, Cassis ou même au Vieux-Port de Marseille.

Aucun guide ne mentionne Les Goudes ; c'est un endroit simple et rustique, avec des petits restaurants bon marché, et Lulu m'a dit que c'était là que la classe ouvrière de Marseille – les postiers, les dockers – venait prendre ses congés payés.

Le village est entouré de tous côtés sauf vers la mer par de bizarres escarpements calcaires. La roche blanche contraste fortement avec le bleu de la Méditerranée. La route à voie unique qui traverse le bourg se termine en cul-de-sac en face de la grosse île rocheuse de Maïre, qui semble avoir reçu une énorme crotte de pigeon.

On a une vision éblouissante de Marseille, de l'autre côté de la baie, et du château d'If à l'air imprenable, sur sa petite île qui rappelle Alcatraz. C'est de là qu'Alexandre Dumas a fait s'évader le comte de Monte Cristo qui, feignant la mort, a été précipité à la mer, enfermé dans un sac cousu.

J'ai fait remarquer à Lulu la quantité de boîtes de nuits miteuses.

«Oh, bien sûr, m'a-t-elle répondu d'une voix entendue. Les Goudes sont *très mafia*. Ils viennent la nuit pour faire leurs magouilles. Ils pourraient y séquestrer une femme. Des tas de racketteurs rappliquent ici.»

Nous avons roulé jusqu'à Marseille par la corniche J.-F.- Kennedy, qui longe la mer sur environ cinq kilomètres.

Lulu m'a dit de m'engager dans une rue à sens interdit. J'ai objecté : «Mais c'est défendu!» Elle m'a répliqué : «Ne t'en fais donc pas pour ça», comme si elle était propriétaire de la ville! La rue était à peine plus large que la voiture. Sans nous retrouver nez à nez avec une autre auto, nous sommes arrivés dans une nouvelle calanque, une petite crique avec des maisons construites sur les rochers. Lulu expliquait : «C'est pour les privilégiés. Ici, il y a toujours du soleil et on peut voir des gens qui bronzent même au cœur de l'hiver.» Les maisons au vieux style marseillais sont vastes, avec des vues fantastiques sur la mer. Elles ont été bâties au siècle dernier. Chacune d'elles a son caractère propre et beaucoup de personnalité. Et Lulu de poursuivre : «Celle-ci appartient actuellement à une vedette de cinéma. L'autre, un peu plus loin, est un *hôtel de rendez-vous*. Un couple d'amis y a séjourné et on les regardait avec méfiance parce qu'ils étaient mariés. Tu vois, ceux qui sont en situation irrégulière viennent ici passer un moment. Le patron ne savait que faire de mes amis qui voulaient rester deux nuits.»

Pour le déjeuner, nous sommes arrivés à notre troisième calanque de la journée, celle qui s'appelle Vallon des Auffes et que vous découvrirez sur votre carte si vous vous trouvez à Marseille avec quelque appétit. Le *Guide vert Michelin* fait ce commentaire à propos du Vallon : «Un petit port de pêche très animé; il représente l'un des sites les plus caractéristiques de la région de Marseille.»

Nous avons mis la voiture en stationnement interdit («Ne t'en fais donc pas pour ça», a tenu à dire Lulu) et nous avons marché le long des bateaux de pêche et des pêcheurs en train de ravauder les filets. La corniche J.-F.- Kennedy traverse le port sur un pont de pierre massif dont les arcades permettent aux bateaux d'entrer et de se mettre à quai dans les eaux plus calmes mais moins ragoûtantes du Vallon.

Le restaurant s'appelait *Chez Fonfon* et le patron septuagénaire a accueilli Lulu en la serrant très fort dans ses bras. Nous nous sommes assis à une table près d'une fenêtre donnant sur une mer plutôt agitée dont les vagues donnaient l'assaut à la base d'un phare, à quelques centaines de mètres de la côte.

Pour commencer, on nous a servi un pastis, offert par la maison, avec d'un bol d'olives noires macérées dans l'huile d'olive aux herbes.

Dans un endroit comme ça, on se sent obligé de commander quelque chose du genre poisson. Le patron a suggéré une *bourride*, sorte de pot-au-feu du pêcheur qui n'est pas sans air de famille avec la bouillabaisse. C'est une soupe liée à l'aïoli, avec des croûtons, plus quatre poissons servis à part (ce jour-là, il y avait du *loup*, du *saint-pierre*, du *congre* et du *capelan*) et deux coupelles, l'une de *rouille* et l'autre *d'aïoli*. On met dans la soupe différents morceaux de poisson ainsi que des croûtons, pour napper le tout avec soit la *rouille*, soit *l'aïoli*, soit encore les deux. Ce n'est pas un plat que vous pouvez déguster selon les principes d'une élémentaire *bonne éducation* ; on fait du bruit en aspirant sa cuillérée, les mentons dégoulinent et l'on grogne de plaisir.

Lulu m'informait de la situation à Marseille. Elle m'expliquait la guerre au couteau entre les Corses et les Arabes pour contrôler le marché de la prostitution. Les assassinats y étaient monnaie courante.

« En hiver, nous appelons les prostituées *les femmes aux cuisses violettes*, parce qu'elles portent des minijupes. Quand il gèle, leurs cuisses sont marbrées de violet. »

En regagnant notre auto après déjeuner, nous avons rencontré un pêcheur solitaire en train d'accrocher un gros morceau de sardine à son hameçon.

Lulu lui a demandé : « Vous croyez que vous allez attraper quelque chose de plus gros que votre appât ? » Puis, se tournant vers moi : « Vois-tu, à Marseille, personne ne dit quoi que ce soit de sérieux. Tout est prétexte à plaisanter. »

Tandis que je conduisais sur la route tortueuse qui va à la basilique Notre-Dame-de-la-Garde – que les marins invoquent pour leur sécurité et que les touristes apprécient pour sa vue dominant la ville –, un autre conducteur déboucha sur nous d'une petite rue transversale. J'avais priorité mais il continuait sans s'en faire, et j'ai commencé à freiner. Au moment où j'ai vu une légère hésitation de sa part, je l'ai mis au défi en contournant l'avant de son auto. Il a stoppé tout net.

Lulu a apprécié le coup. «Tu vois? C'est très marseillais ce qu'il a fait. C'est comme ça qu'ils conduisent et qu'ils se comportent. Il était censé marquer le stop, mais il a essayé de forcer son passage pour marquer un point. Tu as fait ce qu'il fallait. Les hommes sont comme ça et ils sont encore pire quand ils voient une femme au volant. Dans ce cas, ils veulent l'intimider en fonçant comme si elle n'existait pas. Quand je conduis à Marseille, il me faut un rude courage pour leur faire face. Mais je ne me laisse pas faire! Maintenant, tu connais la mentalité marseillaise.»

Ensuite, Lulu m'a dirigé vers la porte d'Aix, un arc de triomphe gallo-romain qui accueille les visiteurs en provenance d'Aix-en-Provence. C'est un monument plutôt épais, massif et cubique, se tenant de nos jours mal à sa place, au milieu d'un carrefour au trafic intense. De sa voix d'enfant, Lulu commentait: «Les gens d'ici emploient une expression qui dit: elle a un cul comme la porte d'Aix. Je voulais que tu la voies pour que tu comprennes ce qu'ils veulent dire par là.» Nous avons visité deux musées près du Vieux-Port, l'un consacré à l'art romain, l'autre aux antiquités et tissus provençaux. Nous sommes alors repartis à Bandol. Le temps était devenu glacial et nous étions épuisés.

Comme nous nous introduisions sur l'autoroute encombrée, Lulu m'a dit: «La prochaine fois que tu viens, je te ferai visiter Marseille *by night.*»

Wouah! Voilà qui doit être quelque chose! Et ni filtré, ni édulcoré!

*

Un soir, j'ai dîné en plein air en compagnie d'une douzaine de Peyraud. Il était presque neuf heures du soir mais le ciel était encore flamboyant. Autour d'une table encombrée de plats qui débordaient de betteraves cuites, de choux-fleurs, d'artichauts, de bulbes de fenouil, de patates douces au four, d'œufs durs, de filets de sole enroulés sur des fleurs d'aneth et d'un ragoût de poulpe bien épicé, la pièce de résistance passait et repassait en dépit de son poids impossible : un énorme mortier en marbre, plein d'un *aïoli* que François avait travaillé à la main avec un pilon de bois. *L'aïoli* est la mayonnaise à l'ail de la Provence. Quelques âmes tristes la trouvent indigeste ; les autres voient leur sang bouillonner d'excitation quand ils l'engloutissent. Cet aïoli-là était fait d'une tête d'ail entière, de deux jaunes d'œuf avec une pincée de sel et d'un litre d'huile d'olive du cru.

Catherine, la femme de Jean-Marie, a toussé avant de respirer la bouche ouverte pour se rafraîchir.

« J'espère qu'il n'est pas trop fort ? Vraiment ? a demandé Lucien en tendant une nouvelle fois la main vers le mortier. Vous croyez qu'il y a trop d'ail ?

– Non, non, a répondu Catherine, je crois que j'ai pris un peu froid.

– *L'aïoli*, c'est bon pour les rhumes », a dit Lucien en lui administrant une sacrée portion supplémentaire dans l'assiette.

Jean-Marie versait davantage de Bandol *rouge* dans chaque verre, vide ou non. « Avec *l'aïoli*, il faut un vin jeune et frais. Ce serait dommage de servir un vin vieux. Papa, tu te souviens quand Mme Blanc t'a invité à dîner avec Gigi ? (Gigi travaille au chai des Peyraud depuis le début des années cinquante. C'est un énorme gaillard à l'accent provençal et nasillard.) Mme Blanc a servi un *aïoli* et, à la première bouchée, Papa a remué la tête en regardant Gigi parce qu'il n'y avait pas assez d'ail. "Aimez-vous *l'aïoli* ?", a demandé Mme Blanc. "Pour sûr, madame, a répondu Papa, c'est bien typique de chez nous." L'année suivante, elle a invité Papa et Gigi et leur a servi de nouveau un *aïoli*. "Aimez-vous *l'aïoli* ?" a-t-elle demandé. Papa a répondu : "Nous adorons *l'aïoli* mais celui-ci, un peu plus d'ail ne lui ferait pas de mal."

– Ces dîners sont devenus des événements annuels, a poursuivi Jean-Marie, et Mme Blanc servait toujours la même chose et Papa se plaignait toujours qu'il n'y avait pas assez d'ail... »

Lucien l'a interrompu : «C'est vrai. Elle était bien gentille. Dieu garde son âme! Et c'était une bonne cuisinière, mais elle n'a jamais rien compris à *l'aïoli!*

– Alors, Papa et Gigi sont arrivés une nouvelle fois et la grande soupière *d'aïoli* était au beau milieu de la table. Gigi a pris une bouchée et a manqué s'étouffer, mais il l'a avalée jusqu'au bout pour ne pas paraître mal élevé. La vieille Mme Blanc s'est tournée vers lui avec une infinie douceur : "Trouvez-vous qu'il y a suffisamment d'ail dans mon aïoli?"»

Jean-Marie s'est pris la gorge entre les mains, imitant Lucien à court de respiration : « "Oui, madame, ça c'est un vrai aïoli!" Mme Blanc a déclaré non sans quelque fierté qu'elle avait seulement utilisé une tête d'ail par personne. Après ça, Gigi n'a pas mangé d'ail pendant dix ans et Papa a été malade durant plusieurs jours.

– Oh, Jean-Marie, tu exagères tout le temps!»

Tout le monde autour de la table se tordait de rire, sauf Jean-Marie, ouvertement offensé par le démenti de Lucien : «D'accord, Papa, mais alors dis-nous ce qui est réellement arrivé.

– Té, mon petit, pourquoi te faut-il tout exagérer? Gigi s'est remis à *l'aïoli* au bout d'un an ou deux!

– Ben, tu vois, c'est du pareil au même!» Et Jean-Marie a retourné son attention sur une nouvelle platée de ragoût de poulpe et une autre louche de *l'aïoli* en voie d'épuisement.

Nous disons «vin du Rhône», mais le terme est imprécis parce que cela peut être du rouge, du blanc ou du rosé, du sec ou du doux, tranquille ou mousseux. Il peut provenir d'un seul cépage ou d'un mélange de plusieurs. Il peut figurer parmi les vins de France les plus nobles qui se comptent sur les doigts ou il peut n'être qu'un simple vin trouvant sa place en carafon à côté d'un steak minute garni de frites.

Les vins du Rhône sont parfois goûtés, jugés et notés à l'aveugle, comme on dit, lors de dégustations comprenant des crus aussi différents que Gigondas, Saint-Joseph, Hermitage, Châteauneuf-du-Pape et Côtes du Rhône. Semblable réunion a pour seul point commun que les raisins dont ils sont issus se récoltent plus ou moins près du Rhône. Il y a une différence aussi grande entre un Gigondas et un Saint-Joseph qu'entre ce même Saint-Joseph et un Beaujolais. Pourtant, les dégustateurs «aveugles» ne mettraient jamais ces deux crus en compétition. Placer côte à côte un Gigondas et un Saint-Joseph dans une dégustation de vins du Rhône est révélateur d'une fâcheuse confusion parce que chacun s'exprime dans son propre langage. Cette situation ressemble à la tour de Babel où l'on ne peut comprendre qui que ce soit. Le gagnant est habituellement le vin le plus puissant, celui qui a la plus grosse voix et l'on termine sans avoir rien compris.

Il n'est pas compliqué de mettre les vins du Rhône au clair, et plusieurs livres expliquent les diverses appellations. Le premier pas est de distinguer le Nord du Sud. Cette division est à la fois pratique et naturelle. Les deux régions sont à environ une heure de route l'une de l'autre. Il y a entre elles de profondes différences au point de vue des paysages, des sols, du climat et de l'encépagement (malgré certains chevauchements, comme nous le verrons plus loin) qui se retrouvent dans le goût des vins eux-mêmes.

Au sud de Lyon, à quelques centaines de mètres après la vieille cité romaine de Vienne, les vignobles du Rhône débutent sur un grand pied avec la Côte Rôtie qui mérite bien son nom. Pour ce qui est des grandes *appellations* du Nord, il convient de garder en esprit deux facteurs majeurs : la syrah qui est le seul cépage rouge autorisé, et la raideur des pentes où les vignes sont plantées, sur des terrasses impressionnantes qui s'élèvent au-dessus de l'étroite vallée. Dans le Rhône du Sud, on ne voit pas ces stupéfiantes sculptures à flanc de montagne. Pour les vins rouges du Sud, le cépage principal est le *grenache*, qui est le plus souvent mélangé avec d'autres variétés, tandis que les terrains sont relativement plats.

Le Rhône du Nord consiste en une longue, étroite et chiche bande de vignobles qui longe le fleuve entre Vienne et Valence et qui est la source de crus aussi exaltants que Côte Rôtie, Hermitage, Saint-Joseph et Cornas. J'hésite à y inclure Crozes-Hermitage parce que le comité ayant délimité cette appellation contrôlée a permis au commerce d'être son guide et la plupart des vins de Crozes sont aujourd'hui produits sur des sols plats et sablonneux. Il est difficile de trouver un Crozes qui soit extraordinaire et l'on peut trouver à redire que les viticulteurs aient le droit d'utiliser le nom d'Hermitage.

Le Rhône du Sud contraste avec celui du Nord. C'est une vaste région productive qui s'étend plus ou moins en demi-cercle et où l'on trouve les vignobles de Châteauneuf-du-Pape, Gigondas, Tavel, Cairanne, Rasteau et d'innombrables autres. La plus importante ville est Avignon, mais celle qui compte davantage pour l'amateur de vins est Châteauneuf-du-Pape.

En termes de renommée et de prestige mondiaux, Châteauneuf-du-Pape est la plus grande *appellation* de la France méridionale, ce qui ne veut pas dire qu'elle soit toujours à l'origine des meilleurs vins. Un impeccable Côtes du Rhône pourra satisfaire davantage qu'un Châteauneuf-du-Pape mal vinifié. Il faut se souvenir que le système des *appellations d'origine contrôlée* n'est pas un classement ni une appréciation du vin en bouteille, mais une définition des terrains, des sols, des cépages... bref, de la matière première !

Depuis des années, les écrivains du vin n'ont pas résisté à la tentation de classifier les principaux domaines de Châteauneuf-du-Pape, dans le goût du classement de 1855 pour les grands crus de Bordeaux. Une telle entreprise peut sembler simplifier la vie du consommateur en l'aidant à choisir ses achats, toutefois, c'est un travail dangereux. En 1832 l'auteur français Jullien a placé La Nerthe en tête des Châteauneuf-du-Pape. Plus récemment, l'Américain Robert Parker a sorti la Nerthe de la première catégorie et a qualifié le Vieux Télégraphe, Beaucastel et Fortia comme *grands crus classés*. Le vignoble du Vieux Télégraphe est planté sur un site très privilégié. Grâce à sa situation, sa vinification et sa consistance, c'est l'un des deux ou trois meilleurs *domaines* actuels de Châteauneuf-du-Pape. Mais qu'est-ce qui empêcherait le Vieux Télégraphe d'acheter un autre vignoble dans un endroit de *l'appellation* moins privilégié afin de faire pisser davantage de vin et de tirer parti des possibilités commerciales entraînées par son nouveau statut de *grand cru* ?

Classer un domaine ou un château plutôt que le sol ou le terrain est une façon de passer à côté de l'essentiel. Donner une hiérarchie aux vignobles spécifiques de Châteauneuf-du-Pape est une bonne idée, même tardive, car il s'avère que l'aire d'appellation est grandissime (plus de trois mille cinq cents hectares) et comprend des terroirs plus ou moins nobles. Les *domaines* ayant des pièces de vignes en divers endroits de *l'appellation*, ce qui est souvent le cas, devraient vinifier leur *grand cru* à part pour pouvoir le mentionner sur leur étiquette. On peut trouver un exemple typique d'un tel système en Bourgogne : le vignoble de la Romanée-Conti est un *grand cru* mais l'ensemble du *domaine* de la Romanée-Conti ne l'est pas. Le serait-elle, les propriétaires pourraient mettre en bouteille un Bourgogne rouge ordinaire et l'appeler *grand cru*.

Au Vieux Télégraphe, Henri Brunier est d'accord pour admettre que la situation du vignoble est d'une importance capitale. L'origine de la qualité, chez lui, est son terroir pierreux sur la côte la plus élevée de l'appellation Châteauneuf-du-Pape. C'est à cause de l'altitude qu'une tour de télégraphe a été construite au XVIIIe siècle, pour servir de relais aux communications entre Paris et Marseille. Cette tour de pierre en ruine a donné son nom au cru dont elle illustre l'étiquette. A première vue, il n'y a pas de terre et l'on pourrait croire le sol stérile si des vignes bien vivantes ne sortaient pas de l'épaisse couche de cailloux ovales et lisses. Quand on se promène dans les vignobles de Côte Rôtie, on éprouve de la difficulté à escalader des pentes aussi escarpées. Chez Brunier, il est même pénible de marcher à cause des pierres qui glissent et dégoulinent sous les pieds. C'est un paysage irréel qui s'imprime dans la mémoire au même titre que la côte volcanique de Kona en Hawaii ou la surface de la Lune. Il n'est aucunement protégé contre les phénomènes météorologiques. Je m'y suis trouvé en été, quand les pierres sont trop chaudes pour qu'on puisse les toucher. Le mistral souffle ici avec plus de violence que partout ailleurs. Il peut vous faire tomber par terre et, par temps froid, il vous transperce de part en part. Alors vous êtes incapable de bouger les doigts, vous claquez des dents et vos nez et oreilles deviennent tout rouges. Vous vous trouvez bien heureux d'être un importateur qui peut s'approcher de la cheminée avec un verre de Vieux Télégraphe et non le pauvre vigneron qui reste dehors pour tailler la vigne.

Un visiteur californien a peut-être révélé la différence des mentalités entre Français et Américains lorsqu'il a posé la question : « Pourquoi a-t-on apporté toutes ces pierres dans ce vignoble ? » Les vignerons français ont cultivé ce terrain, ridiculement rocheux, et pratiquement impossible, parce qu'il donnait au vin un caractère particulier. En revanche, un Américain typique planterait au fond d'une vallée et utiliserait tous les moyens du génie rural pour y étendre une couche de pierres.

Celles-ci ressemblent à des galets de rivière et elles ont été formées par le même processus géologique. Ce sont des dépôts glaciaires, éclatés et façonnés par le poids et le broyage du glacier en mouvement, pour être ensuite arrondis et polis par les torrents de glace fondue.

On peut percevoir dans le goût du vin l'influence de ces galets. Les dégustateurs experts de la région reconnaissent un Vieux Télégraphe à son type *pierre à fusil*. Un grand Châteauneuf-du-Pape se goûte un peu comme s'il avait été filtré à travers les galets et, de fait, l'eau de pluie s'infiltre dans l'épaisse couche de pierres avant de pénétrer dans le sous-sol nourricier. De plus, ces cailloux sont responsables de la puissance et de la générosité caractéristiques du Vieux Télégraphe parce qu'ils reflètent et accumulent la chaleur qui est restituée aux raisins pendant la nuit, provoquant ainsi sa maturation continue. Brunier est en train d'envisager la possibilité d'adjoindre à sa propriété des terres plus sablonneuses car il se demande si son vin n'est pas trop riche en alcool dans les années chaudes, manquant peut-être alors d'une certaine finesse qu'une proportion de raisins moins mûrs compenserait. Mais les Américains qui achètent du Vieux Télégraphe ne sont pas tous de cet avis. Les millésimes les plus chauds, qui produisent donc les vins les plus forts, le 1983 par exemple, sont l'objet de véritables ruées de la part des acheteurs. Le 1984 est un millésime plus élégant sans être pour autant un vin léger et Brunier le préfère à son massif 1983, mais il part plus lentement des casiers.

Avec Henri Brunier, on se sent tout de suite à l'aise. Il incarne les qualités provençales de chaleur, de gentillesse et de simplicité. Ses traits burinés et son teint coloré, cuit au soleil, témoignent des années qu'il a passées au grand air dans ses vignes. Son aspect physique correspond bien à l'idée que je me fais d'un vigneron produisant un vin aussi robuste que le Vieux Télégraphe.

145

Quand il vous fait visiter son nouveau cuvier, dont il n'est pas peu fier, et qui a été achevé en 1979, il se place légèrement en retrait, les poings sur les hanches, pour regarder vers le haut comme des tours ses cuves en inox, à la manière d'un sculpteur contemplant une grande œuvre nouvelle. « Et voilà ! » dit-il, comme s'il laissait à son installation le soin de parler pour elle-même. Sa réalisation lui inspire toujours un respect mêlé de crainte. Jalousé par beaucoup de ses voisins parce qu'il est extrêmement rationnel et fonctionnel, le nouveau cuvier de Brunier lui permet de contrôler ses vinifications de façon peu courante, quels que soient les caprices du millésime. Chaque récolte signifie des problèmes différents ; la plupart des viticulteurs sont néanmoins prédéterminés vers tel ou tel type de vinification en fonction du matériel qu'ils ont sous la main. Il pourra rester essentiellement le même, que les raisins soient flétris ou à peaux épaisses, bien sucrés ou gorgés d'eau à cause d'averses inattendues. La cave de Brunier est construite à flanc de côte près de sa maison. Le raisin arrive par-derrière et pénètre sur des tapis roulants, ce qui constitue une réception plutôt sympathique. Ils peuvent être partiellement ou totalement égrappés, ou pas du tout. Ils peuvent être partiellement ou totalement foulés, ou laissés intacts. Henri a toute liberté de décision selon l'état de chaque apport quand il arrive. Un ingénieux système de bacs amovibles permet aux raisins de tomber ensuite dans la cuve qu'il a choisie, sans avoir souffert du *stress* d'un pompage mécanique. Une fois que le moût est dans la cuve de fermentation Henri peut contrôler sa température, chose extrêmement importante au sud de la France, où il fait souvent une chaleur cruelle pendant les vendanges. En 1985 par exemple, plusieurs propriétaires ont vu leurs vins se cuire dès le départ parce que les températures ont monté en flèche lors de fermentations inhabituellement fougueuses. Le résultat de tout cela est un vin qui manque de fraîcheur et de fruit et qui est dénaturé par une acidité volatile excessive. Au Vieux Télégraphe, Brunier maintenait la température de ses cuvaisons à environ 30 ºC au maximum et son vin prodigue aujourd'hui un fruit d'une maturité superbe, sans trace de volatilité.

On pourrait croire que Brunier, diminué en mérite par son équipement coûteux, rutilant et hautement technologique, a laissé tomber le style traditionnel et goûteux qui a fait sa réputation... jusqu'à ce qu'il explique que le vin ne séjourne là que durant les douze ou quinze premiers jours de son existence, c'est-à-dire les plus tumultueux. On est tenté de comparer cet endroit à une salle d'accouchement, car le vin naît au cours de cette fermentation initiale pendant laquelle il pourra contracter tel vice ou telle vertu qui marquera sa personnalité *ad vitam aeternam*.

La seconde fermentation, dite malolactique, se passe en cuves verrées et sous des conditions d'hygiène des plus rigoureuses. De cette façon, Brunier obtient un vin propre et sain qui est soutiré dans ses énormes *foudres* de chêne – les traditionnels vaisseaux vinaires du Rhône pour le vieillissement – où il se développera lentement pendant six à dix-huit mois.

Quand je viens à l'automne, après la première fermentation du dernier millésime, nous commençons notre travail en goûtant le vin nouveau tiré directement des cuves verrées. Il y a plusieurs *cuvées* à déguster. *L'assemblage* final interviendra quand le vin aura été logé dans les *foudres* en bois.

Nous commençons d'habitude par une *cuvée* cent pour cent grenache. L'arôme rappelle les fruits à noyau comme la cerise, la prune et l'abricot.

Certaines années somptueuses prennent un goût de mûre. Bien typique est l'extravagance de la teneur en alcool, qui peut parfois atteindre 15 à 16 degrés, ainsi que le manque d'acidité. Le vin en met plein la bouche mais il n'a pas de « corps central ».

L'échantillon suivant provient d'une *cuvée* ayant une forte proportion de syrah. Nous échangeons des arguments parce que j'arrive souvent avec l'arrière-goût encore persistant dans ma mémoire des syrahs nobles du Rhône du Nord. Tandis qu'au Sud, la syrah s'exprime en termes plus vulgaires. Elle a l'air davantage poivrée et terreuse. Les Brunier, eux, trouvent des violettes et de la framboise dans sa chair et son arrière-goût.

Le mourvèdre domine la *cuvée* qui suit, avec ses arômes plus *sauvages* (comme disent les Français) et plus végétaux, dans le style « herbes des *garrigues* ».

Les Brunier font grand cas du mourvèdre à cause de sa structure et sa nervosité comme de sa résistance à l'oxydation, à la différence du grenache. Mais il a aussi un fruité sapide et délicieux qui rappelle la cerise mûre cueillie sur l'arbre et qui a une curieuse expression un peu mystique, venant d'une nature plus sombre et mystérieuse que celle du grenache pur. Le mourvèdre donne une impression à la fois plus maigre et plus intense. En fait, il ne mûrit que jusqu'à 12,5 ou 13 degrés d'alcool.

Brunier a encore un peu de cinsault dans son vignoble, mais il est peu utilisé dans *l'assemblage* final de ce qui sera vendu en tant que Vieux Télégraphe. La majeure partie est mélangée à de la syrah pour faire le vin ordinaire de la famille. Un cinsault pur passe sur les papilles sans s'y arrêter, presque comme de l'eau.

En année normale, le Vieux Télégraphe est à soixante-quinze pour cent grenache, quinze pour cent syrah et dix pour cent mourvèdre. Environ 2,5 hectares supplémentaires de mourvèdre ont été plantés récemment. Dès que les vignes seront assez âgées, cela va modifier la proportion de mourvèdre dans *l'assemblage* final de manière tout à fait significative.

Nous nous rendons maintenant dans la vieille cave pour y déguster le vin du millésime précédent. Les murs sont humides et suintants. De grands *foudres* sont alignés. Selon l'abondance de la récolte, douze à vingt d'entre eux sont remplis de vin. Chaque *foudre* est d'un volume différent mais, chez Brunier, la moyenne de contenance équivaut à sept mille bouteilles environ.

Daniel, le fils d'Henri, s'occupe de tirer les échantillons. Il a la présence robuste et assurée de son père. Il va sur ses trente ans. Ce garçon bien bâti aux cheveux frisés a la mâchoire carrée. Son air espiègle devient de plus en plus évident au fur et à mesure qu'il essaie de le dissimuler davantage. « Lequel voulez-vous goûter ? » demande-t-il en montrant les *foudres* négligemment.

Je réponds : « Eh bien ! tous. »

Il grimace : « Ils sont tous pareils !

– Dégustons-les pour voir. »

Théoriquement, chaque *foudre* contient le même vin car l'assemblage final a été fait au moment où ils ont été remplis. Mais tel *foudre* peut avoir par lui-même une influence, subtile ou profonde, sur le vin qui vieillit. C'est pourquoi j'aime les goûter tous pour choisir ceux qui seront mis en bouteilles et expédiés à mon intention.

Daniel attrape l'échelle en bois et la cale sans ménagement contre un *foudre*. Il la brutalise une ou deux fois pour s'assurer de sa stabilité et grimpe jusqu'en haut pour marcher à croupetons entre le *foudre* et le plafond.

Nous goûtons tous : Henri, Daniel, son frère Frédéric et moi, mais ils ne m'apportent pas une grande contribution pour dégager une opinion. Je préférerais le contraire parce qu'ils connaissent leur vin bien mieux que moi. D'un autre côté, ils apprécient *tous* leurs rejetons. Est-ce qu'on entend souvent un père dire : « Cet enfant-là, je ne l'aime pas » ? Et peut-être aiment-ils rester en retrait et entendre mes propres jugements.

Chaque échantillon oblige Daniel à monter et descendre tant bien que mal sur l'échelle en se tenant d'une main car il tient dans l'autre le « voleur » en verre avec lequel il prélève le vin depuis le haut du *foudre*. A la cinquième ou sixième grimpette, il commence à faire celui qui en a plein le cul, mais c'est toujours le même cinéma d'une année à l'autre. C'est une attitude plaisante pour taquiner son père et son frère.

Henri dit : « *C'est bon, ça* » à propos d'une *cuvée*. Et, pour une autre : « Celui-là a du bouquet. » Si je déclare que tel *foudre* me semble le plus complet, il ajoute : « C'est vrai qu'il fait du bon vin, mais c'est vraiment curieux parce qu'au début ils étaient tous pareils. » On dirait que, chaque année, il découvre que chaque *foudre* peut avoir une évolution différente.

Comme d'habitude, j'ai griffonné quelques notes à propos de chaque *foudre* quand nous avons passé en revue les 1984, pour me souvenir des différences entre la quinzaine de vins dégustés.

1 Epicé, un peu dur.

2 Manque de nerf.

3 Fermé. Très bonne bouche. Finit sec.

4 Le nez manque de charme.

5 Epices et poivre noir. Mûr, pierreux, long.

6 Le plus complet jusqu'ici. Epicé, vibrant, profond, long.

7 Fermé. Plutôt rond mais finale brutale.

8 Encore beaucoup de CO_2. Difficile à juger aujourd'hui.

9 Grenat profond. Nez classique du VT. Puissant, tannique, long.

10 Court.

11 Bien équilibré. Manque un peu d'expression.

12 Un peu goudronneux. Manque de finesse.

13 Jolie couleur. De la finesse. Bien typé. Finit un peu court.

Et ainsi de suite. A la fin, Daniel marque à la craie les *foudres* 5, 6 et 9 aux initiales K.L. On ne peut pas dire que j'ai forcément retenu le meilleur. Si, par exemple, je revenais trois mois plus tard, je pourrais inclure dans ma sélection le *foudre* n° 8 qui était si difficile à apprécier. Ou bien tel ou tel autre aurait développé des qualités inattendues, ce qui peut souvent arriver. En définitive, ce serait étonnant de trouver deux dégustateurs se mettant d'accord sur un même classement de tant de vins similaires. Cependant, j'obtiens ce qui me semble préférable, et cette démarche ajoute une implication personnelle à mon travail.

Quand je leur ai répété de mettre mes vins en bouteilles sans filtration, nous avons aussitôt entamé notre discussion annuelle sur son opportunité. A partir du millésime 1982, ils ont commencé à ne plus filtrer mes sélections, à l'encontre du reste de leur production. Nous débattons depuis longtemps sur ce sujet. Daniel résume leur position quand il dit: «Il y a filtration et filtration. Et puis il y a le système que nous utilisons. Il ne change absolument pas le vin.

– S'il ne change pas le vin, pourquoi le faire?

– Uniquement pour extraire le principal du dépôt.

– Ah bon! Tu as un filtre qui pense à ce qu'il fait, qui choisit les matières en suspension dans ton vin et qui peut décider des particules à enlever? C'est vraiment un truc super!»

C'est alors qu'ils m'étonnent en sortant deux bouteilles de 1983. «Un est filtré, l'autre ne l'est pas», dit Frédéric, ce Brunier tranquille dont le ton en dit plus long que son discours.

Il y a des années que j'attends une comparaison de ce genre. Très exactement cela. Aussi curieux que cela paraisse, c'est bien la première fois que l'on me présente deux verres du même vin dont l'un est filtré et l'autre pas.

Jusqu'à ce moment, les leçons que j'ai voulu donner aux vignerons français n'ont été que théoriques. Pourtant, on aurait tendance à croire que tous les viticulteurs feraient ce genre d'échantillonnage afin de se donner à l'œil, au nez et au palais un telle expérience directe.

Toute la famille s'est réunie pour cette comparaison à l'aveugle. Maggie Brunier a même laissé sur le feu son *pot-au-feu* pour nous rejoindre. Dégustation dans le silence. Vote à bulletins secrets.

«Le scrutin est unanime, annonce Daniel en prenant un air théâtral, le vin non filtré a gagné!»

Quelle victoire! Mais ce n'était pas si étonnant après tout, car la différence entre les deux bouteilles était frappante. Le vin filtré était limpide et d'une simple couleur rubis que l'œil pouvait trouver insuffisante. Le vin non filtré avait une teinte plus profonde qui chatoyait entre le grenat et le noir.

Le vin filtré était aussi propre d'odeur que d'aspect, mais le peu de nez qu'il possédait me semblait superficiel par rapport au vin non filtré et donnait l'impression d'être fatigué, ce qui n'est pas illogique car la filtration implique le pompage pour pousser le vin à travers une épaisse série de plaques en fibre de carton. Moins le vin est travaillé, plus il garde sa vitalité. Le vin non filtré avait un arôme profond et plein de santé, voire, si l'on peut dire, de *texture;* il apparaissait dense et chargé de nuances d'épices et de fruits. Il sentait tout aussi bon que du vin tout frais tiré du *foudre.*

Egalement au palais, la bouteille filtrée manquait de texture. On y trouvait du corps mais les papilles n'étaient pas couvertes de saveurs comme avec le vin non filtré qui avait de la mâche et de la substance.

En finale, la différence était radicale. Le vin filtré se terminait brutalement et sèchement. Pour le non filtré, les parfums typiques du Vieux Télégraphe avaient un superbe retour.

Les Brunier conservent un stock de chaque mise afin de comparer leurs évolutions dans le temps.

La différence entre les deux a été mise en relief par cette comparaison face à face. Le vin filtré est loin d'être mauvais. Les Brunier sont des gens consciencieux qui ont du savoir-faire ; ils ne pratiquent pas de filtrations trop sévères ni stérilisantes. Toujours est-il que, côte à côte, le filtré semblait purement et simplement convenable, le non filtré avait l'air magnifique. Il y avait davantage de vin dans le vin !

« Mais regarde-moi ça, dit Henri en tenant devant la lampe une bouteille de vin filtré non ouverte, ce que je n'aime pas est cette *petite tache*. »

Il y avait bel et bien une *petite tache*, ou traînée de dépôt, le long de la bouteille en position couchée. Bien que la mise fût toute récente.

« Quel mal y a-t-il à ça, Henri ?

– C'est embêtant.

– Ce n'est rien. Moi, j'aime. Cela prouve que tu respectes trop ton vin pour lui faire subir une filtration.

– Les clients n'aiment pas ça.

– Minute, je suis ton client et j'aime ça. A cause de quelqu'un qui ne comprend rien au vin fin, tu vas troquer la couleur, l'arôme et le goût contre une apparence sans tache ?

– Qu'est ce qu'on peut y faire ? Des bouteilles comme celle-ci me sont retournées. Ils pensent que le vin n'est pas propre », dit-il en haussant les épaules avec résignation.

Mais j'ai insisté : « Ne vends pas à des clients comme ça ». Je voyais bien que même après ma victoire à bulletins secrets, la bataille n'était pas encore gagnée. « A peu près tous mes vins rouges me parviennent aujourd'hui avec cette *petite tache*. Les gens qui aiment réellement le bon vin préfèrent l'avoir dans toute son intégrité, même si cela doit signifier la présence d'un léger dépôt qui, de toute façon, tombe au fond sans nuire à qui que ce soit. Tu verras, Henri. Bientôt, ce sera une référence, la marque d'un vigneron sérieux, de mettre en bouteilles sans avoir filtré. Les clients réclameront un vin non filtré. »

Daniel est intervenu : « On pourrait aussi déboucher nos bouteilles et y ajouter un peu de dépôt pour qu'ils soient contents ! »

C'est un soulagement de pouvoir terminer par un rire ce qui est en réalité une discussion d'importance passionnelle pour chacun de nous.

On ne doit pas croire que le problème de la filtration soit facile à résoudre. Ce n'est pas aussi simple que dire : « Je vais ou ne vais pas filtrer. » La première question concerne l'exigence du marché. Si un viticulteur choisit de ne pas filtrer, il limite sa clientèle à une minorité d'acheteurs grands connaisseurs et soucieux de la meilleure qualité, qui accepteront de voir une petite saleté au fond de la bouteille. Pour des producteurs « superstars » comme Brunier, le problème n'est pas aussi important qu'il veut bien le laisser croire, parce qu'il n'a jamais assez de Vieux Télégraphe pour satisfaire la demande. Il est certainement arrivé au point où il peut choisir ses clients et mettre en bouteilles le vin le meilleur et le plus naturel possible. Bref, il vaut mieux filtrer les clients que le vin.

Mais une autre question est de savoir comment mettre un vin en bouteilles sans l'avoir filtré. On ne peut pas s'en tirer juste comme ça, en ne faisant rien d'autre que d'oublier de filtrer. Avant tout, il s'agit de clarifier par des méthodes naturelles : collage, soutirage et attente pour permettre aux matières indésirables de se déposer au fond du tonneau afin de « soutirer au fin un vin clair, loyal et marchand », selon l'expression consacrée par un long usage. Les Anciens savaient comment faire ; forcément, puisqu'ils ne connaissaient pas les filtres. Mais de nos jours, nous sommes dans un monde de vitesse. *Time is money*. Le collage et le soutirage exigent davantage de patience, de temps et de soins que le court massacre d'un vin au travers d'un filtre à plaques.

De plus, les propriétaires français paient des impôts sur leurs stocks. C'est ainsi qu'on explique l'actuelle rareté de vieilles bouteilles et la précipitation à faire les mises et vendre aussi vite que possible. Autrefois, le Châteauneuf-du-Pape passait trois ou quatre ans en *foudres*. Aujourd'hui, certains viticulteurs font leur mise avant un an. Personne n'aime les impôts et les Français moins que personne.

Avant le millésime 1979, le Vieux Télégraphe n'a jamais été filtré. On pourrait affirmer que sa réputation s'est faite sur ses vins non filtrés mais, au vrai, très peu de Vieux Télégraphe était mis en bouteilles au *domaine* avant 1978. La majeure part était vendue en vrac aux *négociants*.

D'après Henri, les origines du *domaine* remontent à la charnière du siècle. «Mon grand-père, Hippolyte Brunier, était un paysan. Je veux dire qu'il vivait de sa terre. Il faisait venir des melons, des laitues, des amandes, des abricots, du blé, et il avait un hectare de vignes au cœur de ce plateau, qui était connu sous le nom de Royaume des Craux. C'est un plateau aride et couvert de cailloux qui tolère très peu de végétation.

«Mon grand-père mettait un peu de son vin en bouteilles et il voyait que celui-ci plaisait aux clients. C'est pourquoi, avec mon oncle, il a acheté vingt hectares de plus : vingt hectares de *garrigue*, de broussailles et de bois. Après la Première Guerre, ils ont commencé à les convertir en vignes. Mon grand-père travaillait la terre, mon oncle s'occupait des affaires, et c'est mon père qui a construit de ses mains le premier chai.»

Henri a commencé de travailler avec eux en 1940, à l'âge de dix-sept ans. Pendant la Seconde Guerre mondiale, ils ont acquis quelques hectares supplémentaires : «En ce temps-là, il n'y avait aucun marché pour le vin. Certains nous ont simplement cédé leur terre. On considérait qu'elle n'avait aucune valeur parce qu'elle était couverte de broussailles. La défricher à la main... C'est alors que vous autres Américains avez débarqué en nous faisant connaître le bulldozer.» Henri part d'un petit rire qui en dit long : «Et après la guerre, les gens se sont remis à vouloir du vin.»

Il poursuit avec fierté : «Quand je vendais mon vin aux *négociants*, ils me donnaient toujours le prix le plus élevé. On appelait notre vin

vin médecin parce que les *négociants* s'en servaient pour soigner les faiblesses de leurs *cuvées* les moins réussies. »

Henri Brunier est un homme fier mais il n'y a pas chez lui la moindre trace d'orgueil ni de suffisance. Un tel homme, qui trouve une juste satisfaction dans ce qu'il accomplit, est très rare et c'est un plaisir de voir ça. Chez tant de gens qui ont réussi, on a l'impression qu'ils ne seront jamais assouvis parce qu'ils ne prennent jamais le temps de célébrer leurs succès. Par-dessus tout, la première fierté d'Henri est sa famille : ils sont unis entre eux et pourtant tout à fait individuels et indépendants. Il est aimé de tous. Tandis qu'il embrasse du regard le grand plateau du Royaume des Craux en pleine production, on voit bien ce qui fait son honneur. Il est arrivé à introduire la technologie moderne dans ses chais sans compromettre pour autant le caractère robuste et traditionnel de son vin. Il a conduit la commercialisation pour délaisser les ventes en vrac au profit des mises du domaine, avec des étiquettes où son nom figure. On comprend alors tout de lui quand il dit : « C'est un vin qui plaît. »

*

Gloire et valeur ! Avec ces mots gravés sur sa couronne, Châteauneuf-du-Pape règne sur le trône de l'aristocratie du vin dans le Rhône sud. Quant à la qualité ? Oui, on peut s'incliner et faire des courbettes, mais pas devant tous les prétendants au trône. A Châteauneuf-du-Pape, on rencontre le buvable et l'imbuvable, le véritable vin de majesté comme le jus de navet orangé, fatigué et dopé d'alcool. C'est un événement d'en boire un grand.

Il existe à la fois une hiérarchie officielle et officieuse au sein des *appellations* du Rhône sud. Officiellement, Châteauneuf-du-Pape n'a pas un classement supérieur à Lirac, Tavel ou Gigondas. Toutes les quatre ont droit à leur propre et seule appellation.

Bien qu'elle ait de la bouteille, la hiérarchie officielle qui délimite les *appellations* n'est pas gravée dans la pierre ; elle est toujours mouvante, surchargée de complications et source de confusions. Dans sa forme actuelle, elle existe davantage pour calmer les instincts ambitieux et commerciaux des milliers de producteurs du pays que pour servir de guide ou de garantie de qualité au consommateur.

Après Châteauneuf-du-Pape, Lirac, Tavel et Gigondas, il y a des villages (vingt-sept en 1985) qui ont le droit d'inscrire leur nom sur les étiquettes, tant qu'il reste attaché à la désignation «Côtes du Rhône Villages»: Rasteau, Côtes du Rhône Villages, par exemple.

On trouve ensuite les quarante-sept communes (référence 1985) qui peuvent également appeler leur vin «Côtes du Rhône Villages» mais qui n'ont pas droit à une plus grande précision d'origine.

Il doit y avoir un meilleur système que ça!

Le vin qui est produit par la plus grande superficie (soit 1,4 million d'hectos en 1983) est vaguement étiqueté «Côtes du Rhône». Il apparaît sans le moindre doute que la logique de ce système est: la qualité inférieure doit être promue. En fait, on peut trouver des Tavel imbuvables et des Côtes du Rhône pleins de verve. Et, en réalité, la précision d'une étiquette signifie seulement que les contrôles officiels sur la production, l'encépagement et la teneur en alcool sont plus stricts. On a pourtant bien l'impression d'un total contrôle de qualité et c'est elle qui rassure le consommateur.

Et dans le même temps, il existe un humble *vin de pays* (un contestataire, un marginal, parce que ses vignes se situent juste à côté de l'aire officielle des Côtes du Rhône) capable de damer le pion à maints de ses voisins dûment titrés de noblesse. Je pense au Domaine de la Gautière, près de Buis-les-Baronnies, dont Paul et Georgette Tardieu sont les propriétaires. Il vaut la peine d'être vu et attend tous les visiteurs qui voudront y aller.

C'est surtout Paul qui aime accueillir les Américains. Il m'a consenti un rabais parce que je suis Américain. Il se rappelle la guerre. Sa propriété est seulement à une soixantaine de kilomètres au nord-est de Châteauneuf-du-Pape, en direction des Alpes, mais il faut pas mal de temps pour s'y rendre car le pays traversé semble à la fois interminable et d'une époque indéterminable. Sur votre route, plusieurs villages vous donnent envie de flâner.

La ville d'Orange, par exemple, possède un théâtre romain à l'aspect mastoc, un arc de triomphe bien conservé (comme on dit quand il n'y a pas mieux à dire) et, sur un plan plus éphémère, un maître fromager, M. Alain Parant, dont la boutique ordonnée mais débordante se trouve sur la place de la République, à deux pas des troupeaux de touristes qui se pressent autour du théâtre. Parant tient un assortiment fabuleux des tout meilleurs fromages en provenance de la France entière. Demandez-lui ce que vous voulez ou bien demandez-lui conseil. Il en sait plus sur les fromages que dix millions de Français tous ensemble et il est heureux de partager son enthousiasme et ses trésors. Mais Orange fut une importante cité romaine. La plupart des vestiges ont été détruits ou recouverts par des habitats postérieurs. La dernière fois que j'ai voulu garer ma voiture sur le parking municipal, celui-ci était entouré de barrières à cause de nouvelles fouilles. D'après ce que j'ai pu comprendre, des thermes très sophistiqués ont été découverts à un jet de pierre du théâtre et à quelque six mètres sous le revêtement du parking. Cela nous conduit à nous interroger sur ce qu'il peut y avoir d'autre sous nos pieds. A chaque pas que vous faites au centre d'Orange, vous vous trouvez à proximité d'une autre civilisation !

Aux alentours, chaque village vous propose une distraction merveilleuse. Roulez vers l'est, à Sarrians : Marius Dumas (quel nom magnifique, avec sa double connotation de Pagnol et de Monte Cristo !) fait encore cuire le pain dans un four à bois. Ça vaut le coup de faire un petit détour pour connaître le goût du vrai pain français et vous pourriez avoir besoin d'une bonne miche pour aller avec vos fromages. Quant au rince-bouche, les vignes sont partout !

Le village de Beaumes-de-Venise a été construit sur plusieurs niveaux adossés à une colline où l'on voit aussi quelques oliveraies disséminées et des vignes. Les premières produisent une huile célèbre depuis les Romains, les secondes font un délicieux Muscat liquoreux, l'un des plus charmants vins de dessert en France. Dans un restaurant du cru, on m'a une fois servi un petit rafraîchissement entre le poisson et l'agneau : un granité fait avec du Muscat local, dans lequel on avait laissé macérer des brins de romarin. Ce n'était pas vraiment sucré, mais une sorte de glace pilée aux arômes ensorcelants, qui sentait comme toute la Provence en fleurs et laissait la bouche alerte et gaillarde pour le gigot bien clouté d'ail qui suivait.

Non loin d'un virage au nord se trouve le village de Vacqueyras. Un vrai village vigneron dont chaque maison semble abriter un chai. Il doit bien se trouver un vin intéressant à Vacqueyras, mais la recherche d'un bon vin repose souvent sur de la chance, question de vérifier si les tuyaux qu'on vous a donnés sont valables. Après plusieurs voyages en éclaireur à Vacqueyras, je n'ai toujours pas trouvé quelque chose digne d'être importé.

Les antiquités nous apprennent que les Romains – des types bien, ma foi – appréciaient à Gigondas le vin en bonnes quantités. On suppose que le nom vient de *Jocundatis*, qui signifie cité joyeuse et agréable. Bien que le village en son état actuel ne soit pas si vieux que ça, il est cependant relativement ancien. Avec ses toits de tuiles et ses maisons comme des cavernes, c'est un lieu tout à la fois idyllique, étonnamment paresseux et complètement retiré du monde. Quel bel endroit pour la retraite d'un marchand de vin, entouré de vignes, d'oliviers et d'arbres fruitiers, d'herbes sauvages, de la cité médiévale et fortifiée, en ruine sur le coteau, et seulement sept cent cinquante habitants pour partager tout ça avec vous !

Il n'y a pas de Gigondas blanc, mais on y fait du vin rosé, peut-être mieux indiqué pour affronter la chaleur embrasée de l'été. Cependant, l'hiver signifie un temps très froid, souvent conjugué avec un mistral hurlant. Les maisons ne sont guère chauffées autrement qu'au feu de bois, qui sert aussi pour la cuisine. Dans un tel décor, le costaud vin rouge du pays vient à point nommé. Un verre ou deux pour se réchauffer tandis que la marmite mijote et que nous tisonnons le feu... Un verre ou deux *pour* la marmite, ben voyons !... Tiens, s'il te plaît, passe-moi le tire-bouchon ; la bouteille est vide et le dîner est prêt.

J'ai importé plusieurs Gigondas depuis des années, mais je suis fidèle au père Faraud, dont la maison se situe à l'entrée du village. Il m'a fallu plusieurs visites et quelques pressions extérieures avant que Faraud ne consente à me vendre son vin. La première fois que j'ai abordé le sujet, il s'est mis à trembler et à frémir comme si je lui avais proposé de commettre un acte abominablement pervers. Exporter ? Envoyer son vin à plusieurs milliers de kilomètres de chez lui ? L'idée le terrorisait. Je suis revenu souvent le voir, achetant à chaque fois une caisse ou deux pour les mettre dans mon coffre de voiture comme si j'étais un client de détail. Il s'est peu à peu dégelé, mais mes tentatives pour acheter une quantité plus sérieuse ont trouvé comme seule réponse un sourire crispé et un signe négatif de la tête.

Une année, Aubert de Villaine, viticulteur en Bourgogne, m'a accompagné à Gigondas. Nous avons dégusté dans plusieurs caves avant de nous arrêter chez Faraud.

J'ai dit à Aubert : «C'est lui qu'il me faut, mais il a peur d'exporter.»

Aubert a répondu : «Il croit sans doute qu'il ne sera jamais payé.»

Nous nous tenions dans le minuscule vestibule qui sert de bureau à Faraud, dégustant avec sa femme et lui sa dernière mise dans des verres à eau. Mme Faraud a un visage aux traits aigus et fins qui font penser à un oiseau ; elle ne se maquille pas, elle a des cheveux gris et des yeux brillants et vigilants. Ses vêtements sont plutôt fanés, plusieurs fois reprisés. Elle a une sorte de beauté rurale d'un autre âge. Elle a seulement dit un ou deux mots, s'en allant de temps en temps pour préparer le déjeuner, qui sentait le navet et la carotte. Une fois de plus, j'ai baratiné Faraud pour lui faire mes propositions pendant que sa femme nous regardait d'un air méfiant.

Tournant le bouchon entre ses doigts pour le retirer du tire-bouchon, Faraud m'a dit : «Je n'exporte pas.»

Aubert est intervenu : «Moi, j'expédie mes vins à Kermit. Ce n'est pas du tout compliqué.»

De sa voix tremblante et vieillotte, Faraud a dit qu'il n'avait pas assez de vin.

J'ai répondu que je ne demandais pas des quantités importantes et qu'il n'avait qu'à me dire combien il pouvait me vendre.

Il a fait non de la tête.

Lorsque nous sommes partis avec une caisse de Gigondas Faraud dans le coffre de la voiture, Aubert m'a donné un conseil qui s'est révélé maintes fois judicieux dans mes négociations avec des petits producteurs du type Faraud : «Je vois où est le problème ; ce n'est pas une question de quantité. Tu t'adresses au mauvais interlocuteur. Dans ces vieilles familles – et cela se vérifie encore – c'est la femme qui tient les comptes. Tu n'as rien dit de plus à Mme Faraud que *bonjour*, mais c'est elle la clef. Parle-lui de son jardin. Mentionne les noms des autres producteurs du pays chez qui tu te fournis. »

Ça a marché. Maintenant, c'est Faraud qui me bassine pour que je lui achète davantage de vin.

Le Gigondas de Faraud est ultra-traditionnel. Visiter sa cave et voir son matériel de vinification, c'est visiter le XIXᵉ siècle. Une fois, je l'ai trouvé assis sur un tabouret de bois en train de mettre son vin en bouteilles à la main, bouteille après bouteille, les remplissant à partir d'un robinet de cuivre jaune fixé sur le *foudre* en chêne. Un *foudre* contient plusieurs milliers de bouteilles. Une fois la mise commencée, il faut la finir ou bien vous risquez l'oxydation du vin, et c'est un travail monotone. C'est pourquoi la quasi-totalité des viticulteurs mettent en service un groupe automatique de mise en bouteilles équipé d'une pompe électrique et n'ont plus qu'à appuyer sur le bouton. Toutefois, le vin n'aime pas du tout être ainsi bousculé. Après son passage dans le groupe d'embouteillage, il est très fatigué. La méthode Faraud est anachronique mais elle est plus aimable à l'égard du vin.

Sa production est en moyenne de 30 hectolitres à l'hectare, ce qui est environ la moitié d'un vignoble de Meursault en année moyenne. Mais c'est aussi ce qui explique la puissance, la sève et la concentration de son vin. C'est encore le pourquoi de sa vie spartiate. Une politique de petite production n'est pas la plus lucrative. Faraud se déplace sur un tracteur ; pas en Mercedes.

Certains trouvent la rusticité de son Gigondas repoussante. Il peut en effet paraître choquant à ceux qui sont habitués aux vins de surexploitation qui dominent le marché. Mais d'autres se délectent de sa force de caractère et de son authenticité. Quelques voisins de Faraud trouvent sa vinification démodée, mais son vin représente une réminiscence proustienne : «A la recherche du temps perdu». Si Faraud était du genre à formaliser sa philosophie par un discours, il pourrait dire : «Ça a marché comme ça pendant des siècles. Pourquoi changer?»

Le constraste entre Faraud et son proche voisin, André Roux, du Château du Trignon, ne pourrait pas être plus fort. Si Roux ne cherchait pas sans cesse à «mieux faire» – comme il dit – il chercherait un autre métier. C'est à peine si Faraud a remarqué l'arrivée du xxe siècle ; Roux essaiera quant à lui n'importe quoi sous prétexte de progrès. Son cuvier est équipé de cuves en ciment, il n'y a pas un seul *foudre* à voir. Il roule en BMW, pas en Mercedes.

Petit, trapu, approchant la soixantaine, André Roux est coiffé en brosse drue dans laquelle le poivre est en train de céder au sel. Avec ses grosses bajoues, ses lèvres épaisses et son tour de taille imposant, son aspect physique rappelle le saint-bernard, à moins que je ne sois trop influencé par le chien géant et plein de poils qui bloque sa porte d'entrée.

André est un penseur et de tous les plaisirs que le vin lui procure, c'est son intellectualisme qui le motive le plus. En conséquence, il produit des vins que je trouve fascinants.

Il est producteur en Gigondas, Rasteau, Sablet, Côtes du Rhône Villages et en Côtes du Rhône rouge et blanc. Il vinifie tout par la macération carbonique, une méthode qui évoque l'image des vins frais, gouleyants et sans importance comme les Beaujolais nouveaux. Plusieurs critiques disent grand mal de ce procédé selon lequel la fermentation alcoolique se passe à l'intérieur de chaque baie de raisin non foulé, dans des cuves fermées et sous protection d'une couche de gaz carbonique. Ces détracteurs qualifient les vins ainsi élaborés d'insipides et sans consistance... bref, ils considèrent que les vins ne sont pas assez *machos*. Et pourtant, quand on y verse le vin de Roux, le verre prend une couleur aussi vive que profonde. Le bouquet est vivant et complexe. La bouche s'emplit de saveurs qui ont de la tannicité. Afin de détruire une fois pour toutes les assertions disant que les vins de macération carbonique ne vieillissent pas bien, Roux s'en va chercher un Côtes du Rhône villages vinifié en 1966. Ce n'est pas un exemple isolé. Il peut tout aussi bien déboucher un 1967 ou un 1969 pour faire sa démonstration. Goûté en 1983, même un millésime décrié comme 1974 était superbement à point. Roux explique que pour le Beaujolais nouveau, il n'y a qu'une très courte période de macération avant d'enlever les peaux et les pépins, tandis que la macération à sa façon dure presque un mois, période amplement suffisante pour permettre l'extraction maximale des matières colorantes, tanniques et odorantes.

A chacune de mes visites, je trouve André avec une nouvelle idée. Il est en train de convertir en mourvèdre une grande parcelle située à Sablet, ceci afin d'obtenir un type et une structure plus intéressants. Conjointement avec la faculté de Montpellier, il étudie la question de la maturité optimale dans le but de vendanger ses divers cépages au juste moment où ils expriment le mieux leurs principes odorants. Contrairement à une opinion quasi universelle, le plus mûr n'est pas toujours le plus fin. Il a planté un vignoble en viognier et un autre en marsanne pour voir ce que donneront ces nobles cépages blancs du nord du Rhône dans son terroir et sous son climat.

Comme les artistes peintres et les cuisiniers, la plupart des viticulteurs ne veulent recevoir que des compliments. Mais André préfère entendre des échos crédibles et complets. Si vous lui dites simplement que l'un de ses vins vous plaît, il restera sur sa faim.

En goûtant un Rasteau 1983 tiré d'une cuve verrée, je lui ai dit que j'aimerais le voir passer quelques mois en *foudre* parce qu'il avait besoin de respirer un peu à travers le bois. Ce vin me semblait fermé. Il m'a conduit dans un autre coin de la cave où se trouvaient trois barriques bourguignonnes flambant neuves. Tenant d'une main une pipette à vin, il a essayé d'enlever de l'autre main la bonde de bois avant d'aller chercher un marteau. Il a tapé avec timidité pour l'extraire car il n'avait pas encore le tour de main qui vient avec l'usage courant.

«Nous allons voir, dit-il en introduisant lentement la pipette dans le trou de bonde. Voici le même vin, mais celui-ci respire en barrique.

– D'accord, il respire, mais ce n'est pas comme dans de gros vieux *foudres.*»

A l'odeur, c'était un bon vin mais il lui manquait ce que j'appelle la «typicité». Le chêne neuf l'avait transformé en un vin rouge impersonnel, masquant ses arômes caractéristiques.

André a opiné : «Le bois domine. Trop de vanille. Bon, c'est un essai. Nous devons ouiller les barriques presque tous les jours parce que l'air est trop sec ici. Le vin s'évapore à travers le bois. Il respire beaucoup trop fort!» a-t-il conclu en plaisantant.

Pendant des siècles, le *foudre* a été le vaisseau vinaire traditionnel dans le sud de la France. Auparavant, les cuves à vin étaient taillées dans le roc. On a exhumé des cuves en pierre dont les parois portaient des traces de coups de burin.

Il est probable que le vieillissement en cuve verrée ne donne pas les mêmes résultats qu'en cuve de pierre. L'expérience d'André avec des barriques neuves démontre que les Anciens avaient leur logique. Après tout, ils auraient pu loger leurs vins en barriques plutôt que dans de grands *foudres*, tout aussi facilement qu'en Bordelais ou en Bourgogne. Ils n'utilisaient pas de petits fûts parce que le climat sec du Midi pompe trop de vin et la perte en volume serait financièrement insupportable. Par ailleurs, le goût du bois neuf annihile celui des cépages méridionaux au lieu de les mettre en valeur. Le grenache, le mourvèdre, la syrah ont une expression assourdie quand on les met en futailles neuves. Au Vieux Télégraphe, quand Brunier doit remplacer un *foudre* trop fatigué, il remplit le nouveau avec son *vin ordinaire* pendant deux ou trois récoltes afin d'extraire le principal des saveurs du bois avant utilisation pour loger son Châteauneuf-du-Pape.

«Personnellement, je n'aime pas le goût du chêne, ajoute Roux, se faisant l'écho du sentiment partagé par presque tous les viticulteurs du

Midi, mais je ne veux pas avoir l'esprit fermé à quoi que ce soit pouvant améliorer mon vin. »

*

Un soir, j'ai invité André Roux et son épouse Colette à dîner parce que je leur étais redevable d'une faveur. Je devais trouver un lieu de choix pour les remercier de m'avoir prêté leur maison quatre fois centenaire de Sablet, un village rustique près de Gigondas. C'était un petit paradis, une vraie maison à la place d'encore-un-autre-hôtel et une cuisine où je pouvais me brûler moi-même les doigts plutôt que le pile ou face d'encore-un-nouveau-restaurant. Pendant la journée, j'allais dans les villages viticoles du Rhône sud, dégustant dans des caves aussi bien vétustes que rutilantes d'inox, goûtant des centaines de vins – pour la plupart puissants et tanniques – jusqu'à ce que ma bouche me fasse l'effet d'être l'intérieur d'une barrique. Rentrant chez moi dans la soirée à travers la plaine couverte de vignes, je cherchais des yeux le clocher roman de Sablet afin d'évaluer la distance qui me restait à parcourir avant de pouvoir quitter mes chaussures, me verser un verre du désaltérant vin blanc d'André et commencer à me cuisiner quelque dîner tout simple à base d'huile d'olive et d'ail, ordinairement aromatisé du basilic à petites feuilles que l'on trouve dans les marchés du pays au printemps et en été. Je m'endormais ensuite en lisant, bercé par le gargouillis de la fontaine en pierre sur laquelle donnait ma fenêtre.

J'ai donc invité Colette et André dans un restaurant tout proche qui jouissait d'une certaine réputation. La cuisine était plutôt raffinée ; je l'ai savourée pour l'oublier aussitôt à cause de ce qui s'est passé par la suite. La carte des vins était éblouissante. Une page listait des vins rouges ou blancs, mis en bouteilles aux *domaines*, en provenance du vignoble voisin de Châteauneuf-du-Pape. Une autre page proposait de rares vins vieux de Bordeaux et de Bourgogne : grands crus et grands millésimes à des prix irrésistibles ! J'ai craqué devant un Château d'Yquem 1929 que je n'avais jamais goûté. Je savais ne jamais le retrouver à un tel prix et j'ai pensé que ce vin représenterait un remerciement plutôt mémorable à l'égard de Colette et André, dont les yeux se sont écarquillés d'incrédulité lorsque je l'ai commandé.

Malgré mon invitation, il a fallu me battre contre André pour payer l'addition. Avec lui, c'est sans cesse une compétition à qui sera le plus généreux. D'une main je l'ai retenu en lui serrant le cou et de l'autre, j'ai balancé ma carte *American Express*.

Le garçon a déclaré : « Nous ne prenons pas les cartes de crédit ! » Mon humeur enjouée s'est aussitôt calmée. Je me sentais aussi vulnérable que le jour où j'ai pour la première fois remarqué que mon épaisse chevelure commençait à se dégarnir. Pas de carte de crédit ? L'Yquem 1929 était bon marché, mais pas suffisamment pour que j'aie assez d'argent liquide sur moi. Bien entendu, André a sorti son chéquier, mais je l'ai arrêté d'un regard signifiant que je ne rigolais pas. Il était mon invité et n'aurait jamais commandé ce 1929 de lui-même.

Il me fallait une porte de sortie (qui ne soit pas celle de service). Je me suis dit que cet établissement était sérieux. A mon arrivée je m'étais présenté au chef-patron et lui avais transmis les meilleurs souvenirs de quelques amis communs. Il suffirait que je lui expose la situation pour qu'il propose une solution.

J'ai laissé mes invités pour aller à la caisse demander le propriétaire. Il est arrivé de sa cuisine en veste blanche, sans sa toque et sans sourire. Je lui ai expliqué que je comptais payer par carte de crédit... L'homme a explosé d'une tirade contre cet instrument de paiement. Il n'en a jamais accepté et n'en accepterait jamais ! Il a fini par me donner le sentiment que j'étais un représentant en cartes de crédit.

« Je comprends, ai-je dit prudemment, même si ce n'était pas le cas, mais je me trouve en situation embarrassante. D'habitude, j'ai sur moi assez...

– Votre ami peut payer.

– Il est mon invité. Croyez-moi, ce n'est pas la solution. »

Il m'a informé froidement qu'aucun grand restaurant n'accepte de cartes de crédit.

Quel était donc son problème ? Je lui ai dit de vérifier son *Guide Michelin* et de me montrer un seul restaurant à trois étoiles qui refuse les cartes de crédit. Un repas y est si horriblement cher que seuls les trafiquants de drogue pourraient payer en liquide. Les Français ont des carnets de chèques, mais les relais gastronomiques dépendent aussi des étrangers pour survivre et doivent accepter les cartes de crédit comme une chose naturelle.

J'étais sur le point de partir sans payer. Mais j'ai proposé d'aller dans une banque le lendemain et de lui adresser un chèque de caisse. Il a accepté cette solution évidente que n'importe quel restaurateur un tant soit peu aimable aurait immédiatement suggéré de lui-même.

J'ai conservé en mémoire le goût de ce fabuleux Yquem 1929. L'un de mes compagnons favoris de dégustation à table est Jean-Marie Peyraud, le vinificateur du Domaine Tempier. Tous les deux nous adorons le vin, nous sommes amis de longue date, et nous ne sommes jamais d'accord sur quoi que ce soit que nous goûtions. Si un vin me semble tannique, il y a des chances pour que Jean-Marie dise qu'il manque de tanins. Si je lui trouve de l'acidité, il sera plat pour lui. Nous discutons à l'infini, en quête d'une vérité. Un soir, je lui vantais avec lyrisme la qualité de l'Yquem 1929. Nous avons décidé de retourner tous les deux sur les lieux du crime pour célébrer je ne sais plus quel événement avec une autre bouteille de ce vin.

Arrivant de mon côté, j'ai trouvé le patron près de la porte d'entrée, mais nous avons fait comme si nous ne nous étions jamais vus auparavant. J'ai donné le nom de Peyraud parce que la réservation avait été faite au nom de Jean-Marie.

A table, Jean-Marie et moi avons passé une demi-heure à inventorier la carte des vins. Il y avait un vieux La Tâche ainsi que des Latour et des Lafite des années 30 et 40... pas spécialement bon marché mais irrésistibles eu égard aux cours du jour. Un vin rouge en particulier ne pouvait être ignoré : le légendaire Cheval Blanc 1947. Certains l'ont considéré comme le plus grand Bordeaux du siècle. Nous avons commandé au garçon (qui a paru étrangement oppressé pendant tout le repas) un Cheval Blanc 1947 et un Yquem 1929. Le patron est arrivé peu après pour s'excuser; il n'y avait plus d'Yquem 1929: «Un Américain a pris la dernière bouteille au printemps. Mais j'ai d'autres Sauternes à la cave qui ne figurent pas sur la carte: Climens 1928, Yquem 1921 et 1947, Coutet 1947...

– Pourquoi ne supprimez-vous pas le 1929 de votre carte s'il n'est plus disponible?» lui ai-je demandé.

Jean-Marie est vite intervenu: «Bon, bon... Nous allons en discuter entre nous et nous dirons notre décision au garçon.»

Quelques *amuse-gueule* ont été apportés sur la table, puis le garçon est arrivé avec notre Cheval Blanc 1947, couché dans un panier d'osier pour le décantage. Il a ôté soigneusement la capsule et il·est soudain resté bouche bée. J'ai suivi son regard en direction du goulot et ma bouche s'est également ouverte toute grande. Il n'y avait pas de bouchon. «*Ça, c'est curieux!*» a dit Jean-Marie.

J'ai pensé en moi-même que cela devenait intéressant. Le garçon pouvait emporter la bouteille et tout recommencer avec une autre. Il devait toutefois être difficile de faire une sauce en daube, juste comme ça, avec une bouteille rare à cent dollars. Il a marqué un temps d'indécision, puis il a pris le panier pour verser quelques gouttes dans mon verre. Le vin était marron. Au nez il était oxydé. J'ai fait «non» de la tête pour lui signifier que ça n'allait pas. Il est parti avec la bouteille. Jean-Marie et moi avons haussé les sourcils, dans l'attente de la scène suivante.

«Jean-Marie, comment cela peut-il se produire? Est-ce qu'il y a jamais eu un bouchon? Est-il tombé dans le vin quand on a monté la bouteille de la cave? Ou est-ce que la capsule a été la seule protection du vin pendant toutes ces années?»

Notre garçon est réapparu, portant la nouvelle que le patron avait goûté le vin en cuisine et qu'il l'avait jugé buvable.

«Nous ne l'avons pas commandé pour avoir quelque chose de buvable», ai-je dit tout en pensant que ce vin était à peu près aussi buvable que du jus de pruneaux tiède.

Le patron a surgi en vitesse de derrière le rideau masquant la cuisine pour rejoindre notre table, attirant ainsi l'attention des autres dîneurs vers nous. Il se déplaçait rapidement à travers la salle à manger, sans presque bouger son buste, comme s'il faisait un numéro de vélo de cirque à une roue. Il a lâché l'énorme carte des vins sur mes genoux en me demandant: «Vous préférez peut-être autre chose?»

Cela m'a surpris. Je m'attendais à ce qu'il refuse de reprendre la mauvaise bouteille, ou bien qu'il nous en propose une deuxième. Allait-il nous refaire le coup de «sa dernière bouteille»? Etant donné nos antécédents, il eut été plus diplomate de ma part de laisser la parole à Jean-Marie, mais je lui ai dit: «Nous avons commandé du Cheval Blanc 1947. La bouteille était mauvaise. Nous aimerions rester sur du Cheval Blanc 1947.»

Ses mâchoires sont devenues d'acier; il m'a arraché des mains sa carte des vins, a fait demi-tour droite et a pédalé dans l'autre sens. Je commençais à trouver que notre sortie pour dîner tournait au vinaigre. C'est alors que le garçon est revenu avec la seconde bouteille dont il a retiré le bouchon pour me servir une généreuse rasade d'un liquide à l'intense couleur grenat foncé. Je l'ai fait tournoyer avant d'y mettre mon nez et j'ai pensé qu'un vin de si belle apparence devait également être excellent, ce qui était bien le cas. Il avait des arômes impressionnants, épais et secrets comme la porte d'Ali Baba s'ouvrant sur sa caverne. A peine Jean-Marie l'eut-il senti qu'il se mit à rire tout fort. Il était bon à ce point-là. J'ai regardé le garçon qui attendait mon approbation et j'ai hoché la tête en signe de satisfaction: oui, c'est bien ça, exactement comme nous l'espérions...

Tout au long du dîner, nous avons discuté du Sauternes à choisir. L'Yquem 1921 était susceptible de se substituer au 1929 mais je me souvenais l'avoir goûté une fois et il semblait n'avoir pas bien vieilli. Après le Cheval Blanc sans bouchon, je n'étais pas d'humeur à prendre des risques. Nous en étions au fromage quand nous avons fini par nous mettre d'accord: «Restons sur l'année 1947 et faisons suivre notre Cheval Blanc d'un Yquem.» J'ai appelé le garçon et commandé le vin.

Il a dit : « *Très bien, monsieur* », et s'est éclipsé derrière le rideau. Le temps de prononcer « Yquem 1947 » et le patron a rappliqué en quatrième vitesse jusqu'à notre table.

Il me fixait d'un regard furibond en me disant entre ses dents : « *C'est la deuxième fois que je ne suis pas content avec vous, monsieur Lynch, c'est la deuxième fois que je ne suis pas content avec vous !* » Peut-être se répétait-il pour mettre de l'emphase dans son propos, ou pensait-il que mon français était insuffisant ? Et voici que, d'un seul coup, j'étais maintenant M. Lynch ! Mais que signifiait cette *deuxième fois* ? Quelle avait donc été la première : notre altercation à propos de la carte de crédit ou le Cheval Blanc sans bouchon ? Je restais assis. Tout cela était plutôt amusant à vivre.

Il continua : « Une grande bouteille comme Château d'Yquem 1947 doit être commandée au début du repas pour qu'elle puisse être préparée comme il faut. »

Préparée ? Qu'y a-t-il donc à faire ? On tire le bouchon et on sert. Je lui ai demandé s'il en avait dans sa cave.

« Bien sûr, mais il faut que le vin soit à la bonne température. »

La bonne température ? C'était vraiment bizarre qu'il dise une chose pareille.

J'ai posé la question : « Pourquoi ? Votre cave est trop chaude ? »

Là, son teint a tourné au violacé. C'est sûr que ma question était déplacée, mais quel était donc le vrai problème ? Pour un vieux Sauternes, Yquem en particulier, la température de cave est sans doute la plus indiquée pour la dégustation. Plus froide et les qualités du vin seront diminuées ; plus chaude et ce ne sera pas agréable. Si la température de la cave n'est pas tout à fait assez fraîche, vous n'avez qu'à plonger la bouteille dans un seau à glace pendant quelques minutes, autant que nécessaire. Je lui ai dit de le servir à la température de la cave, « et nous verrons s'il a besoin d'être rafraîchi ».

La bouteille a demandé cinq minutes de seau à glace. C'était un vin extraordinaire bien que jeune encore, un peu serré et fermé. Nous avons apprécié la perfection qu'il promettait pour quinze ou vingt ans plus tard.

Quand on nous a présenté l'addition, Jean-Marie a mis la main sur son chéquier parce que nous étions convenus de partager. Je l'ai arrêté ; j'ai sorti mon portefeuille et j'ai posé ma carte *American Express* sur le plateau. Quand le garçon est arrivé, j'ai aperçu le patron jetant un coup d'œil furtif en notre direction de derrière son rideau. J'ai cru que le garçon allait tomber dans les pommes quand il a vu la carte de crédit. Il a articulé avec précaution : « Nous n'acceptons pas les cartes de crédit. » J'ai fait un clin d'œil à Jean-Marie qui connaissait toute l'histoire et nous avons exhibé nos chéquiers. Entre mes deux visites, j'avais ouvert un compte bancaire en France.

*

C'est le dîner qui constitue pour les voyageurs la plus importante diversion dans une journée de route. A la fin du repas, on tire son chèque pour payer la nourriture, le service et l'ambiance. On sort du restaurant modifié par ce qui s'est passé à table. En général, j'essaie d'éviter certains restaurants à étoiles où règne l'atmosphère creuse des «pompes et circonstances», surtout dans la vallée du Rhône où la meilleure nourriture qu'on puisse manger se vend crue, dans les marchés de village. Dès que la cuisine provençale prend de grands airs, elle n'est plus provençale. Il vaut alors mieux pique-niquer au bord de la route. De nos jours, dans les établissements réputés, le bon goût est habituellement ignoré ou maltraité au prix fort. Dans un restaurant à trois étoiles, le beurre arborait un petit mât avec un drapeau annonçant la laiterie d'origine. Est-ce que le patron a reçu une ristourne ? Toujours est-il que l'addition représentait plus de cent dollars par personne. Avec des annonces commerciales !... Il ne faut pas avoir l'air étonné si les jeunes vendeuses de cigarettes des années rétro font un *come back*. Au moment précis où vous vous délectez le nez avec un bon cognac, après votre repas, une charmante personne fera son apparition, un plateau de friandises suspendu sous la poitrine. «De la moutarde Troisgros, monsieur ? Un tire-bouchon d'Alain Chapel ? La montre-bracelet de Bocuse?» Un restaurant où j'ai aimé souvent revenir est *l'Oustalet*, le seul au centre-ville de Gigondas. La cuisine n'y est pas spectaculaire, mais on sait y faire une vinaigrette et y faire cuire une pomme de terre; je ne pense pas qu'ils possèdent un congélateur et le cadre est agréable, même si les gens du pays sont servis plus promptement que les touristes. Ici, on peut goûter une cuisine simple et familiale, de style provençal. Il y a un choix discutable de vins du pays et un malheureux assortiment de fromages industriels. Pourtant, j'y retourne jour après jour quand je travaille dans la région et je me sers moi-même au chariot généreux en crudités et charcuteries. Il y a des carottes râpées, des concombres, du céleri-rave, des pommes de terre bouillies, présentées froides avec des olives noires et des filets d'anchois, de la salade de riz aux poivrons et aux moules, divers saucissons et j'en passe. Après quoi, on prend le plat du jour qui peut être des côtelettes d'agneau grillées ou du poulet en sauce piquante à la tomate. Il peut vous sembler invraisemblable qu'un tel endroit mérite d'être mentionné; mais il le mérite par sa cuisine sincère et authentique... qui ne ruinera ni votre système digestif ni votre porte-monnaie. Voilà ce qui vaut le détour, en France et dans les années 80! Même s'il se trouve loin des sentiers battus, il se remplit de routiers et de représentants de commerce... à condition qu'il soit ouvert. Car c'est ça le hic. Combien de fois ai-je traversé la vallée du Rhône pour profiter d'un déjeuner convenable à *l'Oustalet* et seulement trouver porte close! Je vous assure que leurs heures d'ouverture n'ont ni rime ni saison. Comme si la France n'était pas assez bien servie en jours fériés! (trois week-ends de trois jours au seul mois de mai) mais ce n'est pas suffisant pour contenter les propriétaires de *l'Oustalet* qui affichent «fermé» chaque fois que ça leur chante. Leur comportement est aussi provençal que leur cuisine. Attendez-vous à n'être pas aussi bien traités que vous le méritez, mais vous aurez eu quelque chose d'authentique et vous en sortirez satisfaits. Du moins, c'est ce que je pensais jusqu'au récent changement de propriétaire.

Bien sûr, mon point de vue est différent de celui d'un touriste qui va en France pour y prendre les vacances de sa vie. Aller dans un temple de la gastronomie française est une expérience à partager ; une fois de retour chez soi, on peut en parler avec les amis et comparer les impressions sur Taillevent ou Bocuse. Personne ne vous demandera comment vous avez trouvé la cuisine de *l'Oustalet*. Les touristes français aux Etats-Unis ont leur propre liste des endroits « à ne pas manquer » : Las Vegas, Disneyland et le Grand Canyon.

Je suis sur les routes de France et de Navarre pendant quatre à cinq mois de l'année, et je suis frustré de cuisine familiale.

*

Non loin de Gigondas, le village médiéval de Séguret s'accroche à un rocher massif, sur une colline en forme de demi-dôme. Par temps clair, ce village offre une vision éblouissante, quand le soleil jette tout ses feux sur la falaise et les maisons de pierre crayeuse et argentée. Il y a un château en ruine au sommet de la colline, et d'étroites rues en lacets qui découragent l'automobiliste. Bien que vous ne soyez qu'à quarante kilomètres de Châteauneuf-du-Pape, soit le double pour faire étape au Domaine de La Gautière, après tant de distractions en tout genre vous pouvez souhaiter un hôtel où passer la nuit. Depuis les chambres de l'hôtel *La Table du Comtat*, la vue est inoubliable. On surplombe une vaste plaine qui s'appelle le Plan de Dieu et ressemble à une mer haute en couleur de vignes ; regardant vers l'arrière en direction de Gigondas, on voit les Dentelles de Montmirail, ces rocs pointés vers le ciel qui se dressent comme des dents sortant des gencives des collines couvertes de genêts et de chênes. Je raconte à qui veut l'entendre qu'on les a appelées Dentelles parce qu'à l'évidence elles représentent des dents, mais je ne trouve pas un seul Français pour être d'accord avec moi ou qui écoute jusqu'au bout mes fantaisies étymologiques. La dentelle, c'est la dentelle, et donnez-vous seulement la peine d'en contempler l'ouvrage au sommet des collines.

Vaison-la-Romaine est à quelques kilomètres. Les guides consacrent plusieurs pages à ses remarquables ruines gallo-romaines.

Ensuite, on prend la D5 en se dirigeant à l'est vers Buis-les-Baronnies où se négocient chaque année quatre-vingt-cinq pour cent des fines herbes de France. L'air sent bon. Le paysage change. La montagne prend de plus en plus d'audace à monter au ciel depuis le fond de la vallée. Au sud se trouve le mont Ventoux qui, avec ses deux mille mètres d'altitude, a une présence dominatrice. A l'est, les sommets s'élèvent encore plus et semblent se bousculer : ce sont les Préalpes calcaires appelées Montagne de Lure mais nous sommes encore en Provence, d'où un amalgame d'une sauvage beauté.

Peu avant Buis-les-Baronnies, on voit un panneau indicateur qui montre la direction du Domaine de la Gautière, là-haut sur la colline. La route blanche s'enroule à travers les oliviers, jusqu'à la vieille ferme en pierre où l'on vous accueille avec un sourire, une solide poignée de main et un verre frais du vin rouge de Paul et Georgette Tardieu. La chaleur solaire distille de la végétation des senteurs merveilleusement épicées. Un bol d'olives parfumées aux herbes fines apparaît aussitôt, accompagné de rondelles de saucisson. « Le saucisson ne contient pas de nitrates », déclare Georgette avec conviction.

D'une couleur sombre et violacée, leur vin n'a pas *d'appellation contrôlée*. Il a simplement le droit de s'appeler *vin de pays*. Bien qu'il soit un vin délicieux et plein de caractère, susceptible d'éclipser bon nombre de ses brillants voisins dûment titrés, aucune encyclopédie du vin, aucun guide ni atlas viticole ne vous y conduira. Et la plupart des négociants américains n'ont pas envie de faire du zinzin avec lui, parce que leurs clients exigent Napa Valley, Bordeaux, Bourgogne, tous les gros calibres, comme si tout le meilleur avait déjà été inventorié et catalogué, et comme si les étiquettes et les prix tenaient toujours leurs promesses. En 1982, le *vin de pays* La Gautière s'est vendu péniblement à 2,50 dollars la bouteille en Californie !

A cette époque, j'ai fait expédier une caisse de La Gautière en cadeau à Mme Gruère, qui dirigeait mon bureau de Beaune. Elle est bourguignonne, parente de la famille Louis Latour et elle a travaillé pendant des années en tant que secrétaire personnelle de Robert

Drouhin. Elle possède un vignoble à Savigny-lès-Beaune. En d'autres termes, son cœur et son âme sont voués à la Bourgogne jusqu'au tréfonds du *terroir* collé à ses semelles. On ne peut pas l'accuser d'avoir d'autres préjugés.

Elle m'a écrit en retour pour me dire qu'elle avait été sensible à mon petit cadeau de douze bouteilles. « Le week-end dernier, nous étions un groupe assez important, comprenant quelques gens du négoce bourguignon et nous avons débouché plusieurs vins différents. Il y avait un Chambertin sur la table mais moi, j'ai bu le *vin de pays.* »

Le *vin de pays* de La Gautière est-il meilleur qu'un Chambertin? Tout dépend de quel Chambertin il s'agit, n'est-ce-pas? La Gautière est un vin délicieux qui a du sentiment, tandis que tant de bouteilles étiquetées Chambertin n'ont aucun charme, aucune âme, mais un précieux petit bulletin de naissance. Alors quelle question de demander : est-ce meilleur qu'un Chambertin? « Meilleur pour quoi faire? » est la seule réponse possible.

Meilleur pour dîner chez Taillevent, le palais de la gastronomie parisienne? Non, chez Taillevent, seuls les plus nobles flacons conviennent.

Meilleur qu'un Chambertin si vous recevez Richard Nixon à dîner? Non. On connaît l'histoire de Nixon, à bord du yacht présidentiel *Sequoia*, faisant servir du vin ordinaire à ses invités tandis que son propre verre était rempli de Château Margaux dont la bouteille était dissimulée sous une serviette blanche. Il vaut mieux servir du Chambertin à Nixon, en prenant soin de tourner la bouteille de sorte qu'il puisse voir l'étiquette.

Est-ce que le *vin de pays* de La Gautière est meilleur qu'un Chambertin quand il accompagne des olives noires et des rondelles de saucisson? Oui.

Avec une *ratatouille*? Oui.

Une omelette chaude aux oignons avec une sauce vinaigrée? Oui.

De la soupe au pistou? Oui.

Tout seul à la maison, pour un déjeuner rapide? Oui, dans toutes ces circonstances il est préférable, même à un grand Chambertin. On ne peut pas rendre justice à une grande bouteille quand on est seul. Il est indispensable d'avoir quelqu'un avec qui échanger les «oh!» et les «ah!» d'appréciation, avec qui partager la stimulation esthétique et intellectuelle qu'un grand vin inspire.

La frontière qui trace les limites de l'appellation Côtes du Rhône est à environ trois kilomètres à l'est du Domaine de La Gautière. Si les vins des coteaux autour de La Gautière pouvaient s'habiller d'une étiquette Côtes du Rhône, ou verrait davantage de vignobles aux alentours parce que les prix de vente vaudraient le coup. Ils seraient en tout cas plus élevés que pour la vague mention actuelle de *vin de pays* sur l'étiquette. Mais les vins de La Gautière démontrent que ces coteaux peuvent surpasser en qualité bien des régions qui ont une *appellation* officielle. Le système français des appellations contrôlées peut parfois légiférer à l'encontre de vins de qualité, ce qui est évidemment le contraire du but recherché. Rien de nouveau sous le soleil: la législation sème souvent de la graine d'injustice, sans considération pour la pureté des intentions. Le système des *appellations contrôlées* est une ingénieuse expression de la mentalité française, mentalité qui a de profondes racines dans le passé de la France aristocrate. Sous l'Ancien Régime, quelqu'un de valeur risquait de ne pas pouvoir s'élever dans la société en raison de sa naissance malchanceuse. C'est ainsi qu'une terre viticole de qualité arrive à se vendre pour des clopinettes si elle n'a pas droit à une *appellation*. Les Tardieu gardent leur sens de l'humour à ce propos: «*C'est la vie.*»

Quoi qu'il en soit, la qualité du vin n'est pas la seule chose qui soit digne d'intérêt à La Gautière. L'histoire de Paul et Georgette Tardieu est elle-même passionnante. Georgette dit qu'elle en a assez de la raconter. «Les gens nous envient parce que nous avons tout quitté pour nous installer ici. Ils souhaiteraient tous changer de vie comme nous, mais ils n'osent pas le faire parce qu'ils ont peur de n'avoir rien à mettre dans leur marmite pour manger. Alors ils nous posent des questions, comme si nous détenions les solutions de leurs problèmes.»

Beaucoup d'entre nous ne peuvent que rêver de la manière de vivre des Tardieu. Ils ont tourné le dos à la vie citadine pour créer un paradis à la campagne se suffisant à lui-même. Par-dessus tout, c'est leur aversion envers la pollution et la congestion de la grande ville qui les a poussés à tout risquer et se réfugier sur les collines. Paul a l'intention de «devenir vieux en bonne santé», alors il s'est donné les moyens de sa philosophie. «Nous nous sommes isolés contre les pollutions, nous consommons des produits frais et naturels. En conséquence, nous savons que nous deviendrons un vieux ménage bien portant. Nous recevons souvent les visites de marchands de produits chimiques. Nous leur offrons un verre de notre vin agro-biologique et leur expliquons notre philosophie avant de leur dire *au revoir*. Avec nous, ils perdent leur temps. »

«Agro-biologique» est un terme qui ne fonctionne pas dans une boutique de vins. *Vin de pays* est déjà au bord de la cible. Agro-biologique passe complètement à côté. Le mot semble avoir un impact négatif sur la plupart des amateurs de vin. Et c'est d'ailleurs vrai que beaucoup de vins produits selon les principes agro-biologiques peuvent se mettre à mousser, gargouiller, puer jusqu'aux cieux parce qu'aucun traitement n'a été employé pour neutraliser d'éventuelles levures ou bactéries.

Cependant, cette question a un autre aspect. Je pourrais me prétendre obsédé par la santé, mais ce n'est pas mon cas. J'observe toutefois de très près les produits agro-biologiques dont il m'arrive d'entendre parler parce qu'on a affaire à une production vierge où la terre, la vigne et l'homme sont les seuls acteurs. La part de l'équation qui revient à l'homme, la vinification, peut être bien ou mal résolue mais si nous trouvons un viticulteur de talent, sachant comment mettre en bouteilles un vin propre, alors un vin agro-biologique a toutes les chances d'être intéressant. Une fois que vous commencez à épandre des engrais chimiques sur le sol pour augmenter les rendements, à pulvériser des produits de traitement sur les vignes pour combattre les insectes nuisibles, et à mettre encore autre chose de ce genre dans le vin pour le stabiliser, vous modifiez la personnalité et la qualité de ce que la vigne distille pour faire des raisins et ainsi de suite jusqu'à votre verre de vin.

L'expression fondamentale du terroir et du fruit est déformée. La chimie accroît la production et protège le vin contre certains accidents naturels, mais elle parasite le message premier que le vin est capable d'adresser.

Georgette est provençale de naissance. Paul est originaire du Massif central, une province qu'il qualifie de froide et sévère. L'inspiration le guidant, il s'est dirigé vers le sud où il a rencontré Georgette. « Une fois que vous connaissez la Provence vous n'avez plus aucune envie de la quitter. Personne ne remonte jamais dans le Nord. Personne ! »

Il a travaillé en Avignon comme vendeur de fruits et légumes. Sa passion pour le vin et l'apiculture s'est développée tandis que la vie citadine lui paraissait chaque jour plus détestable. « Avignon était déjà une grande ville, dit Paul qui n'a jamais vu New York ni Los Angeles. Nous avons décidé de nous installer à la campagne pour nous recycler et travailler au contact direct de la Nature. »

Georgette déclare qu'elle tient de son père son amour de la Nature. « Il a construit une maison à huit kilomètres d'Avignon en pleine *garrigue*. Vous savez ce que c'est une *garrigue ?* Il y a des cigales, des chênes verts, une terre très pauvre et des herbes sauvages. Nous n'avions ni eau courante ni électricité. J'ai été élevée nu-pieds, nue sous le soleil, nageant et canotant sur le Rhône. On avait des lampes à pétrole. C'est comme ça que j'ai grandi. Et puis j'ai été obligée d'aller gagner ma vie en Avignon. Les années passant, dévorée par la civilisation, j'aimais faire du camping à la campagne. C'était alors bien différent. Il n'y avait pas un chat. Et maintenant ? Imaginez ce que je ressens quand je vois la rivière de l'Ardèche, qui était si sauvage et déserte au temps de ma jeunesse. Une artère à grande circulation. L'Ardèche est devenue une sorte de Champs-Elysées, avec des milliers de canoës-kayaks qui la descendent à la queue-leu-leu.

« Paul est arrivé et je lui ai fait voir ma Provence. Nous la regardions en train de se laisser effriter par l'homme et la civilisation. Nous nous sommes dit que c'était fichu et qu'il nous fallait partir plus loin pour retrouver quelque tranquillité. Ce n'était pas notre style d'acheter une maison en ville pour nous y cacher derrière quelque haute palissade.

Nous avons envisagé de partir pendant deux ou trois ans. Un jour, nous sommes allés nous promener à travers un champ de lavande et Paul a vu les abeilles qui butinaient. Ce fut plus fort que nous ! Il nous fallait absolument un endroit où nous pourrions nous occuper des abeilles et faire du miel. Alors j'ai emmené Paul ici, au pays de mes ancêtres. Mon cousin m'a dit que cette propriété, La Gautière, était à vendre et nous avons très vite conclu l'affaire. Une bonne affaire, d'ailleurs ! »

Paul a vendu son petit commerce de primeurs. Georgette a vendu un bout de terrain qu'elle tenait de son père. Et ils sont partis.

Tous les deux parlent rapidement, l'un terminant souvent la phrase que l'autre a commencée. « Après avoir acheté la propriété plus un tracteur et des outils, après avoir défriché la terre et planté, en un an et demi nous n'avions plus d'argent. Nous avons survécu en élevant de la volaille ; nous avons acheté quelques chèvres et fait un jardin potager. Les ruches de Paul, avec leur miel, nous ont donné un petit revenu. Nous vivions de très peu mais en économie d'autarcie.

« J'aime cuisiner, ajoute Georgette, et je faisais des repas qui ne nous coûtaient presque rien, à partir de ce que nous produisions. Nous avions notre huile d'olive, notre vin, notre fromage, nos œufs, nos pommes de terre. J'achetais bien peu de choses. On s'est débrouillé tant bien que mal. Et puis les récoltes ont commencé. Vous, Kermit, vous arrivez aujourd'hui, dix ans après nos débuts et vous avez sans doute l'impression que nous menons une vie facile. Mais c'est bien la première année que nous pouvons enfin respirer. Nous avons connu des années terribles. Quand nous avons débarqué ici, la terre était inculte et envahie par la végétation sauvage. Nous sommes partis de zéro. Nous avons été épuisés. Il y a eu des accidents sérieux et beaucoup de soucis... Nous avons dû nous fustiger nous-mêmes pour persister. Nous avons bossé comme des fous, mais toujours avec foi et enthousiasme. Nous savions au moins ce que nous voulions : nos produits venus selon nos vues et vendus par nous.

« Nous savions que cette région avait un potentiel touristique et notre idée était juste parce que, de ce côté-là, ça a démarré plutôt rapidement.

Un jour, nous avons planté un petit panneau en bas sur la route et ce même jour, trois ou quatre visites sont arrivées. Quand nous avons vu la première auto montant sur notre chemin de terre, nous avons hurlé : « Ça marche, ça marche ! Un client ! » Nous étions fous de joie. Nous n'avions à vendre qu'un peu de miel de lavande et quelques bouteilles d'huile d'olive, mais nous étions ravis et nous avons traité nos clients comme des amis. Nous les avons fait asseoir avec nous pour leur offrir un peu de vin, *et voilà !* Chaque année, de nouveaux clients se présentent et ils reviennent sans cesse. »

Leur vignoble se trouve juste derrière leur modeste maison au toit de tuiles, sur un cirque naturel exposé au midi. Quand sa récolte atteint 40 hectolitres par hectare, Paul se déclare satisfait. Pour un *vin de pays* vendu bon marché, c'est un rendement ridicule. En année abondante comme 1979, le vignoble de Meursault en Bourgogne a rendu deux fois plus... et le vin se vend cinq à six fois le prix de La Gautière.

Mais, dit Paul : « Quarante hectos, c'est bien assez pour moi. Nos vignes ne sont ni forcées ni même poussées à la production. Elles donnent exactement ce qu'elles peuvent donner et pas davantage. »

Je lui ai demandé comment d'autres réussissaient à produire deux ou trois fois plus sur la même superficie de vignes.

« Oh, c'est simple ! Quand vous taillez, vous laissez des sarments plus longs. Vous utilisez des engrais. Un point c'est tout. C'est ce que nous appelons *faire pisser la vigne.* Ecoutez : j'ai pris des cours à l'école du vin de Vaison-la-Romaine pour savoir mieux mettre en bouteilles. A mes côtés se trouvait un type qui fait du vin, là-bas, dans le Sud, près de Montpellier. Allez, devinez, quelle est sa production à l'hectare ? »

J'ai avancé 120 hectos, soit le triple des rendements de Paul.

Nous étions tout seuls mais Paul s'est penché vers moi et m'a chuchoté à l'oreille : « Ce type jure qu'il obtient 230 hectos ! Facile. Engrais et irrigation. Quelle récolte, hein ? 230 hectos ! En produisant du vin dégueulasse il se fait six fois plus de blé que moi. Et ces gars-là, ils font des barrages sur les routes et manifestent pour obliger le gouvernement à leur accorder davantage. C'est pas juste ! »

Paul a planté les cépages typiques du Rhône tels que le grenache et le cinsault. Mais il a également mis de la syrah en proportion supérieure à la normale. Venant sur des terrains de côtes bien drainés, la noble syrah apporte un bouquet particulier et cela explique pourquoi les rouges de Paul ont des arômes plus délicats que la plupart des Côtes du Rhône.

«Pour la vinification, dit-il, c'est pas compliqué du tout. On arrive au cuvier avec la vendange qu'on fait tomber dans la cuve de fermentation et on la laisse telle quelle. Ni égrappage ni pompage. On n'ajoute rien non plus. Ça fermente lentement parce que nous contrôlons les températures. Nous les maintenons basses car, trop chaudes, tout se perd du bouquet et du goût. Et ça, c'est ce que tout le monde remarque en premier dans nos vins. Il ont beaucoup de bouquet. Mais cela ne nous étonne pas. Pour nous, c'est chose courante. Nous buvons notre vin tous les jours. Quand on me demande comment nous faisons pour obtenir tant de bouquet, je réponds simplement que ça vient du raisin.»

J'ai montré du doigt la végétation sauvage poussant ici et là autour du vignoble, pour demander à Paul s'il trouvait des traces de ces différents arômes dans son vin.

«Oui, je crois bien. Je ne sais pas si vous avez remarqué ça, mais le 1979 a une touche de poivre noir et de résine. C'est typique d'ici. Je pense que ça vient de cet environnement sauvage.

– Comment est-ce donc transmis?

– C'est dans l'air, qui en est imprégné. La vigne respire avec ses feuilles, vous voyez. Quiconque vient ici dit que ça sent bon. Nous sommes entourés par l'hysope sauvage, la sauge, la lavande, le pin, le thym, le romarin, le genêt en fleur... et tout ça compte énormément. Je crois qu'il y a une osmose des parfums, des qualités aromatiques.

«Pour moi, le vin est une passion. Quand je bois de l'eau, je suis malade. Même dans mon enfance j'aimais le vin. Si vous aimez le vin et si vous plantez de la vigne, il faut en prendre grand soin et la traiter avec amour et respect. Il faut faire son possible pour faire du bon vin.»

Les viticulteurs ont tendance à être des gens déterminés. Ils font du vin et vivent le vin de l'aube au crépuscule et il y a vraisemblablement encore un dîner avec des clients. Il est merveilleux que Paul et Georgette, dans toutes leurs implications à l'égard de la culture biologique, leurs abricotiers et cerisiers (ils vendent aussi des confitures), leurs ruchers et leur oliveraie, aient quand même réussi une œuvre vraiment particulière : un vin qui puisse exciter un palais aussi blasé que le mien, un vin qui a déjà obtenu des critiques élogieuses de journaux comme *The New York Times*, l'*International Herald Tribune* et *The Wine Advocate*. Ainsi, je suis heureux que dans notre monde actuel de prétendu progrès viticole, Paul et Georgette puissent dire aux vendeurs de produits chimiques d'aller se faire voir ailleurs et puissent en même temps se faire un peu d'argent.

Désormais, je ne peux pas quitter la Provence pour aller vers le nord sans entendre l'exclamation passionnée de Paul Tardieu : « Une fois que vous connaissez la Provence, nous n'avez plus aucune envie de la quitter. Personne ne remonte jamais dans le Nord. Personne ! » Si, au fil des ans, je suis moi-même devenu très attaché à la Provence, au point de vue du vin, mon cœur appartient aux grands rouges du Rhône septentrional. Les meilleurs d'entre eux allient la réminiscence du soleil méditerranéen aux charmes plus sophistiqués et intellectuels du Bourgogne, encore plus au nord, et ce n'est pas un mauvais mélange. Ces précieux vins du Rhône nord sont les plus rares de France. Hermitage représente 130 hectares de vignes à côté des 3 300 de Châteauneuf-du-Pape. Gigondas contient 1 180 hectares et Cornas 59 seulement. Autre comparaison, le seul *domaine* du Vieux Télégraphe à Châteauneuf-du-Pape a un vignoble d'une superficie à peu près équivalente à celle de toute l'appellation Cornas. Le premier peut être cultivé au tracteur malgré la quantité de cailloux, alors qu'à Cornas un tracteur se renverserait vite sur les pentes. Pourtant, le vin de Cornas et celui du Vieux Télégraphe se vendent à peu près au même prix, ce qui explique pourquoi tant des meilleurs vignobles du Rhône nord ont été abandonnés : ils doivent être travaillés à la main pour un revenu de misère.

Par *l'autoroute*, Cornas n'est qu'à une heure de Châteauneuf-du-Pape, mais alors tout change.

Les vastes panoramas lumineux du ciel provençal se sont évanouis et, avec eux, l'impression grandiose qu'ils engendrent.

Au nord, vous voyez la juste raison de la désignation des « Côtes du Rhône ». La plupart des vignobles de côtes regardent le fleuve.

Les oliviers et les cyprès talismaniques ont disparu, et bien que vous puissiez voir des plantes aromatiques comme le thym ou le romarin, elles ne poussent pas à l'état sauvage et doivent être cultivées.

Question cuisine, le beurre et la crème ont remplacé l'huile d'olive. L'ail et la tomate jouent un moins grand rôle. La région est déjà continentale, et les marchés à poisson exhalent une odeur moins appétissante.

Les gens du Nord sont supposés plus travailleurs et plus cérébraux. Ils accusent leurs voisins du Sud d'être paresseux et superficiels. Mais les sudistes plaignent ces guindés de nordistes qui sont tabassés en tous sens par leur glacial vent d'hiver.

Les murs de pierre qui définissent ici le paysage viticole ne se trouvent pas dans le sud des Côtes du Rhône bien que, encore plus au sud, les collines de Bandol en soient à nouveau ornées (les Provençaux ne sont donc pas si paresseux !). Ces murs montés à la main soulignent les paysages d'une manière que l'artiste Christo approuverait. Laborieusement érigées au cours des siècles, les terrasses soutenues par des pierres sèches témoignent de la valeur accordée par les Anciens à ces sites viticoles.

Après la folle quantité d'*appellations* qu'on rencontre au Sud, le Rhône du Nord n'est pas compliqué. On en compte une poignée, dont quelques-unes parmi les plus nobles de France : Saint-Péray, Cornas, Saint-Joseph, Hermitage, Crozes-Hermitage, Condrieu, Château Grillet et Côte Rôtie. Et par contraste avec les nombreux cépages autorisés dans le Sud, les rouges du Rhône nord sont issus d'une seule variété, la syrah. On pourrait croire qu'un mélange de cépages serait susceptible de créer un éventail plus complexe d'arômes et de saveurs et pourtant, le raisin de syrah, péniblement produit sur ces pentes escarpées, peut donner des vins d'une éblouissante complexité, des vins dont les arômes exotiques semblent chatoyer à l'infini comme les feux de couleur qui miroitent dans une gemme.

Le premier village rencontré quand on arrive dans le Rhône du Nord produit exclusivement du blanc. De vieux livres sur le vin accordent un «goût de violette» au vin de Saint-Péray et ne manquent pas de citer Pline et Plutarque qui l'estimaient suffisamment pour en faire mention particulière. C'était aussi le vin préféré de Richard Wagner. Que vous faut-il de plus?

Nul ne peut contester les appréciations appartenant au passé, car nous ne pouvons pas goûter le Saint-Péray du temps jadis qui était à l'évidence fort prisé, mais, de nos jours, quelque chose a mal tourné. Saint-Péray est plein de caves souterraines. Quelqu'un doit bien y faire quelque part du bon vin parce que toutes les conditions initiales sont là : des vignobles en coteaux et les mêmes cépages que ceux de l'Hermitage blanc. Mais, à chacune de mes visites à Saint-Péray, je reste si indifférent à ce qu'on me propose qu'il me faut deux ou trois ans pour dépasser ma mémoire gustative et me convaincre d'y retourner pour essayer de nouveau. Inutile de discuter du goût plutôt comme ci ou plutôt comme ça du Saint-Péray. Le problème est de lui trouver le moindre goût. Les vins semblent avoir été élaborés par des étudiants en première année d'œnologie qui tentent de réussir un examen sur la stérilisation. Note : 19,5 sur 20! Personne ne va se mettre à composer *Parsifal* avec un verre de Saint-Péray technologique pour toute inspiration.

En suivant du regard depuis la vallée les terrasses à flanc de côte, on ne discerne pas de limite entre Saint-Péray et Cornas. C'est vraiment curieux car, pour ce qui est du contenu de votre verre, les deux sont à l'opposé l'un de l'autre. A la différence de son voisin, Cornas ne produit pas de vin blanc. Mais qualifier le vin de Cornas de «rouge» ne lui fait pas justice. Si votre stylo est à sec, remplissez-le de Cornas. Ce n'est pas le genre de vin à déboucher le soir même du jour où vous vous êtes offert un bon détartrage chez votre dentiste. Au vrai, on peut trouver des vins tout aussi foncés, voire davantage, mais rarement d'une couleur aussi éclatante.

Les vinifications étant restées traditionnelles, il y a plusieurs excellents producteurs à Cornas. Pour une raison qui m'échappe, le film *l'Invasion des œnologues* n'a pas encore été passé au cinéma du cru. La vie sous terre dans les nombreuses caves peut remonter aussi bien à 1885 qu'à 1785. Et si vous avez dans votre verre un dense et vibrant Cornas, vous dégustez un vin qui n'est pas sans ressembler à ce qu'on aurait pu vous servir en 1885 ou en 1785. Le curé de la paroisse a écrit, en 1763: «La montagne de ce village est presque toute complantée en vignes qui produisent un très bon vin noir qui est recherché par les marchands parce qu'il est fort capiteux.»

C'est le pays de la syrah. Cornas est le premier village où ce raisin montre, pour ainsi dire, ses vraies couleurs, et cette première représentation n'a rien de timide. Le goût du Cornas est aussi hardi que son aspect. Vous le mâchez en bouche et il semble vous coller au palais. C'est sans équivalent.

Pourquoi donc s'en produit-il si peu? Pourquoi y a-t-il seulement 59 hectares de vignes plantées quand environ 540 hectares d'appellation Cornas restent disponibles? La demande mondiale n'est-elle pas capable d'absorber une telle production potentielle?

Auguste Clape, le plus célèbre des viticulteurs de Cornas, regrette qu'il n'y ait jamais eu de *négociant* important, propriétaire de vignes dans l'appellation, quelqu'un comprenant mieux les affaires que les petits vignerons du pays et qui soit susceptible de contribuer à la notoriété du cru, comme Guigal l'a fait en Côte Rôtie. Cette observation sonne juste; après avoir importé du Cornas pendant des années, pas plus tard qu'en 1982 je me suis senti obligé de consentir un «prix promotionnel» afin d'inciter mes clients à le découvrir.

Et pourtant, je crois que j'aimerais tout autant que Cornas demeure dans l'oubli, de peur que notre époque ne le remarque et ne décide de sophistiquer ces reliques monumentales. Mais voilà bien le dilemme : s'il reste méconnu, si ses prix ne grimpent pas, la vigne abandonnera les coteaux de Cornas.

Même si le prix devient plus intéressant pour les producteurs, il n'est pas certain que l'on replante les terrasses abandonnées. Une fois ces aires négligées, chênes et pins semblent surgir et se multiplier comme du chiendent. Avant d'y replanter de la vigne, on devra déraciner les arbres, mais la plupart de ces terrasses sont trop exiguës pour permettre un accès aux engins modernes qui seraient nécessaires. Faire ça à la main aujourd'hui ? Impensable. Une récente menace est apparue avec plusieurs nouvelles maisons au cœur de l'appellation Cornas. Autrefois, les villageois travaillaient sur les coteaux et habitaient dans la plaine. Aujourd'hui, ils préfèrent vivre sur les pentes pour profiter du grand air et du panorama. Ils préfèrent cultiver le plat pays parce qu'on peut le faire au tracteur. Mais, Dieu soit avec nous ! les résultats n'ont rien de comparable, et la différence entre les deux vins est moins que subtile. L'un est du Cornas et pas l'autre. Auguste Clape possède des vignes sur les deux sortes de terrains. Il dit de son vin de plaine : « C'est du vin de table correct, sans plus, et cependant il s'agit du même clone de syrah que pour mon Cornas. La seule différence est le *terroir*. »

Mais laissons nos états d'âme pour seulement considérer comment on doit boire du vin de Cornas, une fois maîtrisé l'art primaire de lever le coude pour porter un verre à ses lèvres. Dans la littérature du vin, il est maintes fois conseillé de laisser vieillir le Cornas pendant quelques années avant qu'il ne vaille le coup. Toutefois, il y a quelque chose chez un Cornas en primeur qu'il ne faut pas rater. Muhammad Ali a gagné en maturité avec l'âge, mais qui peut oublier le jeune Cassius Clay, avec toute sa pétulance explosive ? Il faut déboucher une bouteille dès sa mise sur le marché, afin de connaître sa juvénile prodigalité de couleur et de volume. Mais, ensuite, le vin de Cornas ferme sa porte durant trois ou quatre ans avant de trouver ses arômes secondaires.

Je ne sais pas pourquoi un Cornas n'est jamais si aromatique qu'un excellent Hermitage ou Côte Rôtie. Si on lui demande comment Cornas se distingue autrement d'Hermitage, Auguste Clape répond avec un petit sourire en coin que Cornas est plus *rustre*, tandis que son ami Gérard Chave, un peu plus loin sur la même route mais qui produit de l'Hermitage, préfère aimablement employer le mot *rustique*.

Ils sont tous les deux d'accord pour dire que le Cornas est moins élégant et plus tannique que l'Hermitage. Clape conseille de faire suivre à table un Hermitage par un Cornas. «J'ai souvent assisté à des repas où l'ordre du service était: Saint-Joseph, Côte Rôtie, Hermitage et Cornas. Quand on a essayé l'inverse, l'Hermitage ne s'est pas bien défendu.» Et il conclut: «Un vin rustique massacrera un vin plus fin.»

Oui, en principe, quand on sert une série de vins, la progression va du léger au lourd, suivant la théorie qu'un poids lourd va sortir du ring un poids léger. Dans la même logique, la progression passe du simple au complexe, du rustique à l'aristocratique, du jeune au vieux, l'idée de base étant que le jugement va être influencé par ce qui est intervenu avant. Cette question est d'importance car personne ne souhaite diminuer son appréciation d'un excellent vin en le servant mal à propos. L'Hermitage n'est pas un poids léger, mais il ne faut pas qu'il le «paraisse» en présence d'un Cornas brutal et tannique; de fait, un vin relativement léger peut sembler maigre à la suite d'un vin massif. De la même façon, un très délicieux et gouleyant vin de pays apparaîtra vraiment primaire derrière un noble grand cru; ou encore une toute jeune et fraîche bouteille passera un mauvais quart d'heure après un flacon d'âge mûr. Le Cornas après l'Hermitage? Pour moi, il y a quelque chose de choquant dans cette proposition. On court le risque que le Cornas ait l'air plus *rustre* que *rustique*. Non?

Cette controverse est utile pour mieux différencier ces deux grands vins de syrah. Un Hermitage (avec un H majuscule de préférence) aura un bouquet plus prononcé et plus ouvert, avec davantage de distinction et de race. Il chantera un chœur à plusieurs pupitres. Cornas nous interprétera un superbe solo de basse.

La solution se trouve dans l'attention aux millésimes choisis, une fois qu'on a décidé de servir un Cornas et un Hermitage au cours du même repas. Je m'abstiendrai de présenter les deux vins au même stade d'évolution. Un Cornas 1980 pourrait préparer l'arrivée d'un Hermitage 1971, ou un Cornas 1976 celle d'un Hermitage 1966, et ainsi de suite. Une progression vers la bouteille la plus ancienne et la plus noble est une ligne directrice sûre et qu'on peut suivre, mais les improvisations ne sont pas interdites. Un Hermitage vieux sur une volaille rôtie pourrait précéder l'explosion violacée d'un jeune Cornas sur le fromage pour réveiller vos invités.

*

Le Saint-Joseph ne possède ni la dimension ni la substance (c'est-à-dire la présence sensorielle) d'un grand Hermitage. C'est pourquoi on en fait moins grand cas. Mais, en réalité, le Saint-Joseph n'est pas un produit de remplacement de deuxième ordre. Ici, la syrah peut s'apprécier en jouant un rôle différent. Quand on doute de quelque chose, il est bon de faire appel à Mozart qui nous procure une analogie dans son *Don Juan* : Zerline (Saint-Joseph) n'est pas au niveau de la charge émotive de Donna Elvire (Hermitage), ni aussi consistante que Donna Anna (Cornas), mais Don Juan trouve certainement chez Zerline l'attirante séduction d'une jeune paysanne. Et quand Zerline chante un air plein d'espièglerie et d'érotisme pour réconforter Masetto, son pauvre fiancé tout malheureux, aucun critique musical digne de ce nom ne se mettrait à jeter sur scène des œufs pourris sous prétexte que le chant ne contient pas les émotions extrêmes ni les éclats passionnels de Donna Elvire. C'est pourtant, me semble-t-il, ce que feraient aujourd'hui nos critiques du vin. Pour eux, bon signifie grand et moins bon égale léger ; bon veut dire dramatique, moins bonne est l'espièglerie. Quel manque d'humour dans cette façon de voir les choses ! Quelle divinité a pu décréter que les vins lourds et sérieux étaient meilleurs que les vins légers et joyeux ? Ce n'est sûrement pas Bacchus. Quel est donc ce Dieu de l'Amérique puritaine qui refuse au vin d'être un divertissement pur et simple ? Quand ils classent les vins de syrah, les critiques veulent vous obliger à croire qu'on doit leur appliquer les mêmes critères et qu'en débouchant une bouteille nous cherchons toujours le même type de qualité. La vérité, c'est que si un Hermitage parfait mérite la mention très bien, ou 20 sur 20, ou 100, ou cinq étoiles, un Saint-Joseph parfait mérite les mêmes notes. La perfection est toujours la perfection, quel que soit son goût. Un des miracles du vin français, une des raisons qui le rendent si merveilleux, est sa diversité, qui se trouve jusque dans la même région avec un cépage unique. Plutôt que chercher à le diminuer, il faut louanger le Saint-Joseph, précisément à cause de sa différence. Avec lui, on peut sentir l'arôme délicieux et sauvage de la syrah de coteaux sans avoir à attendre des années que le vin ne s'assouplisse ou ne s'ouvre. Et le vin rouge de Saint-Joseph est le seul vin de syrah qu'on pourrait même mettre dans un seau à glace par un jour d'été pour le servir légèrement frais lors d'un repas en plein air.

Le Saint-Joseph blanc n'est pas facile à trouver parce qu'il s'en produit peu. C'est quand il est élevé en barriques qu'il donne le meilleur de lui-même. En cuves inox, dont tout le pays est pratiquement envahi, les merveilleuses fragrances de fruits à noyau ne se développent pas. Le vin reste fermé et désagréablement agressif au palais. Mais, vinifié en barriques usagées et à condition de n'avoir pas été émasculé par telle ou telle filtration ou stérilisation brutales, le Saint-Joseph blanc peut être un vin fabuleux et expressif qui vieillit bien. Un 1972 dégusté en 1985 avait comme une odeur de coing, une pointe de craie au palais et une touche fugitive de peau d'abricot en finale.

A l'origine, Saint-Joseph désignait une seule colline entre Mauves et Tournon, laquelle appartient aujourd'hui à la famille Chapoutier. Par la suite, on a commencé de donner le nom de Saint-Joseph aux vins provenant de la ligne de côtes en terrasses entre Châteaubourg et Vion, qui comprennent les vignobles exceptionnels de Mauves, de Tournon et de Saint-Jean-de-Muzols, dont les vins avaient autrefois été commercialisés sous leurs propres dénominations, par exemple « vin de Mauves» et «vin de Tournon». En ce temps-là, les vins variaient de prix d'une parcelle à l'autre, à l'intérieur du même village. Les Anciens connaissaient bien la distinction naturelle des terres et la qualité de chacune d'elles.

Qu'en est-il du Saint-Joseph actuel? Comment cette aire de production est-elle passée de moins de 100 hectares à plus de 400 en moins de vingt ans? Pourquoi l'appellation Saint-Joseph est-elle sur le déclin, tandis que ses volumes augmentent? La réponse à ces questions réside sur les flancs des collines abandonnées où règnent les mauvaises herbes et les éparses réminiscences d'une vigne redevenue liane rampante.

Les bureaucrates de l'INAO (Institut national des appellations d'origine) ont élargi les limites de l'AOC Saint-Joseph, gobant d'un seul coup pratiquement tout ce qui se trouve sur la rive ouest du Rhône, de Cornas à Ampuis, soit sur 60 kilomètres au moins, y compris les terres basses du bord du fleuve qui n'avaient jamais été plantées de vignes auparavant. Ils permettent à ces espèces de bibines de s'infiltrer sur le marché dans des bouteilles tout endimanchées d'une étiquette Saint-Joseph. Au diable le consommateur et la sincérité de l'habillage! Peu importe le moindre scrupule à l'égard des prédécesseurs qui ont peiné pour façonner ces collines escarpées en sites favorables à la vigne et qui ont laissé après eux des milliers de kilomètres de murs en pierre construits à la main parce que le vin de là-haut était meilleur. Rien n'est sacré pour ces officiels de l'INAO qui continuent de dévaluer ces terroirs historiques bien qu'ils soient payés pour les protéger.

Veuillez seulement penser au sens exact du nom «Côte Rôtie». Aujourd'hui, un vin issu du plateau situé en amont de la «côte rôtie» peut en toute légalité usurper son nom.

En langue celtique, *cornas* est l'équivalent de «côte rôtie». À l'heure actuelle, l'INAO est en train d'examiner la possibilité d'autoriser des plantations de vigne sur le plateau en amont de Cornas, dont les vins seront étiquetés Cornas. Béni soit le meilleur des mondes nouveaux des grands vins de France, grâce auquel votre Côte Rôtie pourrait bien ne plus avoir de *côte*! Et vive le Cornas sans *cornas*!

Lorsque j'ai vanté Saint-Joseph, je ne parlais pas du vin ordinaire dont les raisins ont été vendangés à la machine, sur la plaine qui se trouve à quelque 50 kilomètres de la vraie colline de Saint-Joseph.

Allez, plantez sur les plateaux, dans les dépressions et jusque dans les bas-fonds, faites pousser du raisin à partir de votre nombril si vous voulez ! Yaka laisser faire. Mais, de grâce, n'appelez pas ça du Côte Rôtie, du Saint-Joseph ni du Cornas.

Les Français sont bien capables d'entretenir une telle *noblesse*. Dans son principe, le concept des *appellations contrôlées* a été élaboré avec une rigueur admirable. En vérité, c'était une idée noble. Mais, quand ils veulent jouer les putes, les Français peuvent être hors concours. Imaginez par exemple quelqu'un essayant de vous persuader que le rouge est vert et qu'un rond est carré. La joyeuse clique dirigeante de l'INAO est en train de nous faire prendre des vessies pour des lanternes en nous assurant qu'une pente est horizontale. Au-delà du grotesque, c'est une fraude légalisée.

*

Crozes-HERMITAGE ?... Nous voici repartis pour un tour. Hermitage est cette majestueuse colline à la façade plane, unique en son genre et qui est un véritable miroir solaire. Si le Créateur a jamais conçu un vignoble entre tous pour faire le vin, c'est évidemment celui d'Hermitage.

J'ai dans la tête que n'importe qui aimerait tester un Musigny après avoir goûté un bon Chambolle, ou bien un Montrachet à la suite d'un bon Puligny, mais à qui donc viendrait l'idée qu'un Crozes-Hermitage puisse *ipso facto* introduire la dégustation d'un Hermitage ? C'est aussi vraisemblable que la musique de Muzak conduisant un auditeur à Bach.

Crozes-Hermitage est de loin la plus vaste *appellation* du Rhône septentrional. Elle comprend des terrains qui ne méritent même pas d'être appelés Côtes du Rhône. Où donc sont les *côtes* ? Depuis que l'appellation a été redessinée et étendue pour inclure des terres basses et sablonneuses, c'est là que beaucoup de viticulteurs ont déménagé parce qu'ils peuvent mettre en œuvre leurs tracteurs et leurs machines à vendanger et aussi parce que les rendements y sont bien supérieurs. Profit! Facilité! Le meilleur des mondes possible!

En d'autres termes, la modification des règlements par l'INAO a encouragé, volontairement ou pas, les producteurs à abandonner les sites viticoles qui fournissent la meilleure qualité.

C'est bien la moindre des choses que le cépage de Crozes reste celui d'Hermitage. Oui, mais la syrah sans coteau est aussi ennuyeuse que saint Georges sans dragon.

En réalité, Crozes est un village endormi, juste derrière la crête d'Hermitage. Près de Crozes sont des vignobles, par exemple en amont du Rhône à Gervans, qui offrent à la vigne un milieu naturel presque comparable à celui d'Hermitage. Autrefois, certains de leurs vins se vendaient même plus chers que ceux des vignes basses d'Hermitage. Ils ne sont d'ailleurs pas sans traits communs. C'est pourquoi le premier soin a été de jumeler Crozes et Hermitage.

Les meilleures parcelles de Crozes, de Saint-Joseph, Cornas et Côte Rôtie représentent quelques-unes des vignes les plus nobles du monde, et pourtant nombre d'entre elles sont en jachère. C'est un échec de notre xxe siècle. Il y a deux mille ans, un chroniqueur latin a observé que les pentes des deux côtés du Rhône étaient couvertes de vignobles. Une façon d'encourager la replantation de ces sites historiques serait de permettre à certains vins d'avoir davantage de renseignements précis sur leurs étiquettes. En tant que consommateur, vous devriez avoir le droit de savoir si votre Saint-Joseph vient réellement de l'Antiquité ou s'il provient d'alluvions modernes. L'INAO devrait autoriser les producteurs à fournir ce genre de précision; par exemple: Saint-Joseph, *vin de Tournon* ou *vin de Mauves*, ou bien Crozes-Hermitage, *vin de Gervans* ou *vin de Mercurol*. Au fur et à mesure que, le temps passant, le consommateur commence à distinguer et à juger les différentes qualités, le prix des vins issus des meilleurs sites s'élèveraient (exactement comme, en Bourgogne, un Pommard «Rugiens» est plus cher qu'un simple Pommard) et cela transformerait en entreprise rentable l'énorme tâche de replanter les coteaux.

Une fois, j'ai importé un *vin de Gervans* d'un producteur aux vignes bien situées. Son sol était schisteux ; son exposition était presque aussi méridionale que celle de l'Hermitage ; son cépage était de la bonne vieille syrah et non l'un de ces actuels clones superproducteurs ; et sa vinification était traditionnelle.

Je lui ai acheté du 1970, du 1973, du 1974 et du 1976. Son vin rouge manquait d'élégance – lui-même aussi d'ailleurs –, mais c'était bel et bien un beau pinard, débordant de syrah. Son propriétaire avait une ossature digne de Porthos, avec un gros bulbe rouge en guise de nez. Un ordinaire verre à vin paraissait un dé à coudre entre ses mains.

La première alerte indiquant que ma source de Crozes risquait de se tarir est apparue en 1977. Il y avait un défaut de constance d'une barrique à l'autre qui me troublait. L'une s'éclatait à travers la framboise sauvage, l'autre tendait au vinaigre, la suivante commençait à s'oxyder. Mon producteur n'en descendait pas moins son plein verre de chaque. Puis il a débouché une bouteille de 1970 et il en a rempli nos verres à ras bord. Bon, c'est difficile de bien humer le vin quand le verre est trop plein pour qu'on puisse le remuer en tournant, mais, quant à celui-là, il était carrément bouchonné au premier nez. Cela arrive. Il y aura toujours une bouteille malheureuse, quel que soit le prix du vin et le prestige de l'étiquette. Dans ce cas, vous l'envoyez au tout-à-l'égout et vous allez en chercher une autre. Mais notre homme a fait comme si de rien n'était et il a vidé son verre d'un trait.

A ma visite suivante, quand je suis monté jusqu'à sa colline en voiture, sa femme est sortie pour m'accueillir. Son propre nez avait la même brillance colorée que celui de son époux. Je lui ai demandé comment ça allait. Elle s'est mise à gémir : « Nous n'avons pas assez de vin pour satisfaire les commandes. » Elle a alors ajouté sur un ton vif : « Maintenant, c'est vingt-deux francs la bouteille. » Ce prix approchait celui d'un Hermitage ! La dame me rejouait la scène que les vignerons français doivent avoir appris à l'école primaire : dites bien à votre client qu'il doit se sentir heureux s'il obtient un peu de votre vin, et s'il a cette chance, il doit payer très cher cet honneur.

Son malabar de mari est venu obstruer l'encadrement de la porte. Il avait un vague éclat dans l'œil qui laissait supposer sa trop vive attention à l'évolution de son vin. A l'évidence, sa soif s'en trouvait étanchée parce qu'au lieu de me conduire au chai pour nos affaires il m'a mené à son garage qu'il a ouvert avec un de ces gadgets électroniques. Dedans, se trouvait une automobile flambant neuve. Il m'a invité à m'installer en face de son majestueux tableau de bord. Durant les vingt minutes qui ont suivi, je suis resté assis en train de le regarder me faire la démonstration des accessoires. Tout plein de loupiotes s'allumaient et clignotaient. Les essuie-glaces cliquetaient. Le lave-glace ruisselait. Les sièges se reculaient, s'avançaient et s'inclinaient avec un doux ronron. L'air conditionné expirait. Le toit a glissé pour s'ouvrir. Finalement, il a enclenché la marche arrière en appuyant sur le champignon et il nous a fait sortir à quelques mètres du garage. Jetant un coup d'œil au compteur, j'ai vu qu'il totalisait 18 kilomètres. Je lui ai demandé à quand remontait son acquisition. Il m'a répondu : « Six mois. » Cela signifiait qu'il y avait eu un trajet du concessionnaire au haut de la colline et, depuis lors, un aller et retour quotidien pour sortir du garage et y rentrer.

Ce grand vin de Crozes qu'il faisait me manque. C'est comme si on m'ôtait un chapitre dans mon livre préféré. Je n'y suis jamais retourné. Quelques années plus tard, j'ai remarqué son Crozes blanc sur une carte de restaurant et je l'ai commandé avec intérêt et curiosité. Il n'était pas du tout *blanc* mais brun, oxydé, imbuvable.

*

Si on lui demande quel est l'essentiel à connaître à propos d'Hermitage, Gérard Chave répond : « Quand les gens pensent aux Côtes du Rhône, ils imaginent toujours de très grands *domaines*. Il leur faut savoir que l'ensemble du vignoble d'Hermitage ne totalise qu'un peu moins de 130 hectares. C'est tout petit et cela représente même moins que Côte

Rôtie ou Saint-Joseph. De plus, cette aire de production n'a pas changé depuis des siècles. Une *appellation* qui n'a pas été modifiée est extrêmement rare, surtout dans le Rhône. »

L'Hermitage de Gérard Chave est vendu sous l'étiquette de son père, Jean-Louis Chave. Elle sera de nouveau tout à fait appropriée quand le fils de Gérard, Jean-Louis, prendra la suite, continuant ainsi la lignée des Chave viticulteurs depuis 1481 ! La famille possède toujours le document original où l'on voit le seigneur d'Yserand faire don d'une terre à Charles Chave en échange d'un service rendu qui n'a pas été précisé. Cette propriété ne se trouvait toutefois pas à Hermitage même. Le vignoble actuel a été acquis beaucoup plus récemment, en 1890.

On pourrait croire qu'après cinq cents ans le métier serait devenu passablement rebattu. Il n'en est rien. On ne trouvera pas de meilleur Chave ni de plus enthousiaste que Gérard. Au fil des siècles, il a dû y avoir plusieurs éclosions de talents dans cette famille de viticulteurs, mais il leur aurait été difficile de dépasser le poids et l'autorité de Gérard. Guigal, le *négociant* d'Ampuis, a eu lui aussi une influence considérable sur le marché des vins du Rhône. L'action de Chave a été moins bruyante et moins commerciale que celle de Guigal, ce qui correspond d'ailleurs tout à fait aux différences entre leurs vins respectifs. Derrière son respect de la tradition et son incessante recherche de la qualité, Gérard Chave exprime une grande force morale. Voilà un homme qui assume l'héritage déposé à flanc de montagne, intimement incrusté tout au long du Rhône, ouvragé et planté au cours des siècles pour que chaque nouvelle année fournisse sa fleur, son fruit et, au bout du compte, une œuvre d'art liquide. Chave est capable de communiquer la responsabilité que cet héritage impose, mais il ne s'y prend pas à la manière d'un prédicateur énumérant les dix commandements. Il adopte plutôt un esprit d'interrogation, avec le sourire de celui qui aime bien les bonnes blagues, allié à une joie de vivre contagieuse. Par-dessus tout, on peut difficilement désigner meilleur viticulteur. Quelles que soient les qualités attendues d'un grand vin, elles paraissent toutes présentes à la fois dans un verre d'Hermitage de Chave.

Ses caves se trouvent à quelques kilomètres d'Hermitage, au-dessous de sa maison de Mauves, dans un village étiré dont l'économie est orientée vers les fruits et le vin. A Mauves, nulle trace du goût bien français pour la décoration des façades; à vrai dire, aucune sorte de goût ne se remarque à l'extérieur. La grand-rue est la route nationale 6, dont la taille est pincée par les bâtiments du village. D'après de vieilles cartes postales, ils ont été construits en fonction de la largeur moindre des voitures à cheval. Cela ne ralentit pas pour autant les routiers français aux semelles de plomb qui traversent le village à fond la caisse, passant à une longueur de bras du seuil où je me tiens en attendant que Chave réponde à mon coup de sonnette. Les gaz d'échappement des diesels sont confinés entre les rangées de maisons de chaque côté de la voie et donnent à Mauves une couleur plutôt gris cendre triste que mauve.

Mais tout est oublié d'un coup lorsque Chave surgit à sa porte avec son sacré sourire. C'est un homme de belle prestance qui porte bien sa cinquantaine, genre Gene Kelly, avec des yeux exprimant la fraternité et un nez prédestiné à capter les odeurs du vin. Il m'accueille souvent verre en main, et, avant même que je puisse saluer son épouse Monique, nous descendons à la cave. Et me voici soudain en train de tenir le dernier millésime d'Hermitage blanc, en train de contempler l'une des couleurs du vin parmi les plus magiques : dorée avec beaucoup de nuances, depuis certaines lueurs de vert ou de jaune paille jusqu'au soupçon de peau de pêche. Même en débutant notre dégustation à neuf heures du matin, ce vin m'apparaît toujours aussi bon à boire ; mais ce tout premier contact n'est que le signal initial d'une longue suite de variations. Je dois absolument tout cracher si je veux arriver à gravir le raidillon qui fait sortir de la cave.

Un échantillon de vin blanc est tiré d'une cuve verrée, un autre d'un foudre ovale en châtaignier, un autre d'une barrique en chêne que l'âge a rendue grise. Il y en a également à partir de fûts neufs en chêne du Limousin ou bien des Vosges. Et puis encore un lot spécial à goûter et à comparer, venant de quelque nouvelle technique dont Gérard a entendu parler et qu'il a voulu essayer pour juger par lui-même des résultats.

197

C'est l'endroit idéal pour étudier l'influence du bois sur l'Hermitage blanc. Je clame toujours mon inquiétude face au succès du négociant Guigal sur une cuvée de blanc, de peur que Chave ne soit tenté de suivre l'actuelle mode du bois neuf. Une mise en bouteilles de Guigal a donné à un journaliste français l'occasion d'écrire : « C'est le meilleur vin blanc du Rhône que j'aie jamais goûté, et c'est une leçon de vinification pour tous les autres viticulteurs de la région. » Les vins de Guigal me semblent bien conduire les écrivains du vin à de loufoques extrémités. L'ironie de l'histoire, d'après la version que j'ai entendue dans une cave de Tain-l'Hermitage, réside dans le fait que l'Hermitage blanc en question a été acheté et non vinifié par Guigal. Le véritable producteur l'a bradé en vrac comme cuvée ratée à cause de son violent goût de chêne. J'ai eu la chance de le déguster.

Il n'avait aucun caractère d'Hermitage. Il avait un seul parfum : le chêne neuf. C'est une odeur triste et monotone, mais le nombre de dégustateurs qui en raffolent est très étonnant. Quant à moi, je dis que si on doit payer le prix d'un Hermitage, celui-ci pourrait, à tant faire, avoir le bouquet d'un Hermitage. Chave utilise le chêne neuf comme une sorte d'aromate dont la présence n'est que l'une des multiples facettes dans le bouquet de son vin une fois mis en bouteilles. Il aime bien, d'ailleurs, se comparer à un chef de cuisine qui sale sa production. Un peu de sel peut améliorer le plat, mais trop de sel couvre à outrance toutes les autres saveurs.

Par ailleurs, certains producteurs d'Hermitage ont pris l'initiative de mettre leur vin blanc en bouteilles sans aucun vieillissement sous bois et sans que la fermentation malolactique ait pu se produire. Une telle pratique impose une très sévère filtration et une bonne dose de SO_2 pour éviter que le vin ne suive son penchant naturel et ne trouve sa libération dans la bouteille à travers les bulles et la puanteur.

« Ces vins, dit Chave, ne sont pas mauvais, mais ils ne sont pas dans le style classique d'Hermitage. La vinification sous bois permet un meilleur développement des arômes parce qu'il se passe un phénomène d'osmose dans le bois qu'on n'obtient ni dans le métal ni dans le verre. Dans l'inox, le vin reste plus anonyme ; il ne reflète pas l'originalité de l'appellation, c'est-à-dire les caractéristiques profondes du type Hermitage. La définition de ce caractère ne date pas d'hier. Les méthodes de vinification qui ont été pratiquées au cours des âges contribuent elles aussi à forger l'identité d'un vin. C'est en ce domaine que la réglementation de l'INAO est très incomplète. L'INAO décide des cépages, du nombre de bourgeons à laisser sur chaque branche, du type de taille, etc., mais il ne dit rien quant à la vinification. Chacun peut faire ce qu'il veut. Si je décide demain de vinifier mon Hermitage rouge en macération carbonique, nul ne peut me mettre en tort. Et ce serait toujours de l'Hermitage. »

Les multiples *cuvées* de son dernier-né sont suivies par une procession de millésimes étalés dans le temps. Aujourd'hui, de toutes les appellations du Rhône nord produisant des vins blancs, la seule chose sûre et certaine est, bon an mal an, la qualité de l'Hermitage de Chave. Que ce soit 1986, 1985, 1984, 1983, 1982, 1981 ou 1980 (pour citer la décennie que je connais le mieux), c'est un vin qui peut être apprécié jeune, vieux ou entre les deux. Et l'on peut trouver quelque plaisir à laisser vieillir des bouteilles d'un même millésime, en nombre suffisant pour observer son évolution sur dix, vingt, voire trente années.

Ces descentes au saint des saints de Chave représentent le grand frisson du dégustateur. Au profond de la terre, on n'entend rien qui provienne du monde extérieur, et ces dégustations professionnelles ne sont jamais interrompues, sauf cas d'urgence. La cave est constituée de plusieurs salles dont l'une, en particulier, est inoubliable. Elle est remplie de barriques et dans les loges aménagées contre les murs se trouve le trésor familial des vieilles bouteilles, certaines étant entièrement couvertes de moisissures dont les mèches et les boucles, alliées aux toiles d'araignées, forment un camaïeu allant du noir velouté au blanc argenté. Ici l'on voit des nuances de vert et là de bleu. Ailleurs luisent des gouttelettes d'humidité. Ça pend du plafond et les murs en sont tapissés ; et bien qu'il n'y en ait pas absolument partout, on dirait que tout est sur le point d'être envahi. Voilà votre toile de fond visuelle tandis que vous regardez la robe du vin dans votre verre. L'atmosphère fraîche et humide est agréablement chargée d'arômes. Il y a en arrière-plan l'odeur un peu chaleureuse du vin rouge nouveau en barriques, et les relents crus mais pleins de mystère des champignons, ainsi que l'évaporation constante de tous les vins qui ont été crachés sur le sol de terre gravillonnée depuis la nuit des temps. C'est une ambiance où l'on se sent solidaire de tous ceux qui vous ont précédé, qui ont produit les mêmes bruits tintants que vous en remplissant leurs verres à la pipette, les mêmes borborygmes en aspirant, en mâchouillant et en crachant, et qui ont émis les mêmes claquements de langue, murmures et grognements d'approbation.

Les vignes de Chave s'égaillent dans toute *l'appellation* Hermitage et son vin rouge en bouteilles en est toujours un assemblage. Dans la littérature locale, on trouve les noms de ces différentes parcelles mentionnés bien antérieurement à l'Hermitage lui-même. Un document de 1389 cite Bessards, Méal, Rocoules, Baumes, etc., alors que la première apparition du nom d'Hermitage dans les grimoires ne remonte qu'à 1598.

En avril 1983, je suis arrivé pour goûter l'Hermitage rouge 1981 de Chave. Il n'avait pas encore assemblé ni mis en bouteilles ses diverses cuvées, aussi allions-nous de droite et de gauche dans la cave, échantillonnant ses vinifications séparées aux foudres, demi-muids, tonneaux et barriques.

«Nous allons commencer par les Dionnières», a-t-il dit en plongeant sa sonde à travers le trou de bonde d'une barrique pour y prélever un vin pourpre qu'il a laissé filer avec soin dans nos verres. «Les Dionnières se trouvent en bas d'Hermitage, en aval des Rocoules. Elles donnent toujours un vin fin et élégant qui n'est jamais très tannique. Il ne faut pas croire que les hauts de côtes soient dans tous les cas meilleurs que les bas. En réalité, quand l'année est plutôt sèche, les pieds de côtes donneront de meilleurs résultats parce que les vignes souffrent moins. En année moyenne, les vignobles situés plus haut sont supérieurs. Mais le bon équilibre ne se trouve que dans l'assemblage final des origines. En 1981, les hauts de côtes sont sans aucun doute les mieux réussis mais, comme vous pouvez le constater, les parcelles du bas ont donné un vin fruité et élégant. Il est toutefois certain que, mis en bouteilles tel quel et séparément, il ne serait pas tout à fait représentatif de *l'appellation* Hermitage.»

Je lui ai demandé si les plus basses parcelles comme les Dionnières étaient plates. «A Hermitage, il n'y a pas de terrains plats. Rien à voir avec Crozes-Hermitage. Mais le sol est plus léger en pied de côte, ce qui favorise la maturation du raisin.

«Voici le vin des Baumes. Il est toujours à la fois fin et tannique. Délicat mais costaud. Les Dionnières ont un parfum de petits fruits rouges, tandis que les Baumes s'apparentent davantage aux fleurs sauvages. Quoique les arômes puissent varier d'une année à l'autre. Cela dépend du degré de maturité des raisins et surtout si l'année a été sèche ou non. Ce serait trop facile si tous les millésimes se ressemblaient. Dans ce cas, je n'aurais qu'à mettre en bouteilles le même assemblage chaque année. Dix pour cent de Baumes, vingt pour cent de ceci, quinze pour cent de cela... Ça n'aurait pas pour moi le même intérêt.»

Je lui ai fait part de mon impression sur le vin des Baumes, qui me semblait plus plein et riche mais aussi plus court en bouche.

«Il paraît court à cause de l'astringence du tanin. Ce vin a une finale sèche, c'est pourquoi il donne l'impression d'être court. Mais il a plus d'aptitude au vieillissement que celui des Dionnières. On pourrait faire un bon *petit* Hermitage en mélangeant les deux.

«Ça, c'est du Péléat. Il a plus de profondeur avec des arômes de violettes.

«Voici les Rocoules. On y fait peu de vin rouge. Ce quartier donne surtout du blanc.»

Je lui ai demandé en fonction de quoi il décidait de planter de la vigne rouge ou blanche, plutôt ici que là.

Il m'a répondu : «Oh! je n'ai pas de grandes décisions à prendre! Elles ont été prises depuis des siècles. C'est la nature du terrain qui décide à votre place. Les sols faits de calcaire et d'argile ont une vocation à vigne blanche mais le raisin blanc ne viendra pas dans le granit, ou son produit manquera d'élégance. Il y a longtemps qu'on sait tout ça ; mais cette inadéquation du raisin blanc au granit, je l'ai apprise moi-même par expérience. Par ailleurs, la syrah plantée dans un sol à vigne blanche réussit mieux. Voyez donc comme son vin est plus gras, avec davantage de glycérine, presque comme dans un blanc.

« Voici maintenant le Bessard. Sentez-vous cette fleur d'aubépine ? Je vous en ai montré hier, sur la côte. Elle pousse par ici et nous retrouvons souvent son parfum dans nos vins. Bessard a plus de structure tannique que les autres sans posséder davantage d'alcool. Ce sont des caractères vraiment particuliers. C'est moins floral, mais plus long en bouche... Pour moi, en définitive, pas un seul ne peut rester tout seul ! »

Je lui ai demandé si les différences entre les vins étaient une question d'exposition, d'altitude ou de nature du sol.

« C'est toujours le sol. En Hermitage, l'exposition est pratiquement la même à flanc de côte. Mais Bessard est essentiellement granitique.

– Est-ce le même clone de syrah qu'à Péléat ou ailleurs ?

– Tout à fait. Quand je replante, j'utilise des greffons prélevés sur mes vieilles vignes. »

Il a hésité un instant en désignant du regard une rangée de petits foudres ovales. « Nous avons une autre *cuvée* de Bessard à goûter, mais nous y viendrons plus tard parce qu'il est terriblement tannique. Voyons d'abord le Méal. » Le Méal semblait d'une robuste constitution, mais moins aromatique, moins riche que les autres. J'étais curieux de savoir la particularité qui justifiait son intervention à l'assemblage final.

« C'est sa complexité tannique. Lors de l'assemblage, il ne faut pas perdre de vue cet aspect, mis à part le côté floral ou aromatique. Certaines *cuvées* apportent une certaine finesse sous forme d'un parfum spécifique, pour d'autres, c'est un soutien en tanins. Mais il y en a de plusieurs sortes : des durs, des fins, des plus souples... »

Je lui ai demandé ce qu'il pensait du nez du Méal et il m'a dit qu'il lui rappelait la cerise, tout en ajoutant : « Mais ça peut changer. Un jour on trouve du raisin de Corinthe, et peu de temps après, c'est plutôt de la cerise ou de la vanille.

– Vous ne trouvez pas de la cerise dans Le Méal tous les ans?

– Non, absolument pas. C'est trop simpliste de prétendre d'un vin qu'il ressemble à ceci ou cela. C'est bon pour les journalistes qui le goûtent une ou deux fois par an au maximum. Mais quand on le goûte souvent, on s'aperçoit que rien n'est aussi évident ni définitif que ça.

«Alors voici cette autre cuvée de Bessard à laquelle j'ai fait allusion. A remarquer que celle-ci est logée en *foudre*. Il y a une différence considérable entre le *foudre* et la barrique. C'est frappant! Logez le vin dans deux contenants différents et, deux mois plus tard, vous aurez deux vins différents.

– Au départ, c'était exactement le même vin?

– Absolument, et c'est bien pourquoi on peut dire qu'un vin "se fait" plus vite en barrique qu'en foudre. Voilà aussi pourquoi j'aime avoir un peu de chaque. Je vais mettre celui-ci en barriques et l'autre ira le remplacer dans les foudres avant l'assemblage.

– Mais pourquoi ne pas tout laisser en foudre afin d'avoir une évolution plus lente et un processus de vieillissement plus allongé après la mise en bouteilles?

– Non, l'oxydation en bouteilles n'a rien de comparable. Le vieillissement est une oxydation. Mais celle qui se produit dans le bois ne se produira jamais en bouteille.»

Je lui ai fait part de mon expérience dans les caves de Raymond Trollat, à Saint-Jean-de-Muzols, non loin de là. «Il a des *demi-muids* qui ont bien cinquante ans. Certains sont de châtaignier, d'autres de chêne. A cet âge, les fûts ne communiquent plus aucun goût de bois au vin, et pourtant le vin n'a pas le même caractère, d'une essence de bois à l'autre.

– Cinquante ans après, il y aura encore une différence. Parce que la porosité du bois n'est pas la même. Le chêne a une fibre plus compacte et serrée; les échanges avec l'air sont plus lents, ce qui donne un vin plus ferme, plus fermé, si vous voulez. La fibre du châtaignier est plus lâche. Le vin respire mieux et il évolue davantage.»

Après avoir dégusté séparément chacune des cuvées de 1981, nous les avons toutes repassées en revue et Chave a prélevé avec grand soin un petit peu de celle-ci, un petit peu de celle-là, une touche de Péléat, pour finalement me tendre un verre d'Hermitage rouge en disant : « Voici aujourd'hui mon idée de ce que sera *l'assemblage* du 1981. »

Si Betty Grable a pu faire assurer ses jambes, Chave pourrait en faire autant de son nez. Il a mis celui-ci juste au-dessus de son verre. « Non, il faut que ce soit plus floral... là, un petit peu plus de Baumes... voilà, tenez... le nez ressort mieux. » Puis il a compté un rang de barriques pour prendre quelques gouttes d'un autre vin qu'il a rajoutées à sa composition. « Juste une touche supplémentaire de Péléat pour assouplir ce tanin. Je ne sais pas exactement. Comme ça, sans éprouvette graduée, c'est assez imprécis. Et ce serait plus facile s'il n'y avait que trois ou quatre vins à assembler, mais c'est passionnant d'avoir un tel éventail de possibilités. Imaginez un compositeur qui n'aurait que trois ou quatre notes de musique pour s'exprimer. Mais attendez une minute, voyons si un chouia en plus du Bessard en foudre... non, ce n'est pas mieux, pas vrai ? Avant de mettre en bouteilles le 1981, je passerai deux semaines à trouver le bon *assemblage*. Après quoi, vous ne pourrez reconnaître aucune des cuvées individuelles que nous avons goûtées, mais il y aura une certaine harmonie en bouche. Aujourd'hui, c'est juste une esquisse. »

Ensuite, les bouchons ont commencé à sauter. Nous avons dégusté les 1980, 1979, 1978 et 1977.

Ceux qui cotent les millésimes ont rendu le 1977 difficile à commercialiser aux Etats-Unis. J'ai demandé à Chave s'il avait établi quelque sorte de barème pour classer ses divers millésimes.

« Pour moi, une fois le vin mis en bouteilles, j'ai une conception différente de la qualité qui n'est pas de juger le vin tout seul. Une fois que vous avez un vin honnête dans votre verre, votre raisonnement doit être différent, et, en le goûtant, il faut l'imaginer sur un plat. Autrement, vous ne faites rien d'autre que dire votre préférence un peu plus grande pour celui-ci ou celui-là, ce qui ne présente pas beaucoup d'intérêt. Voilà bien ce qu'on peut reprocher à la plupart des critiques du vin. Il faut s'y connaître en cuisine de manière à recommander un vin et dire, par exemple, que celui-là irait bien avec du gibier. La destination finale du vin est sur la table, avec de la nourriture. Servez le même vin sur deux plats différents et vous en aurez deux opinions différentes. »

Chave a alors débouché ses 1976, 1975, 1974, 1969 pour finir avec le 1942. Un état d'approbation béate a remplacé le grand effort de concentration requis pour apprécier les jeunes cuvées. En remontant les décennies de l'Hermitage de Chave, vous prenez conscience de la transformation d'une jeunesse turbulente et sauvage en une œuvre profonde et sophistiquée.

« Maintenant, changeons complètement de style », a déclaré Chave en se tournant une nouvelle fois vers ce que son distributeur anglais Robin Yapp a appelé « cette sinistre mer de champignons ». Il a pris une bouteille et enlevé l'épaisse houppe de moisissure attachée au goulot avant d'introduire son tire-bouchon. Il n'y avait pas d'indication du millésime parce qu'aucune étiquette ne supporte cette humidité ; Chave a annoncé : Hermitage blanc, 1952. Par contraste avec l'arrière-plan sombre, la profonde couleur dorée du vin était sensationnelle à voir. Le nez était fondu, gras, miellé, vivace, merveilleux. Quelque chose en lui – peut-être son amplitude et sa complexité – me rappelait les bouquets seigneuriaux d'un vieil Yquem ou d'un grand Alsace de *vendanges tardives*, mais l'Hermitage me semblait plus impressionnant encore du fait qu'il était sec. Il était éblouissant sans la flatterie de la liqueur apportée par la pourriture noble.

*

Au temps des vendanges, le coteau d'Hermitage offre un spectacle coloré, baigné d'une lumière douce où l'on devine l'entrée de l'automne. Le vert feuillage des vignes fait des cascades contre les piquets de bois, mais la croissance fougueuse de la fin du printemps et du début de l'été est passée. Le cep semble épuisé. Les grappes de syrah sont violet foncé et très petites, peu nombreuses et clairsemées ; tout en s'efforçant de garder le pied ferme sur la pente raide, on ne manque pas de s'émerveiller à la vue de cette production aussi laborieuse que parcimonieuse. Tout à coup, une bouteille d'Hermitage semble très peu chère.

Depuis le haut du coteau, on a une vue grandiose, limitée à l'est par les Alpes lointaines et à l'ouest par le Massif central. Vers le sud, on dirait toujours que si le ciel était juste un tout petit peu plus clair, l'horizon s'éloignerait jusqu'à la Méditerranée. En bas, le Rhône puissant trace une courbe particulièrement gracieuse.

Le 2 octobre 1986, Chave a réuni son équipe de trente vendangeurs et ils ont commencé à récolter les raisins blancs qui n'étaient pas du tout blancs. Certaines grappes de marsanne étaient dorées, d'autres tiraient sur le violacé et d'autres encore étaient flétries et de couleur sombre. Les grains de marsanne étaient délicieux à manger, immédiatement cueillis sur la vigne, et Chave a été certain que ce serait un bon millésime quand il a vu ses vendangeurs en croquer pendant leur travail.

Assez curieusement, l'équipe de Chave était presque la seule à flanc de coteau. En y regardant de plus près, j'ai observé que les parcelles voisines avaient déjà été dépouillées de leur trésor.

Chave m'a dit (avec un grand sourire) : «Ils ont presque tous terminé leurs vendanges. Ils avaient peur qu'il ne pleuve, peur de jouer à la roulette. Certains d'entre eux ont fini depuis une semaine et nous débutons juste. Ils n'auront pas assez de sucre naturel dans leur raisin et seront obligé de chaptaliser. Mais oui, c'est maintenant permis même en Hermitage. C'est un scandale. Ainsi, les œnologues disent à tout le monde de vendanger plus tôt pour avoir davantage d'acidité et diminuer le risque de pourriture. Ils leur conseillent de vendanger de bonne heure et d'ajouter du sucre plus tard. Tenez, goûtez-moi ce grain de raisin encore vert. Il n'a ni goût ni caractère. Maintenant, goûtez un grain doré. Vous voyez la différence? Ils veulent tous faire ce que j'appelle du vin technologique. Il peut être fruité mais c'est toujours le même goût, qu'il vienne de la Loire, du Rhône ou bien de n'importe où. Ce n'est pas ça que je veux. Le raisin est un fruit comme la poire ou la pêche. S'il est mûr, il aura beaucoup plus d'odeur et de goût. Les gens oublient trop que le raisin est un fruit. Ils ne mangeraient jamais une pêche verte, mais ils vendangent du raisin vert. S'ils ne chaptalisaient pas, certains producteurs auraient cette année de l'Hermitage blanc à 11 degrés d'alcool! Son goût sera totalement différent du mien.»

Quand je suis parti, Chave était en train de dire à son chef d'équipe de couper d'eau le vin des vendangeurs parce que la veille en fin de journée, l'un d'eux avait trébuché et s'était blessé à la tête contre une pierre. Il avait fallu appeler une ambulance. Ils agitaient entre eux la subtile question de l'assurance sociale: l'ouvrier était-il encore au travail? Le chef d'équipe a déclaré qu'il venait juste de se laver les mains. Et il protestait par ailleurs contre la dilution du vin réservé aux vendangeurs qui ne manqueraient pas de rouspéter. «Et ceux qui ne prennent qu'une gorgée de temps en temps? Faut-il pénaliser les raisonnables à cause des deux ou trois qui boivent trop?»

Chave a répliqué que le vin était trop fort. Il donne à ses vendangeurs un mélange de vin de presse, de vin des jeunes vignes et des cuvées moins réussies qu'il ne met pas dans son assemblage. «Le vin d'Hermitage est trop fort pour le boire dehors au soleil.» L'historique de ce raisonnement au sein de la famille Chave doit bien remonter à cinq siècles.

*

Si Hermitage semble avoir été créé à dessein pour la vigne, avec seulement quelques retouches pour qu'il soit parfait, la Côte Rôtie est très évidemment le résultat du labeur humain. Les côtes escarpées sont un patchwork plutôt débraillé de murs de pierres et de terrasses, souvent à peine assez larges pour accueillir un seul rang de vignes. Par endroits, la terre ressemble davantage à un métalloïde extraterrestre et vérolé qu'à un sol propre à la viticulture. Mais les Anciens ont su apprivoiser ces pentes et, sur la Côte Rôtie aussi bien qu'en Hermitage, la syrah est capable de magnificence.

Syrah, serine, sarine, syrrah, sirah, syras, schiras, schirac, sirac... En 1868, après plus de vingt siècles de viticulture, quelqu'un a remarqué que la *serine* de la Côte Rôtie et la *sirrah* d'Hermitage étaient le même cépage. Cela est notamment révélateur du chauvinisme passé (et encore présent) de cette région de France. Quand je suis venu pour la première fois en 1976, j'ai été frappé par la rusticité des caves et du matériel, même si l'autoroute Paris-Marseille et le rail sont à proximité.

Etant donné la ressemblance entre les vins de Côte Rôtie et ceux d'Hermitage, il est incroyable qu'il ait fallu si longtemps avant que quelqu'un en déduise qu'ils sont nés de la même vigne mère. Il existe une différence entre les deux vins mais sa description reste problématique. Gérard Chave prétend que le Côte Rôtie est moins capiteux que l'Hermitage, affirmation qui justifie les accusations de chauvinisme... ou «Chavinisme» ! Car l'arôme d'un Côte Rôtie bien vinifié et provenant de vieilles vignes croissant sur la véritable et authentique «côte rôtie» n'a guère de rival du côté capiteux. Il se trouve certes une différence entre ces deux vins de syrah mais, pour l'expliquer, il faudrait que je me creuse la cervelle pour extraire mes notes d'un cours de littérature, voilà bien des années, où mon professeur tentait de rendre simple la distinction faite par Nietzsche entre les qualités respectives relevant d'Apollon et de Dionysos. Ça donnait à peu près ceci :

L'apollonien est maître de lui avec une beauté plus formelle, mieux architecturée, comme pour le vin d'Hermitage.

Le dionysiaque a une force plus sauvage, plus instinctive, plus spontanée, avec une beauté passionnelle plutôt que cérébrale, comme il en est pour le vin de Côte Rôtie.

En fait, si l'allure du Côte Rôtie avait moins de majesté, ses arômes pourraient paraître ostentatoires. Seul le sang royal peut se permettre le port de plumes d'autruche, de robes de cérémonie en renard blanc et de joyaux étincelants en toute impunité.

Le spectacle de la Côte Rôtie s'ouvre sur le village d'Ampuis. Chaque commune viticole de France revendique plus ou moins l'héritage des Romains mais, en ce domaine, Ampuis est champion toutes catégories. Certains ouvrages sur le vin reprennent volontiers l'anecdote (qui n'a pas été prouvée) selon laquelle Ampuis fut le premier vignoble français.

C'est peut-être son nom qui provoque un tel non-sens. On prétend qu'Ampuis est dérivé du grec *ampelos* qui signifie vigne. Cela tendrait à démontrer que les Grecs ont cultivé la *Vitis vinifera* à Ampuis avant l'arrivée des Romains. Après tout, pourquoi pas?

Mais que devient l'hypothèse selon laquelle Ampuis vient du verbe *empoisser*, c'est-à-dire enduire de poix. Plutarque a mentionné le vin de la région et l'a qualifié de *vin empoissé*. Du moins, c'est la traduction de ses écrits en français. Certains sont convaincus que les Romains ont *poissé* le Côte Rôtie, comme il était d'usage à leur époque pour tenter de stabiliser les bons vins. Le passage sémantique est acceptable. Il nous est difficile aujourd'hui d'imaginer semblable traitement d'un Côte Rôtie à la poix mais, de nos jours, lui infliger une écrasante odeur de chêne neuf est considéré par beaucoup comme un procédé tout indiqué. Alors, qui sait? Ou encore Ampuis peut venir de *am* et *puits* qui signifierait «autour du puits», comme en Beaujolais on trouve le village d'Amplepuis qui dit bien ce qu'il veut dire. Accordons un sourire à la supposition qu'Ampuis équivaut à «puits aimable» ou encore «puits qui stagne», le préfixe *am* étant alors chargé de redoutables amibes. Le très sérieux dictionnaire étymologique des noms de lieux en France, de Dauzat et Rostaing, retient pour sa part qu'Ampuis a la même racine gréco-latine qu'Ampus, sans aucun doute dérivé d'*emporium* qui signifie «lieu de commerce» ou «marché».

On rencontre aussi une abondance de légendes et de théories à propos des premières plantations de vigne. Beaucoup sont d'avis que la syrah a été apportée par les Grecs qui avaient colonisé Marseille (Phocée) et l'embouchure du Rhône que leurs activités de commerce leur ont fait remonter. On n'a pas de preuves de l'installation des Grecs à Ampuis. On a cependant trouvé des amphores grecques en aval, à Tain-l'Hermitage. Chose curieuse, la culture de la syrah en Provence et dans le Rhône du Sud ne s'est produite qu'au cours de notre siècle, quand elle a été importée du nord avec l'idée farfelue d'ennoblir les vins méridionaux. Si elle était venue du sud ou du nord à partir de Marseille n'en resterait-il pas des traces à l'origine? Bien que je ne possède aucun fondement historique pour le supposer, mon nez me dit que la syrah est venue de l'est à travers les Alpes. Un vin de syrah jeune a davantage de traits communs avec un Nebbiolo du Piémont qu'avec un cru de la région de Marseille.

La mise en terrasses des coteaux d'Ampuis a dû prendre des siècles. Il est douteux qu'un viticulteur grec ou romain ait un beau jour levé la tête et le doigt avec sagesse pour décider du meilleur site où planter de la syrah. Au début, on a probablement fait venir la vigne en pied de côtes, là où la culture est plus facile et où l'eau du fleuve tout proche est abondante. Il faut aussi se rappeler que le niveau du Rhône n'était pas constant. Ce n'est qu'au XIXe siècle que l'homme a commencé d'en contrôler le cours. Auparavant, il changeait son lit presque par pur caprice, et un terrain cultivé sur la plaine pouvait être inondé d'une année à l'autre, soit une autre raison de planter en coteau. Mais quand on a goûté les premiers vins de Côte Rôtie, quelqu'un a bien dû remarquer une plus grande finesse, d'où l'extension des vignobles vers le haut pour satisfaire la demande. Tout cela n'est qu'une hypothèse : peut-être le Créateur a-t-il installé les terrasses au sixième jour pour pouvoir boire du meilleur vin le septième ?

La construction des murs correspondait à deux besoins : extraire du sol les grosses pierres pour faciliter la culture et empêcher que l'érosion ne fasse descendre la terre. Ces murs ont été élevés à la main, et certains ouvriers n'ont pas pu s'empêcher de s'exprimer en créant des sortes de dessins tandis qu'ils travaillaient. C'est pourquoi nombre de murs représentent des figures géométriques qui frappent l'œil, d'autres étant simplement des accumulations aléatoires de pierres.

Nous croyons savoir qu'au VIIe siècle, saint Eloi s'est bagarré avec le diable dans l'église d'Ampuis, mais pour autant que je le sache – et je ne suis pas historien patenté – la première trace certaine prouvant la présence de la vigne à Ampuis date de 816. Précédemment, on désignait toujours le vin de Côte Rôtie sous le nom de vin de Vienne, soit la ville la plus importante, à quelques kilomètres au nord d'Ampuis. Un acte daté «Un vendredi du mois d'avril dans la deuxième année suivant la mort de Charlemagne» certifie qu'un dénommé Rostaing et son épouse Andelmonde ont fait don à l'église de Vienne de deux parcelles de vignes situées «*in villa Ampusio*» tout en réservant pour eux-mêmes, leur vie durant, l'usufruit desdites vignes. Plutôt que laisser après eux leur vignoble entre les mains de quelque parent va-nu-pieds, ils ont arrangé leurs affaires de telle sorte que ce soit le bon Dieu qui héritât du titre de propriété, attaché à du raisin de première qualité en Côte Rôtie, au même moment où Il aurait à décider s'il Lui fallait envoyer Rostaing et Andelmonde au paradis ou en enfer.

Onze siècles plus tard, il y a toujours un Rostaing qui possède des vignes à Ampuis. Je ne lui ai pas demandé s'il est un descendant de Rostaing et Andelmonde parce que je ne souhaite pas prendre le risque de démolir une si parfaite filiation. Le Rostaing actuel, René, est né en 1948 et il a vinifié son premier Côte Rôtie à l'âge de 22 ans. Il m'a dit un jour : «Pour comprendre la Côte Rôtie, il faut grimper dans les vignobles. Regarder à travers une vitre de voiture ne suffit pas.» Il s'est révélé un guide passionné qui a l'air de connaître le moindre coin et recoin, la composition minérale et l'origine géologique de chaque pierre.

Les différentes côtes de la Côte Rôtie, telles que les deux plus célèbres, la Côte Blonde et la Côte Brune, sont séparées par des ravins profonds que les torrents et ruisseaux ont érodés depuis des millénaires. D'après Rostaing, cette érosion a créé des sols radicalement différents les uns des autres. «Ampuis est un petit vignoble, l'un des plus petits de France. Nous avons moins de 130 hectares plantés, sur trente types de sols différents et il n'y a jamais plus de 5 hectares du même type.»

Comme chez Chave, ces différents sols produisent des vins différents.

Marchant péniblement à pied sur sa parcelle en Côte Blonde, Rostaing m'a dit : «C'est cette base de craie et de quartz siliceux qui donne au vin de Côte Blonde son élégance et son raffinement. C'est un vin qui a besoin de temps. Pendant les premières années, il semble plutôt muet, mais avec l'âge il commence à s'exprimer. Son tanin est tout en délicatesse et se fond parfaitement. C'est ça, la finesse.» Nous sommes retournés à sa voiture pour aller voir la Landonne.

«La Landonne commence ici, juste après ce ruisseau. Elle ne fait pas partie de la Côte Brune. Je souligne ce point parce qu'on fait fréquemment l'erreur. Il y a davantage de côtes en Côte Rôtie que les seules Brune et Blonde. Ces deux-là représentent dix pour cent de la Côte Rôtie. Pas plus. La tendance actuelle d'appeler les côtes méridionales Blonde et celles du nord Brune est une simplification abusive. En allant du sud au nord, on trouve Côte Mollard, Blonde, Brune, Mouronnes, Landonne et Vieillère.»

Tandis que nous dérapions, secoués, ballottés sur le chemin pentu, rocailleux, malaisé, Rostaing a hoché tristement la tête : «Regardez-moi ça : la Landonne commence ici, où rien ne pousse que des mauvaises herbes. Là, il y a quelques vignes. Mais là, encore des friches. La moitié de la Landonne est en jachère. Voici ma parcelle : la Landonne de Rostaing ! Trois mille mètres carrés ! Quinze cent bouteilles par an ! Un peu plus loin, ces vignes appartiennent à mon oncle, Marius Gentaz. Il a cinq millle mètres carrés. La pente est raide, pas vrai ? Mon oncle a des vignes qui ont au moins soixante ans. Vous voyez comment elles ont été conduites ? Elles sont belles ! Ici, le sol est plus argileux. Il y a très peu de silex et le vin est plus rustique, moins élégant que celui de la Côte Blonde.

«Mon grand-père a fait ici du vin après la Première Guerre mondiale. Il le vendait en fûts aux bistros du pays. Cinq francs du litre. Pour les gens d'Ampuis, le Côte Rôtie était leur vin de tous les jours. Vous savez, un verre en jouant aux boules, dehors sur la place du village. Par la suite, après la Seconde Guerre mondiale, la vie a commencé de changer, son coût a augmenté. Les gens ont voulu d'avantage de confort. Avant, ils allaient à la pêche le dimanche et ils portaient les mêmes vêtements jour après jour, mais, plus tard, il a fallu que chacun ait une auto, puis une deuxième, un nouveau congélateur, des vacances. Pendant ce temps, le vin de la Côte Rôtie ne se vendait guère mieux. Alors, que s'est-il passé ? On a décidé que ça ne valait pas le coup de labourer en coteau. Ça coûtait trop d'efforts. Et on a abandonné les côtes. Si la moitié de la Landonne est en friche, ça date de cette époque-là. C'est à ce moment qu'on a planté en plaine, à l'aval d'ici. Mais on a planté des abricotiers parce que c'était plus rentable que de vendre du Côte Rôtie. Des abricots, des laitues, des petits pois...»

Un peu plus tard, le même jour, Marius Gentaz, l'oncle de Rostaing, a continué le récit. C'est un homme à la soixantaine décontractée, vêtu de la traditionnelle et bien française salopette bleue. Il m'a dit qu'au cours des années 60, certains fermiers de la plaine ont été forcés de vendre leurs terrains à l'Etat pour la construction de l'autoroute du Soleil. Plusieurs ont employé l'argent de leurs indemnités dans l'achat de terres à vignes sur les coteaux.

Maints viticulteurs du Rhône nord estiment que c'est Gentaz qui fait actuellement le Côte Rôtie le plus traditionnel et le plus typique. Je lui ai demandé son secret.

«Pour faire un bon Côte Rôtie, m'a-t-il répondu avec une modestie sincère et presque naïve, il faut que les vignes soient plantées au bon endroit et récolter du raisin sain. Et, par ici, on ne peut pas faire du grand vin à partir de jeunes vignes. Avant de donner du joli vin, il faut qu'elles aient quinze à vingt ans.»

«Ben... il faut bien s'en occuper, il faut que les barriques soient ouillées à ras bord.» Ici, je présente toutes mes excuses aux viticulteurs qui cherchent le truc pour faire du bon vin de syrah! Et Gentaz a ajouté en souriant: «Il faut élever son vin de la façon qu'il doit être élevé. Je n'ai rien changé. Je fais comme mon beau-père m'a appris. Comme il faisait lui-même il y a quatre-vingts ans. Exactement comme ça!»

*

Cinquante pour cent de la Landonne en friche! Et d'après René Rostaing, soixante pour cent du vin produit aujourd'hui à Ampuis vient du plateau, que les anciens avaient plus judicieusement consacré au maïs et au blé. Quelle tragédie pour l'un des meilleurs vignobles du monde!

Il n'est pas sans ironie paradoxale de penser que les facteurs mêmes pouvant à notre époque signifier le renouveau des vignobles authentiques de la Côte Rôtie s'accompagnent d'un risque : celui de modifier si radicalement le goût du vin d'ici qu'il deviendrait méconnaissable pour ceux qui l'apprécient dans son type actuel. Les diverses mises de Guigal, le négociant-propriétaire d'Ampuis, accaparent la une des publications sur le vin et dominent les dégustations à l'aveugle prenant, même dans la presse en général, une importance dangereuse. Le public en est au point de juger qu'un Côte Rôtie a par définition un goût de chêne. L'étape suivante passe par le rejet du vin traditionnel de la Côte Rôtie, lequel n'a ni goût de chêne ni trop d'alcool.

Loin de moi l'idée de reprocher à Guigal cet état de choses. C'est l'un des rares vignerons qui possèdent le talent de produire exactement les vins qu'ils veulent. Il possède également un grand instinct commercial, et ses vins au goût de chêne neuf et dotés d'une teneur en alcool brûlante sont bien faits pour plaire aux foules. Il faut du talent pour savoir aussi bien enchanter le public et les critiques. Ah, les critiques ! Jamais je n'ai entendu la moindre chanson triste au sujet du Côte Rôtie de Guigal, mais après tout, chacun ses goûts, et tant mieux si tout le monde est heureux. Moi je veux que mon Côte Rôtie ait le goût d'un Côte Rôtie. Cela me rappelle quelqu'un de ma connaissance qui semblait toujours avoir une nouvelle petite amie. Ses «fiancées» avaient toutes un point commun : des seins énormes. Les élues de son cœur pouvaient être ou non mignonnes, intelligentes ou pas ; rien ne paraissait lui importer du moment que leur poitrine fût de belle taille. C'était une façon si spécifique d'apprécier les qualités d'une femme qu'elle en arrivait à sembler perverse. Quant à moi, j'ai tendance à sourire de ceux qui deviennent gagas devant un vin énorme à l'aspect d'encre et au goût de chêne, portant une étiquette de Côte Rôtie. Mais, encore une fois, je salue les créations de Guigal comme de brillants succès commerciaux.

Pourquoi donc demander à un vin de vous choquer les sens ?

Nous n'appliquons pas un tel critère aux autres arts (musique ou peinture, par exemple), pour lesquels nous accordons grande valeur à la délicatesse, et où les clairs-obscurs, les nuances, voire le silence ou l'espace vide, peuvent être remarquables. Mais nous gardons à l'esprit l'opinion des critiques. Si un vin est noir, s'il est capable de vous flanquer une raclée avec son alcool, s'il met le paquet par ses tanins et s'il a une odeur de scierie, il sera gratifié de la meilleure note.

Le Côte Rôtie traditionnel n'a pas un caractère épais et lourd qui aurait l'air d'avoir été appliqué au pinceau. Une description de 1786 explique que le Côte Rôtie est «un vin flatteur et fort délicat».

Une description postérieure veut qu'il se distingue par «la finesse de sa sève» et son bouquet unique, qui en font «l'un des plus délicats et des plus agréables vins de France».

«La finesse de sa sève.» Arrêtons-nous à cette expression. Ce n'est pas mal du tout. La sève, ou sang vital de la plante : ce mot nous transmet une impression de vigueur et d'intensité. Un Côte Rôtie ne saurait être une petite chose légère. C'est un vin substantiel. Mais ce qu'il a d'insolite, c'est ce caractère séveux combiné à une certaine finesse ou délicatesse. Couronnez le tout avec les étonnants arômes de la syrah venue dans ce «terroir» particulier et vous obtenez un vin qui se tient à part de tous les autres. N'importe qui peut faire un vin lourd au goût de chêne. Il suffit d'une barrique neuve et d'un jus de raisin qu'on a chaptalisé. Tandis qu'un Côte Rôtie au goût de Côte Rôtie ne peut provenir que de son authentique lieu d'extraction et de la vinification traditionnelle, mise au point au fil des siècles dans les caves d'Ampuis.

Quel nouveau paradoxe de voir qu'un vin lourd et boisé soit aujourd'hui l'objet des bravos et des convoitises grâce à quoi les petits viticulteurs de Côte Rôtie reçoivent un juste prix, ce qui leur permet de replanter les anciens terroirs abandonnés. Je suppose qu'on a envie de m'assimiler à un mélomane de musique classique qui ne supporte pas de voir le public goûter Elvis Presley ou les Beatles à la place de Haydn ou Mozart. Mais je redoute le jour où le vin de Côte Rôtie classique, comme celui de Marius Gentaz, disparaîtra totalement pour être remplacé par la recette Guigal. Les viticulteurs du Rhône du Nord se calquent sur son succès. Et je vois que la barrique neuve envahit de plus en plus leurs caves.

Le Beaujolais est sans doute l'invention la plus inspirée de l'histoire du vin. Quel concept, de consommer un vin nouveau-né qui vient à peine de quitter le raisin !... Un vin qui semble directement sorti de la corne d'abondance des dernières vendanges. Il vient même nous rappeler la première fois où l'homme a goûté du jus de raisin fermenté, pour décider que cet accident naturel méritait d'être reproduit.

Qui a inventé le Beaujolais ? Nous ne savons pas, mais certains des révisionnistes qui l'ont tout récemment zigouillé sont très bien connus.

Partant d'Ampuis, il ne faut que quelque cinquante minutes de frayeurs mortelles sur l'autoroute en folie pour se rendre à Lyon, où la plus grande part du Beaujolais produit se consommait autrefois. La cuisine lyonnaise est des plus appétissantes mais il se peut qu'elle passe avec peine. Waverley Root a dit qu'elle assaillait le foie. Il faut faire accompagner la cuisine traditionnelle de Lyon par de bonnes et fraîches lampées du vin qui s'appelait jadis Beaujolais. Un vin lourd aurait amoindri la vigueur de l'appétit nécessaire. Il lui fallait un caractère un peu acide, vif et tranchant pour venir à bout des saucisses, des tripes et des diverses autres sortes de cochonailles. Et il devait être léger en alcool parce que la cuisine lyonnaise éveille une soif gargantuesque.

Le vignoble du Beaujolais commence un peu au nord de Lyon. Si des clients projetant un voyage en France me demandent conseil, je tâche de les diriger sur l'Alsace ou le Beaujolais. De nos jours, la demande et les prix du Bordeaux et du Bourgogne rendent difficile pour des purs touristes l'accès aux meilleurs chais. Les viticulteurs ont plus de clients que de vin, c'est pourquoi l'idée de faire goûter un échantillon à n'importe quel passant ne les enchante guère. Une année, l'un de mes producteurs de Vosne-Romanée avait une seule barrique, soit vingt-cinq caisses, de Richebourg, aussi peut-on comprendre qu'il hésitait à en verser quelques gouttes dans le tastevin du visiteur.

En Beaujolais, où que vous alliez, vous trouverez des caves ouvertes à la dégustation. Et la région est plus pittoresque que le Bordelais ou la Côte d'Or. Elle offre des panoramas couverts de vignes qui ondulent sur les coteaux, sillonnées de routes rurales qui serpentent, des hameaux discrets campés sur les caves vinicoles et des indigènes modestes qui aiment avoir des visites. Le Beaujolais possède tout ce que pourrait souhaiter un touriste amateur de vin, à l'exception du bon vin.

Lorsque ceux qui se souviennent du vrai Beaujolais se mettent à le décrire, il me font venir «l'eau» à la bouche : un vin rouge et léger, acide, picotant, au goût de raisin frais. Apportez-donc les *gras-doubles*, le *boudin aux pommes*, le *cervelas aux pistaches et aux truffes*. Avec du vrai Beaujolais, nous leur tiendrons tête.

Richard Olney se souvient d'une «ruée de fruits verts»...

Jean-Baptiste Chaudet, le premier marchand de vin de Paris, depuis le début des années 40 jusqu'à celui des années 70, évoque dans son autobiographie *Marchand de Vin* un Beaujolais «légèrement agressif, avec même une pointe de verdeur. Il est très léger en couleur, parfois vraiment très pâle et titrant rarement au-delà de 11 degrés. C'étaient à l'époque, poursuit Chaudet, des vins encore très bons. Ce qui n'est plus le cas aujourd'hui, à cause d'une surproduction à outrance, des vinifications de moins en moins soignées et surtout de cette chaptalisation, cette addition de sucre au moût qui permet d'augmenter jusqu'à 3 degrés la teneur en alcool. Un Beaujolais chaptalisé se reconnaît à l'excès de souplesse. (...) Théoriquement, un Beaujolais "nouveau", c'est-à-dire sorti en primeur, ne devrait pas titrer au-delà de 12 degrés. Très souvent, pourtant, on est obligé de porter la tolérance à 12,8 degrés, parce qu'on n'a pas pu trouver de vin plus léger. *Ce n'est plus du Beaujolais.* Essentiellement à cause de la chaptalisation. Cessons cette dernière, et le vin redeviendrait comme avant. Un produit jeune, léger, agressif.»

Comparons les adjectifs de la description de Chaudet avec ceux qui figurent sur l'édition 1987 du *Wine Buyer's Guide* de Robert Parker. Parlant du Beaujolais d'aujourd'hui, il dit : rond, plein de sève, soyeux, plein, charnu, riche, souple, etc. M. Parker a raison. Ses adjectifs peuvent en effet très bien décrire un Beaujolais contemporain, surchaptalisé et suralcoolisé. Un critique a récemment déclaré que le meilleur Beaujolais qu'il eût jamais goûté était en bouche comme «un coup de marteau de forgeron.» Peut-on en conclure que la finale avait la délicatesse d'un marteau de joaillier?

Dans son autobiographie, Chaudet a mentionné le nom d'un producteur qu'il respectait, aussi suis-je parti à la recherche de ce dernier, avec l'espoir d'apprendre ce qui était arrivé au Beaujolais ancien style et, peut-être, d'en goûter un. J'ai trouvé en la personne de Jules Chauvet un homme aimable et sans détour, semblant vouloir contenir son côté poète, un célibataire de quatre-vingts ans qui est dans une quasi-retraite et qui n'a pas d'héritiers pour lui succéder à la tête de sa petite maison de négoce.

Chauvet venait de prendre livraison de son Beaujolais Villages 1986 qui était logé en barriques (spectacle plutôt rare, de nos jours, en Beaujolais) et se trouvait au-dehors, par terre dans sa cour. Nous avons commencé la dégustation sous un crachin persistant. Chauvet plaçait l'extrémité de sa sonde au bord du trou de bonde et, haussant nez et sourcils, la plongeait dans le vin en un geste qui ressemblait au *descabello* du matador. Barrique après barrique, un comportement aussi inattendu de la part d'un vieux monsieur très bien m'est apparu comique et j'ai dû dissimuler mon sourire.

Son Beaujolais avait une couleur pâle, avec un joli bouquet tout charmant. On y trouvait des notes florales et fruitées avec des nuances de pêche et d'abricot. Il était tout en délicatesse du début à la fin, mais également vivace, et sa présence en bouche était fuyante ; avant tout, il *parfumait* le palais. M. Chauvet a précisé : «Il fait 11 degrés. Ni chaptalisation ni soufre. Vous pouvez le boire sans être pris de vertiges.»

Il est négociant en Beaujolais depuis soixante ans. Je lui ai demandé quels changements il avait observés.

«En 1930, les rendements étaient inférieurs, environ 40 hectos à l'hectare, tandis que maintenant ils se montent à 60, 70 hectos. Bon, c'est rare d'avoir à la fois quantité et qualité. A part la rime, les deux n'ont rien en commun. Et les sols ne sont plus labourés. Aujourd'hui, on répand des désherbants et des engrais, un point c'est tout. On empoisonne la terre au lieu de la travailler. Pour le moment, la production est élevée mais la qualité du raisin est tombée. Un de ces prochains jours, nous verrons aussi la production chuter, quand les sols auront été modifiés par les produits chimiques. C'est ça le danger.

«Et aujourd'hui, il y a une différence parce que tout le monde veut des vins qui soient *optiquement vides*. Dans le temps, on ne faisait pas attention à la limpidité. Je ne sais pas comment nous en sommes arrivés à juger un vin par sa limpidité. Personne ne demande qu'un jus de fruits soit clair. Je me rappelle 1930, avec le grand millésime 1929, des clients suisses m'ont acheté du Fleurie en barrique, plein de gaz carbonique et encore sur ses lies. Ils ont roulé la barrique dans leur restaurant pour la jucher sur le comptoir, ouvrir la bonde, remuer le vin, enlever le fausset et le servir à boire tel quel. C'était comme de la soupe rouge, mais quel parfum ! Les Suisses étaient ainsi, ils voulaient le vin entier. Maintenant, vous devez le dégazer, vous savez, faire sortir le gaz carbonique, mais en faisant cela, vous enlevez le parfum du vin. Si seulement nous pouvions convaincre le consommateur d'accepter un vin qui picote un peu mais avec tout son bouquet. Avez-vous remarqué combien tout le monde adore le Champagne sans tolérer la moindre présence de gaz dans un Beaujolais?»

J'ai demandé à M. Chauvet quel était le degré du Beaujolais dans les années 30.

«Les petites années, 9 à 10 degrés. Les années chaudes, 12 à 13. Je me souviens de mon père livrant sur Paris du Beaujolais qui faisait 9 degrés. Les gens aimaient le consommer en gaillardes quantités.

– Pourquoi les choses ont-elles changé?

– Nous avons eu deux années, 1945 et 1947, où les vins ont été exceptionnellement riches en alcool *naturel*. Les prix ont grimpé et depuis lors c'est *ça* le Beaujolais : pas moins de 13 à 14 degrés d'alcool. Quelle erreur! Ici, les gens veulent imiter les Bourguignons et se faire beaucoup d'argent. Mais le Beaujolais est un vin simple. C'est avant tout une boisson pour calmer la soif, mais à 14 degrés d'alcool il est difficile de boire copieusement n'importe quel breuvage. Nous devons revenir à un Beaujolais plus léger pour plusieurs raisons. Autrefois, il n'y avait pas autant de circulation automobile, mais, de nos jours, tout le monde conduit une voiture. Comment peut-on boire un vin à 14 degrés et rentrer chez soi en sortant du restaurant? Ce n'est pas du vrai Beaujolais. Moi, je dis aux gens que s'ils veulent beaucoup d'alcool ils n'ont qu'à boire du whisky.»

Je lui ai dit que je ne croyais pas que les gens recherchaient consciemment un alcool élevé. Mais beaucoup d'alcool signifie pour eux beaucoup de corps et, en vertu de je ne sais quel égarement, ils estiment qu'un vin corsé est meilleur qu'un vin léger.

«Bon, ces gens-là ne devraient pas boire du Beaujolais. Après tout, les vins corsés sont faciles à trouver. Il y en a partout. Mais un vin joliment bouqueté, c'est ça qui est difficile à trouver. Si seulement les gens voulaient bien se servir de leur nez, apprendre de nouveau à sentir...» Et M. Chauvet a froncé les sourcils, renvoyant la balle dans notre camp, nous, les acheteurs et les consommateurs.

Quant à moi, je suis toujours à la recherche d'un petit Beaujolais, impertinent et flirteur avec du piquant, car M. Chauvet doit maintenant s'occuper de sa santé au lieu de son affaire de vins. La dernière fois que je l'ai rencontré, il m'a déclaré : « Je préfère vous prévenir, on me traite par radiothérapie à Lyon. Je ne sais pas si je serai là pour vous recevoir au printemps prochain. C'est un cancer. On me dit que les traitements ont arrêté la progression de la maladie, mais nous n'en savons vraiment pas grand-chose. Nous en saurons davantage au printemps. Ou peut-être est-ce vous qui saurez quelque chose et pas moi. »

Les Italiens continuent de produire des petits vins gais et gouleyants dans le même esprit que le Beaujolais de jadis, mais je dois avouer que mes clients refusent de leur faire des bisous. Hélas, les Français ont voulu civiliser le vin de Beaujolais, essayant de le déguiser en femme du monde, fardée, avec du faux parfum et des bijoux en toc. Quels que soient les fruits de l'année, quel que soit le village d'origine, Brouilly, Saint-Amour ou Moulin-à-Vent, peu importe en fin de compte ; les Beaujolais actuels s'avèrent tous pareils : ils auront 13,5 degrés d'alcool même si le raisin ne parvient qu'à 9 degrés de sucre naturel, ce qui peut arriver. Les 4,5 degrés supplémentaires sont obtenus par chaptalisation. La couleur sera limpide et plutôt soutenue même si elle n'était que rougissante comme une jeune cerise au départ. Le vin aura juste assez d'acidité pour lui éviter d'être complètement fadasse mais il en sera néanmoins plutôt écœurant parce que la moindre verdeur pourrait choquer quelqu'un. Il aura été dégazé, bien entendu, afin que personne ne refuse une bouteille au restaurant en pensant qu'il fermente. La chaptalisation et le dégazage le laissent avec une texture épaisse qui engourdit la langue. Il n'aura jamais de dépôt. Il présentera un parfum tout à fait bien élevé et légèrement fruité. Oui, désolé mais l'exubérant fruit naturel a été délavé par la surproduction, masqué par la chaptalisation et maltraité par l'extraction du gaz carbonique et la filtration. Buvez un carafon de ce machin-là (je n'aime pas appeler ça du Beaujolais) et votre mal au crâne du lendemain vous donnera envie « d'avoir eu » un fatal accident d'auto en rentrant chez vous la veille. L'alcool, l'anhydride sulfureux, les tanins sur ordonnance et je ne veux pas savoir quoi d'autre encore vont marteler l'intérieur de votre boîte crânienne. Votre sang vous paraîtra épais, lourd... chaptalisé. Alors que le Beaujolais devrait vous rendre la tête toute légère!

Ici, en Beaujolais, on voit qu'un cauchemar peut devenir réalité. N'importe quelle recette ou formule peut contaminer une région viticole tout entière. Quand les vieux de la vieille tels que Chaudet et Chauvet auront disparu, même le souvenir du Beaujolais de l'ancien temps sera perdu.

Quand je vois des écrivains du vin prendre au sérieux la formule actuelle du Beaujolais pour traiter celui-ci comme si c'était du vin, en lui accordant des notes et des étoiles et, par exemple, en pérorant sur ses arômes de «banane», j'ai envie de hurler: «CE NE SONT PAS DES VINS VIVANTS!» Ce sont des vins robots qui sortent de la chaîne de montage à des millions et des millions d'exemplaires.

Jean-Baptiste Chaudet a écrit: «Et le jour où le consommateur exigera un produit plus sincère, eh bien, les vignerons seront bien obligés de reprendre les méthodes ancestrales.»

Je suis d'accord que le consommateur peut intervenir sur la qualité. Les viticulteurs se sont mis à filtrer et refiltrer leurs vins à cause des réclamations stupides au sujet du dépôt. Cela prouve que les consommateurs sont bien capables de modifier les pratiques œnologiques, pour le meilleur et pour le pire.

Commençons donc par accepter le Beaujolais comme un don de la Nature, avec tout ce que cela implique, y compris le cliché proverbial: «Ne regarde pas les dents du cheval qu'on t'offre.» Apprécions les cadeaux de Dame Nature, les excentriques et les autres. Si jamais vous tombez sur un vrai Beaujolais, glorifiez ses vertus, son caractère spontané, son esprit, au lieu de l'inviter à faire un tour de valse solennel en le reniflant pour lui trouver grandeur et noblesse. Les Américains, qui sont relativement des nouveaux venus en matière de vins fins, semblent attendre le grand frisson de leur vie chaque fois qu'ils débouchent une bouteille.

Le Beaujolais ne devrait pas être une femme du monde qu'on a envie d'épouser. C'est plutôt la charmante rencontre sans lendemains.

Beaucoup de gens considèrent que le Beaujolais fait partie de la Bourgogne, mais, selon ma propre façon de trier et compartimenter, le Beaujolais n'a pas le moindre chromosome en commun avec le Bourgogne rouge. Terres, mystères, langages, cépages sont différents. Toutefois, j'estime que les vins blancs de cette région, le Mâcon, le Saint-Véran et le Pouilly-Fuissé sont bien des Bourgogne blancs. Nous avons affaire à des sols similaires, le raisin est du chardonnay et les différences entre les *appellations* ne sont autres que de passionnantes questions de personnalités. Choisir un Mâcon *blanc* ou un Meursault pour le dîner ne signifie pas décider lequel des deux est le meilleur. C'est un exercice qui consiste à trouver le meilleur mariage possible entre le vin et le plat d'accompagnement ou l'ambiance dans laquelle il sera servi. Un Mâcon *blanc* aura quelques traits et qualités qui manqueront au Meursault, et *vice versa*.

Le Mâcon *blanc* de mes rêves a quelque chose de joyeux, sans être exigeant ni sophistiqué. Il a une couleur pâle. Il est le plus blanc des Bourgogne blancs. Mais surtout, ses arômes sont frais et directs, sans aucune entrave d'anhydride sulfureux, de chêne neuf ou d'oxydation. Il sent la verte campagne et, en années plus mûres, le printemps et les fleurs sauvages. Un soupçon de craie fait qu'il n'a rien de banal en bouche. Quoique sans bulles, il a un léger et stimulant pétillement. Le Mâcon blanc doit avoir un corps délicat et ne jamais titrer plus de 12 degrés ; il est encore plus lui-même à 11 degrés. Sa finale est nette, ce qui ne veut pas dire qu'il soit maigre et court, mais qu'il ne pèse pas sur la langue. Après l'avoir dégusté, vos lèvres se trouvent rafraîchies et votre palais ragaillardi.

Le Saint-Véran est plus rond que le Mâcon blanc et plus simple que le Pouilly-Fuissé. Il supporte une touche de chêne neuf. Car si ses rendements à l'hectare sont d'une proportion raisonnable et si on le vinifie sous bois, le Saint-Véran peut non seulement être agréable à boire mais encore attirer l'attention et l'intérêt du dégustateur. Pour décider du bon moment où l'on va servir un Saint-Véran, la donnée majeure est que chaque gorgée sera d'un volume moindre que pour un Mâcon et supérieur s'il s'agit d'un Pouilly-Fuissé. Voilà pourquoi il convient de regarder l'aspect culinaire en fonction de la soif et de l'importance des gorgées qui en découleront. Avec une cuisine raffinée qui s'accompagne pour le mieux de petites lampées contemplatives, la plupart des Saint-Véran et des Mâcon ne seraient pas à leur place.

Des trois vins blancs du Mâconnais, c'est le Pouilly-Fuissé qui est le plus difficile à acheter, car son prix et notre exigence sont plus élevés. On doit bien reconnaître que les viticulteurs du cru ont été gâtés. Tout est trop facile pour eux. Peu importe ce qu'ils mettent derrière une étiquette où se lit : Pouilly-Fuissé. Elle obtiendra toujours un bon prix. Les ventes sont sans effort. En conséquence, la plupart des Pouilly-Fuissé ont des rendements exagérés et sont ensuite chaptalisés au point d'avoir goût d'eau sucrée qui a fermenté. Pour moi, ils ont surtout goût de gros sous.

Mais le grand Pouilly-Fuissé existe. Le millésime joue un rôle déterminant pour le style du vin ; 1975 a produit des vins onctueux et botrytisés ; 1984 a donné des chardonnays délicats au goût de pierre à fusil, qui savent s'épanouir à table avec des fruits de mer.

Quelle est la différence entre un grand Pouilly-Fuissé et un grand vin blanc de Côte d'Or tel qu'un Puligny-Montrachet? Le Mâconnais et le Pouilly-Fuissé sont plus méridionaux, un tantinet plus proches de la Méditerranée. Les gens du pays jouent à la pétanque et boivent du pastis à l'apéritif. Les toits sont couverts de tuiles rouges. Le Pouilly-Fuissé relève d'un esprit plus détendu, plus chaleureux, plus simple. Il est moins imbu de sa personne qu'un Puligny; il est moins compliqué.

*

Le Mâconnais constitue en quelque sorte une *entrée* idéale dans le monde bourguignon, à la fois quant au vin et quant au pays. La première fois que j'ai circulé en Bourgogne, à la remorque d'un autre importateur, nous avons pris la vieille autoroute allant de Paris à Auxerre, puis Avallon et Saulieu. A la sortie d'un virage, mon compagnon a quitté l'autoroute en tournant vers la gauche et tout à coup nous avons été entourés de vignobles. Il s'est arrêté pour pointer son doigt sur la glace de sa portière: «Voici le Montrachet.» Cette arrivée était théâtrale et l'on pouvait seulement se plaindre de commencer par le clou du spectacle. Après ce temps fort, combien moindre était le choc de voir pour la première fois les coteaux de Meursault, de Volnay, de Pommard, etc.!

Il est plus satisfaisant de découvrir la Bourgogne de Côte d'Or dans l'ordre où l'on commanderait ses vins au restaurant: un Mâcon par exemple, pour débuter avec quelque chose de simple qui vous conduise aux grands crus. Quand vous partez de Mâcon pour vous diriger vers le nord sur la *route du vin*, à travers les vignobles de la Côte Chalonnaise, Montagny et Mercurey, vous vous êtes préparé à cette première vision magique du Montrachet. Elle s'inscrit alors en perspective. Tout est plus significatif.

Même aujourd'hui, après d'innombrables voyages en Bourgogne, mon itinéraire préféré est de couper à l'ouest depuis Mâcon sur Cluny et ensuite vers le nord sur la route départementale 981 jusqu'à Chagny. A Mâcon se trouve un restaurant qui pourrait être le cadre parfait pour apprécier les vins rouges et blancs du pays. *La Maison du Mâconnais* est située tout près de la route nationale, de l'autre côté de l'autoroute en venant de la Saône. C'est un endroit spacieux et rempli de monde, aux tables et banquettes en bois, au résonant vacarme des couverts qui s'entrechoquent et de gens prenant plaisir à manger. La carte est admirablemement succincte, aussi pouvez-vous être certain que votre commande n'a pas été réchauffée au four à micro-ondes. Il peut y avoir une plantureuse *choucroute garnie*, ou un *petit salé* avec des pommes de terre bouillies et des carottes, bref, le genre de cuisine qui exige un pot de moutarde sur la table. C'est bien ici, entre mille autres lieux, qu'on devrait pouvoir commander une carafe de Mâcon blanc, frais et net, ou un Beaujolais rouge, léger et picotant, pour humecter comme il faut des platées copieuses et plutôt salées. Dînant ici une fois avec un *négociant* local, j'ai semblé le choquer en ajoutant de l'eau gazeuse au Beaujolais épais et neutre qu'on nous avait servi, mais à la fin du repas, sa femme et lui ont eu recours à la même mixture improvisée afin de trouver de quoi se désaltérer.

Quittant Mâcon pour Cluny, on n'est pas éloigné des vignobles de Pouilly-Fuissé ni de la Roche de Solutré qui forme un point de repère. C'est une falaise célèbre dans le monde archéologique à cause des six squelettes d'hommes préhistoriques qu'on y a découverts, et aussi, à sa base, un important tas d'ossements de chevaux. Les ancêtres du lieu, par toutes sortes de ruses, manœuvraient les hordes de chevaux sauvages de manière à leur faire gravir la pente douce à l'avers de la Roche, pour les pousser à se précipiter dans le vide et enfin les abattre. *Very French (sic)*. Et c'est à Solutré que j'ai, moi aussi, plutôt bien mangé en logeant chaque année au *Relais* de Solutré, une véritable auberge de campagne où l'on me servait des saucisses grillées sur la braise, accompagnées d'une pomme fruit cuite au four et d'un verre tout à fait adéquat de Saint-Véran ou de Saint-Amour. (*Un seul verre, vraiment? NDT.*) Aujourd'hui, l'auberge a été achetée par l'une de ces chaînes hôtelières du genre «le-gros-qui-mange-le-petit» et maintenant, dans ce beau coin de campagne où vous vous réveillez au chant du coq et aux mugissements des vaches, votre confiture du matin vous arrive dans un tout moche et tout petit récipient en plastique. Je n'ai toujours pas trouvé un substitut correct au *Relais*, quoique *l'Hôtel des Maritonnes*, en face des entrepôts Dubœuf, à Romanèche-Thorins, ait soin de faire commencer la journée des clients par une confiture maison servie dans un pot de grès.

La route D 981 conduisant à Chagny, qui se trouve au nord de Cluny, est relativement étroite et peu fréquentée. Elle traverse une campagne idéalement bucolique, peuplée des plus belles vaches hors la Suisse ; des animaux blancs et massifs qui paissent au milieu d'herbages d'un vert très haut de gamme, avec l'air de connaisseurs opiniâtres. Les champs et les vignobles occasionnels prennent un aspect bocager grâce aux haies vives et aux murs de pierre qui fournissent des refuges idéaux pour les pique-niques en route. Quand vous voyagez en France par la route, essayez l'agréable délassement de la halte casse-croûte en pleine campagne, comme font les Français eux-mêmes. Un pique-nique est infiniment plus valable que les aléatoires étapes dans leurs *fast-food*. (En comparaison, ceux de notre chère Amérique sont des régals de gourmets.) Arrêtez-vous dans n'importe quel village pour faire vos provisions : du saucisson local et une salade composée dans une *charcuterie*, du pain à la *boulangerie*, des fromages, plus quelques pommes ou poires chez un marchand de primeurs. Quand vous voyez la pancarte d'une exploitation viticole, achetez une bouteille de vin de pays, parce qu'une fois sorti de Paris vous verrez peu de boutiques de vin. En faisant votre marché sur la place du village, vous avez des chances de rencontrer des gens au caractère mémorable, plutôt que n'importe quel garçon anonyme et indifférent, habitué à servir des touristes qui ne reviendront jamais.

La ville de Chalon-sur-Saône est à l'origine du nom de cette partie de la Bourgogne : la Côte Chalonnaise. A l'instar de Bandol ou Bordeaux, Chalon proprement dit n'a pas de vignes mais il représente la place commerciale et le lieu d'expédition des vins provenant des coteaux de Montagny, Givry, Mercurey et Rully. Aujourd'hui, Chalon n'est pas un centre viticole important, mais le nom reste actuel.

Je garde ma belle part de souvenirs autour du vin grâce à la Côte Chalonnaise. J'ai trouvé dans ses villages pittoresques et authentiques des caves qui sont d'excellentes sources de Bourgogne rouge et blanc à des prix raisonnables. Mais quand je pense au Chalonnais, l'âne et le lièvre me trottent dans la tête.

Je pense à l'âne à cause des années au cours desquelles j'ai acheté à Mme Niepce son vin blanc de Rully. Elle est la petite-nièce de Nicéphore Niepce, dont les encyclopédies nous rappellent qu'il est l'inventeur de la photographie. Elle s'est retirée dans sa propriété familiale et viticole de Rully, après avoir mené à Paris une vie aussi folle que notoire. Elle avait joyeusement éclusé sa large part de Champagne, probablement dans un escarpin de soie. Elle avait bien profité de la vie, un point c'est tout. Les extravagances du passé s'étaient inscrites sur son visage. Ses vêtements et son mobilier étaient antiques, montrant du goût et de la recherche, mais ce qui était le plus frappant, c'était des fleurs séchées omniprésentes, dans tous les vases, sur toutes les tables. A chaque coin, il y avait des bouquets montant jusqu'au plafond et une composition florale, large de près de deux mètres, au centre de la table de la salle à manger. Vraisemblablement, il n'y avait que des fleurs séchées parce que des fleurs fraîches auraient été aussitôt bouffées par son âne de compagnie. Ce dernier était dans la maison comme chez lui. C'était un animal adorable et caressant qui avait toutefois deux défauts : il fallait le laisser sortir pour faire ses besoins et, une fois au-dehors, il montrait un appétit sans limites pour les jeunes et tendres feuilles de vigne. Les ânes n'ont pas la réputation d'être faciles à raisonner. Les viticulteurs du voisinage ont constitué une association de défense pour mettre le holà à ces razzias sauvages. Mme Niepce a résisté avec l'énergie du désespoir. Esprit libre, elle ne supportait pas qu'on lui dicte sa conduite. Cependant, elle affrontait un insoluble problème de crottin. Finalement, à Rully, la raison du vin a été la plus forte contre le droit civil et imprescriptible d'un âne. La dame s'est résolue à parquer cet animal et l'a remplacé par un chien hirsute, de même taille et de même poids que l'expulsé. Mais le chien, quant à lui, ne portait aucun intérêt gastronomique à l'égard des feuilles de vignes.

Le lièvre me vient aussi à l'esprit à cause d'une de mes propres aventures gastronomiques. Un ami m'hébergeait dans sa maison qui était tellement pleine de monde que, pour dormir, j'ai échoué sur un divan de la salle à manger. Je me suis réveillé allongé sur un côté, face à la porte ouverte de la cuisine. Ecarquillant péniblement un œil, la première chose que j'ai vue était la cuisinière qui tenait un petit lapin pendu par les pattes arrière entre ses mains. Il gigotait au-dessus d'une casserole recueillant le sang de sa gorge entaillée afin de faire une sauce. Cette opération est la première étape de la préparation d'une daube à la bourguignonne qu'on appelle *civet de lièvre*. En ce cas précis, c'était plutôt du *civet de lapin*. Il va sans dire que c'est un plat très riche et qui fait grande impression. Certains peuvent trouver que la sauce est de trop. J'en avais mangé une ou deux fois auparavant et j'avais trouvé ça bon, surtout à la fin de l'automne, quand la Bourgogne devient un gros glaçon et que pieds et mains ont du mal à se réchauffer. J'ai fort civilement dit à la cuisinière combien j'étais désolé de manquer son *civet*, mais que j'avais tout à coup d'autres obligations.

J'avais d'abord à m'arrêter à Buxy, où se trouvent les vignobles de Montagny. Après la dégustation, j'ai été ravi d'apprendre que la femme de mon viticulteur-propriétaire avait préparé un *civet de lièvre* pour le déjeuner. Dommage que son lièvre fût trop cuit et complètement desséché. Je l'ai quand même mangé avec plaisir à cause de l'air humide et glacial du dehors. Au moins, ce *civet* me réchauffait les entrailles.

Ce même soir, j'ai roulé vers le sud à travers un épais brouillard jusqu'à Roanne, où j'ai eu la bonne fortune de dîner dans la cuisine des frères Troisgros. C'était fascinant d'observer l'armée de chefs en toques blanches, remarquablement organisés, chacun ayant sa tâche spécifique, tout se passant dans le calme et avec grande précision. Jean Troisgros m'a annoncé qu'il avait fait préparer quelque chose de spécial pour nous, qui n'était pas à la carte : *du civet de lièvre*. Le sien n'était pas trop cuit. Et sa sauce au sang n'avait pas la couleur du chocolat fondu. Le *civet* était vraiment très fin dans sa version, mais c'est un plat consistant, en dépit du délicat tour de main du cuisinier.

Le lendemain matin, le soleil a fait son apparition et la Côte Chalonnaise, couverte de rosée, était superbement radieuse. J'ai roulé jusqu'à Volnay en Côte d'Or où j'ai dégusté avec l'un de mes producteurs. Il m'a ensuite prié de choisir un millésime à déboucher pour le déjeuner.

Nous sommes montés à la salle à manger pour nous asseoir devant un énorme plat de *civet de lièvre*. Mon estomac s'est alors exprimé de façon très claire : « Non », a-t-il dit. J'ai empoigné mon couteau et ma fourchette avec tout l'enthousiasme possible, essayant d'avoir un regard brillant de ravissement ; avec un sourire jaune, j'ai dit : « Oh, là, là ! J'adore le *civet !* » ou quelque chose de ce genre.

Hélas, l'infortuné lièvre avait été horriblement maltraité, d'abord par le chasseur qui l'avait trucidé et ensuite par la cuisinière qui avait transformé sa chair en une matière sèche comme de la sciure et son sang en une sauce aussi grumeleuse qu'insipide. Mon système digestif m'a autorisé trois petites bouchées et trois déglutitions désespérées, puis il a refusé d'envisager le moindre supplément.

« Vous ne l'aimez pas ? » m'a demandé la maîtresse de maison avec angoisse. La sueur perlait à mon front et sur ma lèvre supérieure. J'ai dû raconter mes trois *civets* en vingt-quatre heures pour tenter de me faire pardonner mon... antiappétit.

Son civet était immonde. Son mari et elle le savaient bien et j'aurais pu arranger un peu les choses si seulement j'avais pu picorer poliment de temps en temps, mais j'étais même dans l'impossibilité de regarder mon assiette. J'ai bien pensé à tremper des bouts de pain dans la sauce et faire mine de manger, mais dès que j'envisageais de passer à l'acte j'avais envie de sortir de table *illico*. Je m'efforçais de sourire en faisant tournoyer mon verre de Volnay 1964 et tâchant d'ignorer le va-et-vient de leurs fourchettes.

*

Une fois au-dehors des limites de la Côte Chalonnaise proprement dite, les chardonnays de Montagny, Givry, Mercurey, Rully ou Bouzeron sont considérés comme des vins de substitution qu'on débouche lorsque l'occasion ne mérite pas les coûteux Meursault, Puligny ou Chassagne, ou bien quand le portefeuille est récalcitrant. L'auteur anglais H.W. Yoxall a qualifié les vins blancs du Chalonnais d'*acceptables*, adjectif qui ne saurait provoquer l'enthousiasme des consommateurs. Des années durant, son livre *The Wines of Burgundy* a été le seul disponible en anglais sur ce sujet. On peut y lire : «[Les vins du Chalonnais] devraient être sensiblement moins chers que ceux de la Côte d'Or, autrement ils ne mériteraient pas d'être importés – quoiqu'ils soient agréables à consommer sur place.» A consommer sur place! Si jamais je devais lire encore cette expression dans un livre sur le vin, je me rendrais probablement coupable du premier meurtre historique au tire-bouchon.

J'ai entretenu ma petite faiblesse pour les vins du Chalonnais, en particulier pour le vin blanc de Montagny et pour l'Aligoté de Bouzeron. Beaucoup de gens pourraient sans doute, comme moi, finir par déboucher bien davantage de vins blancs du Chalonnais s'ils n'étaient pas atteints d'un snobisme à la Yoxall, campé sur des *a priori* erronés.

Le marchand de vin parisien, Jean-Baptiste Chaudet, a fait l'aveu suivant dans son autobiographie :

«En toute sincérité, j'en suis venu à préférer les vins blancs du Chalonnais aux grands crus, car ils sont plus légers, plus éthérés, et plus digestes. Je suis, à vrai dire, un gros mangeur, et j'aime aussi bien boire et étancher ma soif. Je me suis aperçu que pendant un repas il était précieux d'avoir sur la table ce genre de vins, des vins qui ne vous obligent pas de vous freiner. En dehors de cela, les prix en étaient plus intéressants. Un prix avantageux n'est pas synonyme d'un vin mauvais. Et l'inverse est tout aussi vrai : un vin coûteux n'est pas forcément meilleur.»

Chaudet n'était pas un snob du vin. Il aimait boire du bon vin. Il avait ses préférences et tant mieux si celles-ci pouvaient être meilleur marché.

Comme le vin de Montagny a l'air tentant lorsqu'il est décrit par Pierre Bréjoux dans son ouvrage *les Vins de Bourgogne* : «Leur couleur verte et dorée, leur bouquet fin, leur goût de noisette, font d'eux des vins séduisants qu'on boit facilement mais qui vous laissent lucide. »

Les amateurs de vin qui en viennent à être du même avis que Chaudet et Bréjoux vont faire des économies, et découvrir de nouveaux plaisirs. Et bien qu'on prétende, dans tout ce que j'ai lu sur le vin, que le Montagny vieillit mal, en 1984, j'ai bu un 1964 qui a été la vedette d'un dîner superbe au restaurant *Lameloise*, près de Chagny. La région du Chalonnais est bourrée d'heureuses surprises.

Un autre vin blanc est supposé incapable de vieillir avec dignité ; c'est le Bourgogne aligoté. Maintenant que j'y pense, il est vrai qu'on n'a pas l'habitude d'associer « dignité » et « aligoté ». Pour la plupart des acheteurs, le terme aligoté évoque plutôt un vin dur et squelettique qui a besoin d'une dose de sirop de cassis pour lui donner de la chair et le rendre buvable. L'une de mes plus mémorables gaffes concernait un Aligoté. En 1974, j'ai fait une dégustation dans les caves d'Aubert de Villaine à Bouzeron, le dernier village avant d'entrer dans la Côte d'Or. Je lui ai dit que j'avais récemment découvert une excellente *crème de cassis* et qu'avec son Aligoté je pourrai proposer à mes clients les éléments d'un très bon Kir. Son expression est devenue aussi piquée qu'un mauvais Aligoté. Il serait malheureux, m'a-t-il poliment informé entre ses dents, d'assombrir la qualité de son Aligoté en y versant de la *crème de cassis*. Aïe ! Il avait raison. Heureusement pour moi, il ne s'est pas arrêté à ma naïveté. J'ai continué d'importer ses Bourgogne aligotés de Bouzeron, qui ont connu quelque succès notable. L'un d'eux a même bien vieilli.

C'était une tradition de louer l'Aligoté pour sa précocité. Les Bourguignons eux-mêmes en buvaient à l'envi, tiré au fût sur ses lies, ses miasmes et son gaz. C'était le vin servi aux comptoirs des bistros, et qui accompagnait à ravir les spécialités régionales telles que le jambon persillé et les escargots à l'ail. L'Aligoté n'est en aucun cas un vin destiné à vieillir en s'améliorant en bouteille. L'exception confirme la règle et le 1979 de Villaire en est un exemple particulier.

D'abord, les raisins venaient des coteaux pierreux de Bouzeron, le seul village qui soit suffisamment estimé pour que l'on étale son nom sur une étiquette d'Aligoté. A partir d'une vigne âgée de soixante-dix ans, il procédait à une fermentation en barrique sans aucune chaptalisation. Rien n'était ajouté ni enlevé ! L'ultime bouteille était indispensable pour assurer ma commande de cinquante caisses. C'était un vin étonnant, avec de la profondeur, de l'équilibre, et un arôme délicieux qui faisait penser à la poire fraîche et à la peau de poire.

J'en ai gardé quelques bouteilles, histoire de voir ce qu'il pourrait en advenir. A chaque débouchage, au lieu de s'amoindrir, le vin continuait de s'améliorer. En 1986, j'ai servi ma dernière bouteille de 1979 à Aubert de Villaine et son épouse quand ils sont venus en Californie. Quelque infâme bestiole avait dévoré l'étiquette dans ma cave. Au premier coup de nez, Mme de Villaine, excellente dégustatrice, a dit qu'il avait plus ou moins la richesse aromatique d'un Hermitage blanc ! Son époux n'était pas d'accord, ce n'était pas un vin du Sud, mais plutôt de type bourguignon. Ce pouvait être un Meursault... mais cette fermeté, cette charpente, cette finale pierreuse ? Etait-ce un Chablis ?...

Le vin était toujours vivant et magnifique à sa manière pour un Aligoté. Mais, si vous cherchez un grand vin de Bourgogne, voici la recette : un viticulteur soigneux, de vieilles vignes en coteau, une vinification traditionnelle sans chaptalisation excessive, et enfin une mise en bouteilles sans filtration.

Cette recette est également bonne pour le pinot noir. Aucun raisin n'est plus sensible que lui au site viticole. En France, la Côte Chalonnaise est véritablement le seul endroit hors la Côte d'Or qui produise un pinot noir de qualité. On trouve d'excellentes cuvées à Rully, Givry et Mercurey. Les vins rouges du Chalonnais qui portent une étiquette Bourgogne peuvent être plus intéressants que des vins de la Côte d'Or en provenance de vignes de plaine. *A priori*, tous les vins du Chalonnais sont de côtes. Un Bourgogne rouge du Chalonnais peut avoir un corps plus léger, mais il pourra se montrer plus expressif, avec davantage de personnalité. En termes de rapport qualité/prix, ce sont certainement les pinots noirs les plus gratifiants du monde.

CÔTE D'OR

Toujours est-il que les grands crus de Bourgogne, il faut aller les chercher sur une longue et mince bande de vignobles qui n'arrive pas à fournir en quantité suffisante son nectar inimitable et incomparable à destination du monde entier.

Alors que je suis rendu pessimiste par certaines tendances lamentables en Rhône du Nord et à cause du génocide du Beaujolais, où toute une race de vins a été éteinte, je reste optimiste quant aux Bourgogne rouges. Certes, la probabilité de tomber sur une grande bouteille chez le détaillant du coin est infime (même contre votre paye de toute une journée de travail) mais aujourd'hui, on trouve sur le marché bien plus de bons vins de Bourgogne qu'il y a quinze ans.

Le bon Bourgogne est le vin le plus captivant du monde. J'ai un ami dont la cave est parfaite : sombre, humide et froide. Tout en assurant la bonne conservation des bouchons, l'hygrométrie importante abîme les étiquettes, aussi doit-il marquer à la craie chaque bouteille afin de savoir quoi est quoi. Une fois, il a monté une bouteille sans étiquette et nous a annoncé qu'il n'avait aucune idée de ce qu'elle pouvait contenir mais que, si elle s'avérait imbuvable, il irait chercher autre chose. Il a décanté le vin mystère et l'a versé dans nos verres. Celui-ci était d'une nuance de rubis clair, avec des reflets chatoyants aux tons variés. La bouteille était de forme bourguignonne, tout autant que ses arômes magiques, évoquant la réaction qu'on peut avoir quand on entend du Bach pour la première fois, une sorte d'admiration mêlée de respect, face à l'existence d'une chose aussi extraordinaire, une chose créée par l'homme. Nous étions tous comme fous de ne pas savoir ce qu'il y avait dans nos verres. Etait-ce un Côte de Beaune ou un Côte de Nuits? Vosne ou Chambolle? Beaumonts ou Malconsorts, ou bien l'un des Echézeaux? Et si c'était un Beaumonts, qui donc l'avait vinifié, et quand? De tels détails prennent une importance aussi grande uniquement quand il s'agit de Bourgogne... une importance *terrible* quand vous avez à faire à un très grand et qu'il n'y a aucun moyen de savoir ce que c'est. D'autres régions produisent de beaux pinots noirs mais nulle autre n'éveille autant les passions qu'un vrai Bourgogne. Et aucun autre vin ne semble autant français. La Californie offre de remarquables bouteilles, mais le pinot noir californien est au Bourgogne ce que l'*Empire State Building* est à Notre-Dame de Paris.

Mon sentiment est que le caractère individuel du Bourguignon est le plus complexe de France; un caractère qui finit par faire un sac de nœuds dans ma tête. Quand je passe trois semaines en Bourgogne pour mon travail, mon flegme se trouve menacé; je me sens intérieurement comme un paquet de nerfs. A mon arrivée cependant, je ressens le vaillant enthousiasme d'un bretteur: *en garde*, fendez, tirez, rompez, gare aux arrières, *touché*! La Bourgogne est une sorte de terrain d'exercices. On ne peut rien dire ni prendre à la légère. Chaque mot et chaque geste y sont passés au microscope pour en dégager tout le non-dit. Même quand un Bourguignon arbore un sourire chaleureux pour vous demander: «Comment allez-vous?» ses antennes sont déployées, son ordinateur cérébral est en fonction, et même si vous répondez: «Je vais bien», votre moindre inflexion est enregistrée, examinée, mesurée, interprétée.

«Ah! il a détourné son regard en me disant qu'il allait bien. Il ne pouvait pas me regarder dans les yeux. Y a-t-il quelque chose qu'il ne voudrait pas que je sache, quelque chose à cacher? Cette fois, sa femme ne l'accompagne pas. Il a peut-être des ennuis avec son ménage...»

«Et comment va Madame?» va-t-il vous demander, avec l'espoir de vous tirer un peu plus les vers du nez pour les savourer.

Jour après jour, tout cela est fatigant, mais ce sont les dures réalités de la manière dont on fait les affaires en Bourgogne. Ces gens-là ne peuvent s'empêcher de raisonner ainsi. Pour eux, il serait sans doute plus facile de contrôler leurs pulsations que leurs pulsions.

Peut-être venez-vous juste de lire un article dans le *Herald Tribune*, à propos de la catastrophe de Bophal ou un attentat terroriste dans un aéroport bondé, alors vous répondez distraitement: «Pardon? Ah oui, ma femme va bien, merci.»

«Il a l'air bien mélancolique quand on lui parle de sa femme. Si son ménage va mal, que va-t-il se passer s'il divorce? Est-ce que le versement d'une pension alimentaire le mettra dans la panade? Il semble fatigué, il fait plus vieux, dirait-on. Peut-être que tout ça le mine psychologiquement. Je me rappelle le duc de Framboise qui a fait une dépression nerveuse quand sa femme est partie avec le garagiste de chez Peugeot, et ses créanciers l'ont obligé à mettre la clé sous la porte. Cette année, je ferais bien de réduire ses quantités ou, mieux encore, de lui demander un paiement d'avance.»

De telle sorte qu'il faut constamment rester sur ses gardes, de peur que vos nuances d'expression soient mal interprétées. Un moment d'inattention peut coûter cher.

Quand j'arrive en Bourgogne, je prends toujours une profonde inspiration. C'est le vin le plus difficile à acheter et les producteurs sont bien souvent déconcertants. Ils ne sont jamais contents. Il y a toujours trop ou pas suffisamment de pluie, ou bien trop de soleil (c'est rare, mais j'ai entendu cette plainte) ou pas assez. Je veux acheter trop de ce cru et pas assez d'un autre. Je veux faire expédier trop tôt ou trop tard, payer trop tôt (c'est rare, mais j'ai entendu cette plainte) ou bien trop tard. Cette année, je veux davantage ou moins de vin que la précédente. Ou encore j'arrive pour déguster au moment où les propriétaires devraient être en train de tailler leurs vignes, ainsi de suite. Ce doit être leur horrible climat, avec la pluie, la grêle, le brouillard, les orages et la foudre, le gel et la neige, qui les rend aussi rouspéteurs.

Produire ou acheter du Bourgogne : quel supplice ! Le temps qu'il fait, les *petites* quantités, les prix, les millésimes, les journalistes attribuant des notes comme s'ils corrigeaient des copies d'étudiants, la malencontreuse notion que le meilleur est le plus corsé, les innombrables occasions où ce vin, fragile entre tous, peut s'abîmer avant d'être débouché... la Bourgogne peut être à l'origine des sommets les plus célestes comme des dépressions les plus coûteuses. Si vous ne me croyez pas, accompagnez-moi un 17 novembre 1985, date comme une autre dans la vie d'un importateur de Bourgogne en provenance de petits *domaines*.

J'ai trois producteurs à visiter à Savigny-lès-Beaune, avant le déjeuner. Mon premier rendez-vous est fixé à huit heures trente. Le matin est gris, froid et venteux. Il vaut mieux enfiler deux paires de chaussettes en laine ; ces sols de caves sont froids comme glace.

M. L. est un bon fournisseur depuis des années. Son Savigny est le plus populaire de tous ceux que j'importe. Il aime bien le goût du chêne neuf, aussi élève-t-il chaque millésime dans de nouvelles barriques. Pour moi, son vin est trop marqué par le chêne, mais ce n'est que mon goût personnel ; le vin est bon et les clients l'adorent. Sa cave est sous son habitation et, pour y accéder, on doit descendre un escalier très raide, quasiment plié en deux pour ne pas se cogner le ciboulot contre l'arcade en pierre de la porte.

« *Attention à la tête* », prévient-il. On dirait un avis enregistré. Je me demande combien de fois dans sa vie il a pu répéter cette recommandation en conduisant les clients dans sa cave pour déguster.

Celle-ci est rectangulaire, au sol de gravillons, et une trentaine de fûts la remplissent, au centre et contre les murs. Le clair chêne frais est taché de rouge ici et là par des éclaboussures du vin nouveau.

Il puise dans une barrique avec sa pipette et extrait une gorgée de 1985, à peine vieux de deux mois. Mais attendez : les 1985 que j'ai vus jusqu'ici étaient tous bien colorés. Le sien est pâle. Je suis encore plus étonné par le bouquet. Il est insignifiant à part l'odeur de chêne neuf et un je ne sais quoi de végétal ou herbacé. Mais où donc est l'arôme du vin ? Je lui demande : « Avez-vous changé quoi que ce soit dans votre vinification ? »

Il fait non de la tête, mais son regard évite le mien et je perçois un semblant de sourire malicieux à la place de son expression habituellement austère.

Je maintiens : « C'est différent, cette année. Il y a quelque chose mais je ne sais pas quoi au juste...

— Si je vous dis ce qui a changé, vous allez me dire que mon vin n'a pas le même goût, mais je vous assure que c'est le même vin qu'avant. »

Je souris, je fais tourner mon verre, je sens : « Qu'est ce qui *est* différent ? » J'ai posé la question sur un ton amical, d'un air de dire : allez, dis-le moi, je suis ton pote.

« Il a une seule différence : il a été vendangé à la machine », m'a-t-il confessé non sans fierté, comme s'il faisait partie de l'avant-garde. « J'en ai acheté une avec trois de mes voisins. »

Il se met en devoir de m'expliquer le pourquoi de son acquisition. Il approche de la retraite, le travail commence à le fatiguer, et une équipe de vendangeurs à embaucher chaque année lui cause trop de tracas. Tous les jours, il faut les faire déjeuner ; et puis cela entraîne toute une paperasse parce qu'on doit traiter chaque vendangeur comme un véritable et authentique employé, avec la Sécurité sociale et les assurances pour chacun d'eux même s'il ne travaille qu'une semaine... « Et, conclut-il, personne ne trouve la moindre différence dans le vin. »

Là, il se met le doigt dans l'œil. Pour la première fois, je quitte sa cave sans réserver une seule barrique. C'est un sentiment affreusement triste et dehors le ciel s'accorde à mon humeur. Je sais que je ne le reverrai plus. Des vendanges mécaniques ! Pour du pinot noir ! A Savigny-lès-Beaune ! Cependant, un petit pressentiment de ma propre obsolescence future me parcourt l'échine. De plus en plus, je me fais l'impression de gérer non pas une affaire commerciale mais un Conservatoire des arts et traditions.

Mon étape suivante est une première visite à titre exploratoire. Après tant d'années de pratique, ma toute première impression en entrant dans une cave m'en dit long. Ici, je vois des signes prometteurs. Mon regard s'illumine à la vue d'une cuve de fermentation et d'un pressoir en vieux chêne. Cet instant d'euphorie est vite tempéré par le premier vin dégusté, un Bourgogne *blanc* d'une *cuvée* fermentée en barriques et qui semble déjà fatigué deux mois après sa naissance. Ensuite, le propriétaire me propose de goûter le même vin, mais vinifié dans l'inox. Il est frais et goûteux et je me sens un peu émoustillé. Celui-là, je l'achèterais bien.

Puis il me sort du blanc de Savigny. J'ai toujours aimé ce type de vin. Bien qu'il ne manifeste jamais la noblesse d'un Puligny ou Chassagne-Montrachet, c'est un Bourgogne vu sous un angle différent, soulignant son caractère terrien, rustique. Il est encore en fermentation mais il a l'air plein de promesses.

Tandis que la dégustation progresse, nous changeons plusieurs fois de cave, montant et descendant des escaliers. Nous faisons une visite souterraine de Savigny-lès-Beaune.

Son Savigny *villages* est plein de sève, globalement : une cuvée fort réussie.

Son *Premier cru* de Serpentières 1985 est sauvage et hardi. Je l'aime bien.

Voici maintenant un Savigny Lavières qui a du fruit et, dans une cave qui a les dimensions de ma chambre d'hôtel, un autre Savigny, long et charmant, venu des Vergelesses avec un extraordinaire fruité de pinot noir.

Vient ensuite, pour la première fois de ma carrière, un Beaune Le Genêt qui vient d'un minuscule vignoble de *Premier cru*, entouré du Clos du Roi, des Marconnets et des Cent Vignes. Plus rond que ses Savigny, c'est un vin de plus grande dignité, pourvu d'une texture veloutée.

Je me sens mieux. *Au revoir,* M. L., et que votre machine à vendanger aille au diable, elle qui ne fait pas de différence entre les grappes et les feuilles de la vigne. Ai-je déjà trouvé un remplaçant pour le Savigny rouge, outre trois différents *Premiers crus* de Savigny et un Beaune *Premier cru* qu'on rencontre rarement, sans parler des deux blancs ?

Qu'est-ce qu'il y a à vendre en ce moment ?

« Les 1983 sont en bouteilles. »

D'accord, les journalistes ont provoqué un véritable ouragan de demandes pour ce millésime. S'il a les vins, moi, j'ai les clients.

Il débouche un Savigny rouge 1983 pour m'en verser un peu. Il est orange pâle et sans nez. Il semble seulement exhaler un pathétique soupir de fatigue.

Son Savigny 1983 Les Serpentières est identique.

Le Beaune Le Genêt de même année est exactement identique.

Je tombe de haut : « Mais attendez, ces vins ressemblent si peu à ceux en barriques. Qu'est-ce que vous leur faites quand vous les mettez en bouteilles ?

– Je ne fais pas la mise moi-même. Je loue les services d'une société d'embouteillage de Beaune. »

De plus en plus, des petits producteurs qui vendaient précédemment leur vin en fûts aux *négociants* ont commencé de faire des « mises du domaine », mais faute des équipements et du savoir-faire, ils utilisent les services de groupes mobiles d'embouteillage qui s'approchent de la porte de la cave en reculant et font courir leurs tuyaux jusqu'au vin. De cette façon, ils peuvent certifier la mention *mise au domaine*, encore que *mise au camion* serait plus exact.

« Ils ont dû leur faire subir une filtration assez sévère. Avant la mise, est-ce qu'ils étaient aussi foncés que vos 1985 ?

— Les 1983 ? Presque noirs. Ils font deux filtrations, la première au *kieselguhr* (terres d'infusoires) pour retenir le plus gros, ensuite un passage au filtre à membrane stérile, par sécurité.

– Sécurité ?

– Pour garantir que rien de mal ne se passera en bouteilles. »

Difficile de ne pas éclater de rire. Parler de *rien de mal en bouteille!* Et nous sommes là, environnés par des piles et des piles de caisses carton contenant ces 1983 pâles, débiles, complètement éteints. J'ai l'impression qu'il sait bien qu'on lui a bousillé ses 1983, mais il ne dit rien, espérant que je vais quand même en acheter. Je lui dis qu'il n'a plus besoin de déboucher quoi que ce soit. J'en ai assez vu. Je lui conseille d'embouteiller lui-même ses beaux 1985; pourquoi ne pas demander à l'un des vieux du village comment il procédait avant l'arrivée des œnologues-entrepreneurs vendant la sécurité au cul d'un camion?

Ma dernière escale à Savigny avant la pause déjeuner (et je me dirigerai ensuite plus au nord vers la Côte de Nuits): ce sera la cave des frères Pichenot. Avant de faire des mises pour moi, ils vendaient au négoce l'ensemble de leur production. Ils cultivent deux vignobles *Premier cru*: En Grevains et Les Serpentières, tous deux du côté Pernand/Corton du village. D'habitude, je leur demande d'assembler les deux parce que le résultat est plus complet que l'un ou l'autre pris séparément. Chaque année, ils en logent une petite proportion dans les barriques neuves, aussi ai-je la capacité de doser mon assemblage avec la quantité qui me semble juste convenable de vin issu du bois neuf. J'aime bien l'odeur de leur vin, son caractère expansif, sa qualité de pinot franc et massif, avec une touche de terroir et un léger «caca de poule» (*L'auteur a écrit «basse-cour», NDT.*), un soupçon de poivre noir et son charme sincère et rustique. Un excès de goût de chêne masquerait cette impeccable expression du *goût de terroir* unique de Savigny-lès-Beaune.

Les frères Pichenot ont la cinquantaine. Ce sont deux célibataires qui n'ont jamais quitté leur maison de famille. Ils vivent toujours chez leur mère qui est veuve. Ils ont pris la même manière de s'exprimer et les mêmes mimiques. Ce sont des agriculteurs de la France profonde. Aux Etats-Unis certains pourraient bien les appeler des *yokels*, c'est-à-dire des rustres. Beaune n'est qu'à cinq kilomètres, mais j'ai l'impression que, pour eux, une sortie en ville est un événement et qu'ils connaissent peu de chose en dehors de leur cave et leurs ouvrées de vigne.

Leur 1985 est délicieux. Je suis particulièrement enthousiaste envers Les Serpentières.

«Oh, écoutez – ils semblent me parler à l'unisson – si vous ramassez du raisin comme ça, vous ne pouvez pas en faire de la merde.»

Ayant toujours aimé le nom du vignoble Les Serpentières qui remonte au moins au XIIIᵉ siècle, je leur demande s'ils en connaissent l'origine.

«Il y a beaucoup de vipères dans le coin.

– Vraiment, dans les vignes?

– Sûr. Il y a seulement dix jours, une jeune femme a été mordue et elle a passé une journée à l'hôpital.»

Leur 1985 des Serpentières ne vous mordra pas. Il est charnu, velouté et tout à fait délicieux, avec ce mélange de baies rouges et de terroir qui est typique de Savigny. Avant l'invasion du génie technologique, chacun en Bourgogne faisait son vin à peu de choses près comme les frères Pichenot. Ils ne créent pas des techniques nouvelles. Leur «secret»: un rendement faible, du raisin aussi sain que possible, une vinification sous bois, le vin ne subit aucune manipulation sauvage de température ou de clarification, il vieillit en fûts sous la terre, là où c'est froid et humide, il est mis en bouteilles non filtré au meilleur moment choisi selon la Lune. Par-dessus tout, il est dorloté en suivant la tradition.

La vinification traditionnelle de chaque région viticole en France permettait à chaque *terroir* de s'exprimer dans le vin. Au nom de la sécurité, les techniques modernes détruisent cette originalité. Par le passé, le vigneron faisait son vin comme il l'avait appris de famille mais, de nos jours, le plus souvent, c'est un œnologue qui prend les décisions. Comment en est-on arrivé à ce que des gens qui ont obtenu la moyenne à leurs cours de chimie aient du même coup obtenu le droit de contrôler le goût de notre vin? Peu d'entre eux savent déguster et se soucient de la façon dont le vin se goûtera... pourvu que son analyse soit correcte. Et la plupart vendent des produits pour rectifier les vins qui ne sont pas conformes à leur «idéal» de laboratoire, ce qui ressemble fort à une collusion d'intérêts, comme un médecin qui prescrirait des médicaments alors qu'il est également pharmacien. Ils se sentent sécurisés par un vin stérile. Moi, je dis qu'un vin stérilisé n'est plus du vin. Trouvons donc un autre nom pour ces boissons à base de jus de raisin. Le vin est un produit vivant.

Les frères Pichenot prennent un air aussi humble que modeste quand je vante la qualité de leur 1985. Puis je leur dis que j'aimerais augmenter ma commande par rapport à celle de l'année dernière. Ils commencent alors tous deux à gratter du pied le gravier de leur cave et à secouer la tête en signe de détresse, gémissant : « *Ooh là, là, ça ? Aïe, aïe, aïe !* »

Je demande : « Il y a un problème ? »

Il ressort que des *négociants* ont pris une forte position sur les 1985, cela signifiant des ordres importants, en primeur et à des prix élevés. Trois mois après les vendanges, il ne restait plus que trois barriques (soit 900 bouteilles) de Savigny-lès-Beaune Pichenot à la vente. Dans ma colère, je me mets pratiquement à sauter aux voûtes du plafond mais toutes mes protestations s'élèvent en vain. Ce ne sont pas des hommes d'affaires et ils ont l'habitude de vendre leur vin au premier qui l'achète. De leur point de vue, je suis venu trop tard. Un point c'est tout.

En fait, le passage de la vente en barriques à la vente en bouteilles n'est pas tout simple pour les producteurs et les Pichenot sont encore gênés par cette idée car, en vendant leur 1985 à un *négociant*, ils recevront un paiement en trois pactes finissant en juin 1986. S'ils vendent en bouteilles, il leur faudra élever le vin en fûts pendant seize mois avant de le mettre en bouteilles et l'étiqueter. Dans ce cas, ils ne seront pas payés avant janvier 1988. Bien qu'ils touchent davantage d'argent que pour une vente en barriques, c'est une transition économique et psychologique difficile à vivre pour un petit viticulteur.

Après déjeuner, je roule jusqu'au domaine G. à Gevrey-Chambertin, parce que j'ai hâte de regoûter son 1983, qui est l'un des Bourgogne jeunes les plus mémorables de ma carrière. J'avais déjà prévenu jusqu'à la dernière bouteille de ma réservation en primeur. Sur l'offre adressée à mes clients, j'avais écrit :

« *Le domaine G. a de vieilles vignes du cépage appelé pinot fin, par opposition aux nouvelles variétés clonées qui sont en train d'envahir le vignoble bourguignon. C'est un petit raisin foncé aux saveurs concentrées. Là où le Château d'Yquem se donne beaucoup de mal pour ne sélectionner que les raisins pourris, G. se donne la peine de trier les siens pour ne retenir que les baies les plus saines. Ils sont vinifiés à l'ancienne. On clarifie au blanc d'œuf si nécessaire et on met en bouteilles sans filtration. Le 1983 est presque noir, bien tannique, avec un énorme potentiel. Le nez est volumineux, impressionnant, beau.»*

Même si le vin de G. est un Gevrey *villages*, tous les facteurs se combinent pour qu'il soit l'égal de la plupart des Chambertin *Grands crus* que j'ai dégustés.

Nous débutons la dégustation par son 1985, qui représente une douzaine de barriques marquées à la craie d'un V et rangées contre un mur couvert de moisissures. En le goûtant, je m'enquiers :

«Que veut dire le V?

– *Vendu.*

– *Vendu?*

– *Oui, vendu.*

Je compte les barriques. «Elles ne sont pas toutes vendues?» Mon esprit se refuse d'admettre l'évidence même du V apposé jusqu'à la dernière.

«Oui, j'ai reçu une offre excellente d'un groupe de banquiers hollandais, belges, allemands et suisses.»

Comme si ma vie n'était pas assez compliquée, ne voilà-t-il pas que je dois rivaliser avec un consortium de banquiers pour avoir du vin à vendre. «Vous n'avez rien gardé pour moi?»

C'est un type jeune, un peu nerveux, mais sans l'ombre d'un scrupule sur son visage de marbre.

«J'aurais bien aimé le faire, mais je ne savais pas quand vous alliez venir, ni si vous achèteriez. Eux, ils m'ont mis l'argent sur la table. C'était un prix fabuleux alors j'ai été obligé d'accepter.»

Nous goûtons ses 1984. J'en avais réservé quatre barriques. C'est du bel ouvrage, fin et léger, discrètement chaptalisé pour atteindre 12 degrés au lieu des 13 ou 13,5 degrés qui ont alourdi tant de 1984.

Le terroir de Gevrey s'exprime très clairement dans l'arôme délicat. Mais la différence entre vendre un 1984 et un 1985... Les journalistes du vin ont décidé que 1984 ne valait pas le coup, aussi faudra-t-il trouver des clients qui ne croient pas tout ce qu'ils lisent et qui possèdent un palais assez fin et indépendant pour apprécier la délicate beauté des 1984. En d'autres termes, vendre le 1984 sera un rude travail tandis que les 1985 se vendront d'eux-mêmes. J'ai dit à G. que je lui prendrai autant de 1985 que de 1984.

Il a répliqué : « Mais je n'ai plus de 1985.

– Alors oublions le 1984 et goûtons le 1983. »

Il le débouche et verse un liquide vaguement rosé. *Déjà vu!* Je reste assis en contemplant fixement mon verre pendant qu'il plonge le nez dans le sien. J'ai comme l'impression d'être sur le point de perdre mon *self-control* et de devenir la colonne montante d'une trombe.

« Qu'avez-vous fait ?

– Fait ?

– Ce n'est pas le vin que j'ai commandé.

– Mais si, c'est le 1983, dit-il en tournant la bouteille pour me faire voir le millésime sur l'étiquette.

– Où est passée la couleur ? Il était noir.

– Il vient d'être mis en bouteilles. La couleur va revenir.

– Il ne va pas repasser du rosé au noir. Où est-elle partie ? – J'y mets mon nez. Zéro – Où est passé le bouquet ?

– Il reviendra. »

Je goûte un petit coup. Zéro. « Où est passé le goût ? Le corps ? Ce n'est pas le vin que je vous ai réservé. »

Il m'explique qu'il a pris une société d'embouteillage de Beaune pour faire la mise du 1983 !

« Mais pourquoi ? Vos propres mises ont toujours été parfaites. Jamais de problème.

– Non, j'avais un problème, dit-il d'un air vraiment préoccupé. Vous savez bien que je mettais chaque barrique en bouteilles séparément, à la main, et qu'il y aura toujours des différences d'un fût à l'autre. Eh bien, un restaurant a renouvelé sa commande de 1982 et ils ont ensuite appelé pour se plaindre qu'il avait un goût différent par rapport à la première livraison. Pour cette raison, ils m'ont renvoyé le vin. J'ai réalisé qu'il vaut mieux être uniforme de la première bouteille à la dernière. C'était un problème qu'il me fallait résoudre, ce que je pouvais faire en assemblant toutes les barriques avant la mise, mais je n'ai pas de cuve assez grande pour ça. Quelqu'un m'a recommandé cette entreprise de Beaune. Je leur ai téléphoné et ils avaient tout le matériel nécessaire pour que toutes les bouteilles soient semblables. Alors je leur ai demandé de faire la mise.

– Vous leur avez permis d'esquinter votre vin parce qu'un seul client a réclamé?» Je commence alors à penser à tous ceux qui ont commandé du vin chez moi à l'avance, sur la foi de ma recommandation. Je pense à eux en train de déboucher et de verser dans leurs verres cette pitoyable bibine. Tristement, je lui dis: «Je ne peux pas vous acheter ce vin. Ce n'est plus celui que je vous ai réservé.»

Il se redresse alors fièrement pour me dire: «Ça ne fait rien, la société de mise en bouteilles m'a proposé de l'acheter à deux francs par bouteille de plus que le prix auquel je vous l'ai vendu. Vous me rendez service si vous ne le prenez pas.

– La société d'embouteillage achète du vin?

– Oui, ils exportent beaucoup.»

Je m'en vais, rédigeant dans ma tête une lettre d'excuse qui va accompagner le remboursement que je serai obligé d'envoyer à mes clients, et horrifié à la pensée de ce qui est arrivé à ce Gevrey-Chambertin extraordinaire. Le filtre a complètement épongé l'un des plus merveilleux Gevrey-Chambertin produits en 1983. Le domaine G. possède un vignoble exceptionnel, mais il manque au propriétaire l'unique trait essentiel séparant un grand viticulteur de tous les autres: celui qui consiste à être fier de ce qui coule de ses bouteilles.

De Gevrey-Chambertin au domaine Ponsot qui se trouve à Morey-Saint-Denis, le trajet dure deux minutes au cours desquelles vous traversez les «climats» les plus sacrés de Bourgogne: Mazis, Clos de Bèze, Chapelle et Griotte, Chambertin, Charmes et Latricières,

Combottes, puis, sans rupture dans la graphie du vignoble, le Clos de la Roche. Après Bandol ou Côte Rôtie, l'environnement est moins spectaculaire, les pentes sont plutôt douces et ne manifestent pas par des signes extérieurs la résonnante splendeur des vins que l'homme leur a patiemment enjoint d'enfanter, année après année, siècle après siècle.

Il y a des décennies que le domaine Ponsot produit certaines des meilleures bouteilles de Bourgogne, et il en expédie aux Etats-Unis, depuis que Frank Schoonmaker lui a acheté du Clos de la Roche 1934.

Avec Jean-Marie Ponsot, je n'ai pas besoin de jouer mon disque coutumier contre la filtration. C'est un maître du pinot noir qui croit en la tradition, tout en gardant un œil sur les nouvelles techniques qu'il expérimente avant de les juger par oui ou par non. Les résultats qu'il a obtenus par la filtration ne lui ont pas donné une impression favorable.

« Ça sèche le vin, m'a-t-il dit au cours d'une conversation. Ça lui enlève de la substance, du goût et une partie du bouquet. C'est vrai qu'on y gagne en limpidité, mais on y perd en saveur. Du moins, c'est ce que j'ai trouvé ! »

Son fils Laurent a ajouté qu'il ne fallait pas chercher l'explication de la qualité uniquement du côté des techniques œnologiques. Leur vin ne serait pas le même si leur rendement à l'hectare n'était pas un des plus faibles de Bourgogne, 21 hectos en 1985 et seulement 18 en 1983 !

Il s'avère que ma visite ne tombe pas sur un bon jour. En entrant dans la cave, nous sentons une écœurante odeur de gazole. Pendant la nuit, un bidon destiné au chauffage domestique s'est mis à fuir, polluant l'air au point de rendre notre dégustation impossible, même en sortant dans la rue avec nos verres. Déguster un vin, c'est avant tout le sentir, la fonction principale du palais étant d'enregistrer l'équilibre. Maintenant, le gazole a provisoirement inhibé notre sens olfactif, ce qui signifie que je vais être obligé de revenir un autre jour au domaine Ponsot et que, pour une fois, je serai à l'heure pour mon dernier rendez-vous de la journée.

Henri Jayer habite un peu plus loin. Il me faut cinq minutes pour aller jusqu'à sa modeste maison, plutôt moderne, de Vosne-Romanée, tout près de la *route nationale*. Jayer fait tout par lui-même, y compris le travail dans les vignes, aussi préfère-t-il toujours que nous traitions nos affaires après le coucher du soleil, quand il ne peut plus rien faire dehors. Il me serre la main devant la porte de sa cave et nous discutons à propos des gros nuages noirs et menaçants au-dessus de nos têtes. On dirait bien qu'il va pleuvoir. Parler du temps avec un *vigneron* n'est pas un simple bavardage. C'est lui qui décide de la qualité du produit de toute une année de travail, comme de l'organisation des tâches : la pluie amène à des occupations à la cave, le temps sec conduit aux travaux de la vigne.

Dans les années 80, à Vosne-Romanée, l'attention du monde du vin s'est dirigée, après le domaine de la Romanée-Conti, sur Henri Jayer et sa minuscule production de *Premiers* et *Grands crus*. Il porte sa récente célébrité avec sérénité et sans prétention. Dans la conversation, on est frappé par sa candeur et sa sagesse. Et ses vins expriment bien sa personnalité. C'est difficile de croire qu'il va sur ses soixante-dix ans. Moi, je lui aurais donné dans les cinquante-cinq ans. Il montre du doigt son crâne chauve pour prouver son âge, mais son visage n'a pas de rides et ses yeux restent brillants et jeunes.

Henri Jayer a une intelligence du vin parmi les plus lucides. Je me trouve souvent si captivé par nos discussions que je néglige de suivre de près la série des vins que nous goûtons. Lorsqu'il critique les *vins standard* ou les *vins techniques* d'aujourd'hui, il trouve en moi un auditeur réceptif. Il dit que de moins en moins de viticulteurs acceptent de prendre les risques qui sont inévitables pour faire du vin à la manière traditionnelle, et il dénonce l'œnologie comme se substituant à l'art personnel du vinificateur.

Et il poursuit : « Autrefois, mais il n'y a encore pas si longtemps, les *négociants* goûtaient le vin mis en vente à la propriété. S'il était bon, ils le prenaient ; sinon, ils le laissaient. Maintenant, il y a une analyse qui dit : tant et tant d'acidité fixe et volatile, la malolactique est terminée ou non. C'est comme ça qu'ils achètent désormais. Ce n'est plus basé sur le goût et c'est bien triste.

«Nous avons trop tendance à nous fier à la science, là où auparavant on accordait de l'importance aux choses naturelles. Ce qui est sûr, c'est que les Anciens n'étaient pas stupides, et s'ils ont établi une tradition, elle était fondée sur leur expérience. Ils essayaient d'éliminer les facteurs défavorables et de conserver ce qui marchait le mieux.

«De nos jours, il n'y a plus cette expérience partagée. Dans le vignoble, les gens ne se parlent plus. Ça change tout. Dans le temps, nous nous connaissions tous très bien. Nous allions ensemble à pied pour travailler. A sept heures du matin nous étions à la vigne. A neuf heures, nous partagions le casse-croûte. On apportait du saucisson, un petit fromage, une bouteille de vin. On parlait de tout. Pourquoi cette plante-ci donne des raisins plus petits que celle-là ? Pourquoi la vigne de René est belle et verte alors que celle de Pierre est toute jaune ? Maintenant, on s'aperçoit en auto quand on va au boulot. On se salue en klaxonnant. Au vignoble, nous sommes perchés sur nos tracteurs qui font tant de bruit que personne ne peut parler.

«C'est le monde moderne et le vin a changé avec lui. Aujourd'hui, la qualité moyenne est peut-être supérieure, je n'en suis pas sûr, mais nous n'atteignons plus les sommets d'autrefois.

«Le pinot noir est le plus beau cépage qui soit, et si tout le monde nous l'envie, ça veut dire quelque chose. Malheureusement pour les autres, c'est ici, en Bourgogne, qu'il s'est trouvé bien chez lui, et c'est ici qu'il s'exprime le mieux. C'est une petite bête délicate, le pinot ; il lui faut du soleil mais pas trop, de la pluie mais pas trop. C'est complexe, tout ça, mais c'est par ici que le microclimat est le meilleur pour lui. Avant tout, pinot noir veut dire Bourgogne. On en fait ailleurs, mais ce n'est pas pareil.

«La couleur du Bourgogne n'est pas noire. Vous devez être capable de voir à travers votre verre de vin. Le pinot a une jolie robe, brillante et miroitante comme les yeux d'un chat, étincelante comme un diamant. C'est un vin qui enchante par son parfum. Il doit être fin et élégant, ce qui n'exclut pas une charpente solide. Pour moi, un pinot parfait, c'est le mariage entre une grande finesse et un tanin présent mais non dominant.

« Moi, ce que j'aime ici, en Bourgogne, c'est la diversité des styles d'une cave à l'autre. Mais nous sommes en train de perdre cette diversité avec leurs *vins standard*. Ils sont parfaits, parfaitement neutres, ils ne valent rien. Oh! Beaucoup de restaurateurs les aiment parce qu'avec eux ils n'auront pas de plaintes. Pas de compliments, pas de réclamations. Mais le jour où nous n'aurons plus que des vins standard, nous allons nous ennuyer à mourir. »

Après deux heures de conversation et de dégustation, je suis sur le départ, ayant réservé les quantités maximum qui me sont disponibles dans les 1983 de Jayer :

15 caisses de Nuits-Saint-Georges « Les Meurgers »

10 caisses de Vosne-Romanée « Cros Parantoux »

10 caisses de Vosne-Romanée « Les Brûlées »

15 caisses de Vosne-Romanée « Les Beaumonts »

25 caisses d'Echézeaux

2 caisses de Richebourg

Au moment de nous dire au revoir il a l'air un peu gêné, comme quelqu'un qui a laissé un vin s'abîmer en oubliant d'ouiller la barrique. C'est alors qu'il m'annonce sa prochaine retraite. A cette nouvelle, mon cœur est sur le point de s'arrêter de battre.

« J'ai soixante-cinq ans. Tout le monde doit se retirer un jour...

– Vous paraissez plus jeune que moi.

– Par rapport à la moyenne de l'espérance de vie en France, j'ai encore sept ans à vivre. C'est le moment pour moi de m'arrêter pour profiter un petit peu de mon travail.

– Qu'allez-vous faire? Vous allez vous embêter.

– N'est-ce pas préférable de se retirer la tête haute plutôt que d'attendre trop longtemps et se faire renvoyer? me demande-t-il en souriant. Ne vous inquiétez pas, il y aura du 1985 et du 1986. J'ai encore un peu de temps devant moi. »

Rentrant à Beaune pour retrouver ma chambre d'hôtel, je ne souhaite rien de plus exquis que mettre mes pieds contre le radiateur parce que, même avec deux paires de chaussettes de laine, je n'ai pas résisté au froid des caves. Je passe en revue la journée qui vient de s'écouler. J'ai acheté 75 caisses de Savigny-lès-Beaune, 77 caisses de divers crus de Jayer, j'ai perdu un producteur sur son affreuse machine à vendanger, un autre avec le groupe mobile d'embouteillage, et me voici devant la perspective d'un avenir sans les vins d'Henri Jayer. Si je continue à ce rythme, je ne pourrais même pas revenir chez moi en première classe.

Bien sûr, tous les jours que je passe en Bourgogne ne sont pas aussi désagréables que ce 17 novembre 1985, mais travailler dans cette région est un sacré turbin, avec sa belle part de crétins et de putains mais avec des satisfactions incomparables. Après quinze ans, ma liste d'adresses en Bourgogne n'est longue que de trente producteurs, et cela comprend la Côte d'Or, le Chalonnais et le Mâconnais. Dénicher ces oiseaux rares est une récompense qui n'apparaît pas au compte des pertes et profits.

Jayer a parlé du côté artistique du vin. Certains rejettent la notion du vin en tant qu'art à part entière, mais s'il est possible de simplifier les controverses sans fin sur ce qu'est l'esthétique, nous pouvons convenir que la création de belles choses est un légitime objectif artistique. Des gens comme Jayer s'efforcent de créer quelque chose de beau, beau à voir, à sentir, à goûter, à comprendre et beau en esprit. Isak Dinesen est même allée jusqu'à dire : «Il y a plusieurs voies menant à la conscience de la vérité, le Bourgogne est l'une d'elles.»

*

Derrière mon comptoir de vente, je suis aux premières loges pour voir comment les gens achètent du Bourgogne rouge, et certaines de leurs tactiques me déroutent.

A l'époque de ma jeunesse, en Californie, pendant les années 50, les automobiles servaient d'indicateurs des revenus et du standing. Si vous aviez les moyens de vous en payer une nouvelle chaque année, vous l'achetiez. Si vous pouviez vous offrir une Pontiac, vous ne preniez pas une Chevy (*diminutif de Chevrolet, NDT*). Si vous pouviez vous permettre une Buick, vous ne montiez pas dans une Pontiac. Et si votre compte en banque l'autorisait, vous conduisiez une Cadillac parce que c'était le *nec plus ultra*, le but recherché par chacun. Le Bourgogne rouge n'entre pas dans ce système. Même si l'on peut s'offrir du Chambertin tous les soirs, ce serait idiot et dommage de le faire parce qu'on passerait à côté de bien d'autres plaisirs.

Et même avec ses *Grands crus* et *Premiers crus*, le Bourgogne rouge ne saurait se comparer à une compagnie aérienne avec sa première classe, sa classe «affaires» et sa classe touriste. Si vous en avez les moyens, voyagez donc en première. Pourquoi vous en priver? Mais non, le vin de Bourgogne ressemble davantage à de la musique. Est-ce qu'un opéra de Wagner est meilleur qu'un *divertimento* de Mozart? «Meilleur pour quoi?» est la seule réponse qui ait un sens. Est-ce que Chambertin est meilleur que Savigny-lès-Beaune? Meilleur pour quoi? Quel Savigny, quel Chambertin? Car il est fort possible qu'un Savigny d'un bon producteur soit même plus grand que le Chambertin d'un mauvais vigneron. Sur quel plat allez-vous boire votre Bourgogne? A quelle occasion, dans quelle ambiance? En Bourgogne, on ne peut pas parler d'un vin qui serait «le meilleur». Il n'existe pas de bouteille tellement idéale que toutes les autres chercheraient à l'imiter. La diversité est l'une des qualités qui font la gloire du Bourgogne.

La vérité, c'est qu'on ne peut pas savoir à l'avance si c'est un Savigny ou un Chambertin qui va marquer le plus la mémoire après l'avoir bu. Le plaisir du vin n'est qu'éphémère, au sens ou le vin finit par être consommé, mais son souvenir peut perdurer. Pour moi, un certain Pommard 1964 domine tous les autres vins qu'il m'a été donné d'apprécier pendant une certaine période de ma vie. En quelques années, j'ai dû en ouvrir trois ou quatre caisses. C'était bien du Pommard, même si plusieurs critiques du vin n'ont pas été tendres avec ce cru:

Anthony Hanson: «J'évite le Pommard comme la peste.»

Hugh Johnson: «... le moins merveilleux et le plus connu des villages de Bourgogne.»

H.W. Yoxall: «... boisson agréable, sans grande autorité... au corps léger... pas très passionnant...»

Comme je l'ai déjà dit plus haut, vous ne pouvez pas savoir à l'avance quel Bourgogne rouge va faire vibrer vos cordes sensibles et celles des critiques ne sont pas toujours en accord avec les vôtres.

Cela étant, comment doit-on s'y prendre pour pénétrer dans le monde complexe des vins rouges de Bourgogne ? Je conseillerai l'achat de toute une caisse de douze du même vin, soit un Savigny ou un Pernand, un Mercurey ou un Rully, ou quelque chose de ce genre. Il faut épuiser la caisse jusqu'à la dernière bouteille avant de passer à un autre. On ne doit pas essayer de le juger de quelque façon que ce soit, sauf s'il présente un défaut, bien entendu. Il faut plutôt tâcher de l'écouter, de percevoir ce qu'il a à raconter, d'apprendre à le connaître. Ensuite, fendez-vous d'un *Premier cru* de Volnay ou de Pommard, de Chambolle ou de Nuits par exemple, toujours à l'écoute du vin au lieu de vos propres préjugés. Qu'est-ce que le Volnay *Premier cru* raconte, que le Savigny n'a pas dit ? Et *vice versa*. Etape suivante : faites la folie d'acheter quelques bouteilles d'un *Grand cru* comme le Clos de la Roche, un Echézeaux ou l'un des Chambertin et voyez ce qu'il a à ajouter. Après cela, vous serez bien placé pour déguster une bouteille de Bourgogne et pouvoir l'apprécier pour ce qu'il est, avec l'esprit ouvert en étant à la recherche d'une émotion esthétique au lieu d'un classement numérique.

Je suggère ensuite un échantillonnage de divers *domaines* bourguignons. Il faut faire un peu de recherche. Tâchez de vous assurer que les stocks de votre marchand de vins ont été expédiés et entreposés comme il faut. Quand vous trouvez un producteur dont le vin vous plaît, mettez quelques bouteilles de côté afin de pouvoir les boire sur plusieurs années et suivez-le sur chaque millésime dans votre cave. Rappelez-vous que le vinificateur lui-même n'est jamais certain de l'évolution future de chacune de ses cuvées (les cotes des millésimes persévèrent à sous-estimer les Bourgogne rouges de 1972 et ce millésime a produit beaucoup de mes vins préférés), et un vinificateur talentueux parviendra à faire, chaque année, quelque chose valant la peine d'être dégusté. Ne vous éparpillez pas trop. Ne cherchez pas à avoir un peu de tout. Concentrez-vous sur les grands talents, millésime après millésime, et votre plaisir au vin deviendra plus profond et plus intime. Il faut mettre en réserve davantage de vins aux appellations modestes que de grands crus, parce que les premiers sont plus souvent utiles et judicieux.

Ne demandez pas du Bourgogne épais et lourd. Le plus fréquemment, ce caractère est un signe de surchaptalisation. Cherchez plutôt la personnalité, les arômes, la lucidité, la finesse, le merveilleux et la magie.

*

La Côte d'Or est presque exclusivement plantée de pinot noir, jusqu'à ce qu'on arrive à Meursault, Puligny et Chassagne, aujourd'hui les plus grands villages de blanc en Bourgogne. Là se trouvent les chardonnays qui ont servi de modèle à des milliers de moutons de Panurge, des vins que tous les pays producteurs cherchent à imiter.

Il y a à peine un siècle, ces vins blancs étaient encore plus rares car Puligny et Chassagne étaient en grande part plantés de vignes rouges. Un vieux texte français est remarquablement explicite à ce sujet :

« Si l'on fait exception des vignobles qui produisent les grands vins blancs de Montrachet et de Bâtard-Montrachet, on ne trouve à Chassagne que quelques parcelles qui sont ici et là plantées en chardonnays. On y cultive surtout le pinot noir et, de temps immémoriaux, ce sont les vins rouges qui ont fait la réputation de cet excellent terroir. » (!)

Essayez donc de dire ça à nos snobs actuels qui traitent le Chassagne rouge comme une espèce de bâtard n'ayant pas le droit à l'existence.

Dans les vieilles archives du marquis de Laguiche, on trouve la stupéfiante stipulation selon laquelle « on offre une bouteille de Chassagne rouge Morgeots contre deux bouteilles de Montrachet ». (!) De nos jours, je me demande si une douzaine de *rouge* nous vaudrait une seule bouteille de Montrachet. Le vin est-il ainsi sujet aux modes ?

A Puligny-Montrachet, Pucelles, Clavaillon, Caillerets et Blagny produisaient du rouge. En 1855, Jules Lavalle a écrit que les vins rouges de Puligny pouvaient rivaliser avec les meilleurs Côte de Beaune. Mais maintenant, Puligny est aussi blanc qu'une fleur de lys et l'on n'y saurait trouver une seule bouteille de rouge pour se faire sa propre idée sur la question. Assez curieusement, Puligny-Montrachet est sans doute aujourd'hui le nom qui est le plus dans le vent des trois célèbres villages à Bourgogne blanc, et pourtant j'ai trouvé bien davantage de *cuvées* réussies à Meursault, non pas à cause d'un meilleur *terroir* mais pour des raisons d'élevage. A Puligny, la pratique des mises au domaine est très récente, ceci parce que la nappe phréatique ne permet pas aux viticulteurs de creuser le sol assez profondément pour bâtir des caves souterraines. Par voie de conséquence, il leur fallait se défaire du vin en fûts auprès des négociants avant l'arrivée des premières chaleurs du printemps qui risquaient d'abîmer les vins. Cela explique-t-il que peu de producteurs, à Puligny, ont maîtrisé l'art de l'embouteillage? Le Puligny *blanc* est prétendu plus tendre, plus civilisé que le Meursault ou le Chassagne, mais, quant à moi, il me paraît trop souvent plus douceâtre que tendre, comme si les hommes en blouses blanches des labos avaient une fois encore surgi au moment de la mise en bouteilles.

En revanche, Meursault entretient une saine tradition de vins mis en bouteilles au domaine par des petits producteurs. Le bourg est construit sur un dédale de caves. Ici, il est plus facile qu'à Puligny de trouver des vins du cru mis en bouteilles sur place et qui soient dans un état impeccable.

Meursault a toujours été sympathique à mon égard. J'ai traité avec un certain nombre de fiers viticulteurs, chacun avec son style individuel, chacun avec ses ouvrées de vignes sur différents quartiers de la côte, de telle sorte que, dans ma tête, Meursault est devenu une amicale mosaïque de visages, de caves et de vins.

Il serait difficile d'expliquer à quelqu'un qui n'a jamais dégusté ces vins combien la diversité des Bourgogne peut être envoûtante. A Meursault, où l'on produit des vins d'un classicisme absolu, on trouve des opposés aussi extrêmes que Bernard Michelot et François Jobard. Je veux dire que lorsque vous dégustez leurs vins, les deux ont le goût du Meursault – ils ne pourraient pas y échapper – et cependant ils sont aussi différents que les caractères des producteurs.

Bernard Michelot est plutôt petit, costaud et expansif. François Jobard est plutôt petit, nerveux et osseux. Quand il dirige une dégustation, Michelot joue pour son public avec le sourire «toujours prêt» de Ronald Reagan. Jobard serait plutôt Jimmy Carter, un peu mal à l'aise quand il y a du monde autour de lui.

L'entrain de Michelot est irrépressible et sans complexes. Je suis arrivé une fois chez lui pour l'entendre me raconter en détail son pontage coronarien comme s'il s'agissait d'une scène de théâtre, y compris la dernière avant le tomber du rideau, lorsqu'il a ouvert brusquement sa chemise pour exhiber sa cicatrice encore fraîche. Jobard serait bien le dernier à ôter sa chemise en public. Etant donné sa réserve, je ne peux même pas supposer qu'il viendrait à parler de son opération s'il devait jamais subir une intervention chirurgicale.

Michelot est une marche de Souza (*compositeur américain du siècle dernier aux effets sonores et entraînants, NDT*) ou bien l'une de ces fanfares bourguignonnes pour trompes de chasse qui vous percent les tympans et font un boucan de tous les diables. Jobard est un quatuor à cordes ; il est méticuleux, métronomique, attentif à chaque détail, écorché vif.

Le constraste se retrouve tout autant entre les deux caves. Avec 1 750 habitants, Meursault n'est pas grand, mais ses rues étroites tourniquent en tous sens d'une manière si imprévisible qu'on peut facilement se tromper et se perdre. Mais la cave de Michelot, située dans la rue principale, est facile à repérer et le plus souvent on peut rencontrer notre homme en sous-sol, entouré de vieilles barriques moisies et occupé à faire déguster des visiteurs. Quand on s'y rend peu de temps après les vendanges, il n'est pas inhabituel d'y trouver une chaleur agréable, car Michelot a équipé sa cave d'un système de réchauffement lui permettant d'accélérer les fermentations alcooliques et malolactiques autant que nécessaire.

Pour Jobard, il faut prendre rendez-vous. Sinon, il sera avec sa femme en train de travailler dans les vignes. La cave est sous leur maison, au bout d'un cul-de-sac difficile à trouver. C'est la cave la plus froide que je connaisse en Côte d'Or, ce qui explique sans doute pourquoi les vins y évoluent aussi lentement. La basse température ralentit tout. Il a à peu près la même proportion de chêne neuf que Michelot, mais les Meursault de ce dernier prennent davantage le goût du bois. J'en déduis que la chaleur doit favoriser l'extraction du chêne.

Michelot sait ce qu'il veut obtenir de ses vins et ses méthodes de vinification et d'élevage leur confèrent le style Michelot. Sitôt passée la double fermentation, ils se goûtent bien et ils ont le goût Michelot.

Quant à François Jobard, on dirait qu'il attend, permettant à chaque vin de se révéler sans hâte, au fur et à mesure que celui-ci évolue dans cette cave glacée et il n'est pas enclin à intervenir pour l'influencer. Il y a toujours quelque cuvée entêtée qui refuse de terminer sa fermentation, mais Jobard ne va pas l'y contraindre à coups de bâton. Bien entendu, comme il en est pour élever des enfants, sa politique de vigilante attention et de patiente non-intervention forme la personnalité de ses vins autant que la politique directive de Michelot modèle les siens.

L'un des vins les plus mémorables de Jobard est son Meursault-Blagny 1984. C'est un vin à la brillance limpide et dont le bouquet est celui d'un Meursault pur et classique. Un simple coup de nez me fait aussitôt revenir par l'esprit au village natal et dans la cave de Jobard; il y a de la peau de pêche, de la pierre, de la peau de raisins fraîchement écrasés, du pain grillé et de la noisette. C'est un vin à la beauté exquise et envoûtante, une merveille de grâce et de finesse. Il va évoluer très lentement au fil des années, gardant une fraîcheur d'arômes qui est une des caractéristiques des vins signés Jobard.

J'ai dégusté des dizaines de milliers de vins et seulement une petite poignée d'entre eux demeurent bien vivants dans ma mémoire. Un vin de Michelot fait partie du lot. Au cours d'un de mes premiers voyages en France, en 1974 ou 1975, je dînais au *Vieux Moulin*, à Bouilland, non loin de Savigny-lès-Beaune. A l'époque, le chef proposait une terrine chaude de lapin en croûte avec une sauce à la truffe noire. Je me souviens du maître d'hôtel (qui ressemblait étrangement à François Jobard) parce qu'il s'est mis à rayonner de satisfaction lorsque j'ai commandé la terrine, comme si, ce faisant, je venais de manifester un discernement inattendu, voire miraculeux ; et quand j'ai demandé le Meursault Genevrières 1971 de Michelot, j'ai bien cru que son bonheur allait jusqu'à l'orgasme devant le pur génie de mon choix. Je me remémore souvent ce garçon avec ses yeux illuminés et son rare talent. Peu nombreux sont les garçons ou les serveuses (personnes de service, disons-nous à Berkeley pour ne pas être sexistes) qui savent comment s'y prendre pour donner à leur client l'impression d'être à l'aise, judicieux et avisé dans ses choix et, pourquoi pas ?... un peu content de lui-même. Bref, il est arrivé avec la bouteille et en a versé quelques gouttes pour mon agréage. Déjà, la couleur était flamboyante : profonde, d'un or massif, avec des flammes fugitives de Chartreuse verte. Les arômes qui montaient du verre étaient presque visibles ! Ils avaient le fruité mûr et épicé du chardonnay, une bonne touche de botrytis et des accents violents de pain grillé et de vanille. En bouche : glycériné à souhait, éclatant de richesse et de saveur. Quand la terrine fumante est arrivée avec ses parfums de truffe noire, l'ensemble a créé une version pour gourmet du septième ciel.

Les deux vins dont je viens de vous parler étaient tous deux des Meursault, mais ils étaient tout à fait différents grâce aux millésimes, au terroir austère de Blagny par opposition à celui de Genevrières, grâce également à l'atmosphère de chaque cave, à la vinification et à la personnalité de chaque vigneron.

François Jobard est aussi à l'origine de l'un des impénétrables mystères du vin. Il fait le seul vin que je connaisse qui ne voyage pas bien, même dans des conditions de température contrôlée. Et c'est un vin rouge ! Pour quelle raison son blanc de Blagny arrive-t-il aux Etats-Unis avec exactement le même goût qu'à Meursault, alors que son rouge de Blagny est irréparablement fatigué ? Quand je le déguste sur place j'ai envie d'en avoir, non point pour mon commerce car de toute façon qui donc fera là-bas un caprice pour un vin rouge appelé Blagny ? J'aime ce vin suffisamment pour en mettre dans ma cave et l'apprécier à la maison de temps à autre. Il est plutôt foncé de robe mais sans beaucoup de matière colorante. Il a des senteurs intenses qui rappellent un peu les baies des forêts, ou qui évoquent une eau-de-vie de framboises d'Alsace. Il est très éthéré et délicat, tout à fait à part de tous les autres pinots noirs que j'ai pu connaître. C'est une preuve supplémentaire que le pinot noir donne les raisins les plus fins, fragiles et impressionnables qui puissent exister.

CHABLIS

Tandis que Meursault m'a procuré les plus chaleureux souvenirs, le vin blanc qui me hérisse le poil de l'échine, qui provoque en moi des passions allant du grincement de dents à la plus complète euphorie ne se trouve même pas en Côte d'Or. C'est le vin de Chablis, Chablis le nordiste, le vin dont la couleur va du jaune à l'or vert, du nom de ce village gris on ne peut plus banal, qui a plus de deux mille habitants et s'arrange malgré ça pour paraître plus petit que Meursault.

A mi-chemin entre Beaune et Paris, Chablis est entouré de petits bleds qui s'appellent par exemple Villy, Milly, Mussy, Bouilly, Joigny, Maligny, Irancy, Nitry, Chitry ou Ervy. Sur la route, quand vous commencez à remarquer toutes ces finales en y, vous savez que vous vous trouvez dans le voisinage de Chablis. Personne n'est jamais arrivé à m'expliquer pourquoi il ne s'appelle pas Chably. Aucun des noms que je viens de citer n'est entré dans le vocabulaire mondial mais Chablis a une signification dans beaucoup de langues. Aucun des autres villages n'a donné naissance à un vin inimitable, si inimitable que Chablis lui-même éprouve quelques problèmes pour définir son identité avec lucidité.

J'ai beaucoup travaillé pour tâcher de trouver un vin qui soit digne de porter le nom légendaire de Chablis, allant jusqu'à mettre mon palais à vif dans ce village morne, triste et humide, d'une froideur mortelle. C'est peut-être parce que son vin était trop aigrelet pour le goût germanique que les Allemands ont pratiquement détruit Chablis en juin 1940, et je pense que ses citoyens n'ont pas pardonné au reste du monde leur malheureuse infortune. J'aimerais déclarer avec solennité aux gens de Chablis que je n'ai rien à voir dans ce bombardement, que je n'étais même pas encore né à l'époque et que nous autres Américains en général étions alors en train de nous préparer à nous lancer dans la lutte. A part les missions de bombardement et les petites bouchées soufflées au fromage appelées *gougères*, le vin est la seule raison d'aller à Chablis. Par ailleurs, faites gaffe aux draps glacés, aux *quenelles* douteuses et aux morsures du froid.

Amer ? Oui, je suis amer. Aimer Chablis, c'est comme tomber amoureux d'une pouffiasse frigide. Vous finissez par vous demander si ce que vous recevez en retour vaut la brisure de votre cœur et toutes les tromperies. Et les vignerons de Chablis sont eux aussi amers. Ils sont amers à cause du gel et des orages de grêle qui terrorisent leurs vignes. Imaginez un peu ce que cela doit vous faire de voir les fruits d'une année de travail anéantis en une soirée. Pierre Bréjoux a écrit que la récolte des coteaux les plus pentus de Chablis est détruite deux années sur trois ; et la catastrophe est souvent plus générale, comme en 1957, quand un seul hectolitre (125 bouteilles) de Chablis *Grand cru* a été déclaré. Entre 1955 et 1961, le gel a frappé chaque année, sauf en 1958.

Je n'ai pas à me plaindre de ma première visite en 1974. Le dîner incluait un gentil coup de cœur pour une adorable jeune serveuse et une bouteille de Chablis Grand cru Les Clos 1929 avec le fromage. Le lendemain, je suis tombé par hasard sur des Bougros et des Preuses 1973 que j'ai achetés. Je pensais que tout cela n'était pas seulement facile mais encore amusant. Par la suite, je suis revenu deux, voire trois fois par an, et je suis à chaque fois remonté dans ma voiture pour m'en aller les mains vides. La sécheresse a duré sept ans.

Ben voyons, c'est foutrement simple d'acheter du Chablis! Mon supermarché près de chez moi vend du «Chablis» en bonbonnes, produit en Californie. Ou alors, allez visiter l'une des grandes maisons de commerce de Beaune. Vous croiriez qu'il y en a une véritable rivière. A propos de Chablis, Hugh Johnson a écrit: «Chaque jour, il se boit sous ce nom autant de vin qu'il s'en produit dans une récolte entière.» Non merci, j'étais déterminé à acheter du Chablis provenant de vignes cultivées dans les marnes et calcaires argileux et crayeux du Kimméridgien. Je voulais qu'il ait été élevé dans du bois, comme pour mon achat initial de 1974 et je le voulais mis en bouteilles vivant.

Avant la Première Guerre mondiale, les *vignerons* de Chablis étaient également *tonneliers*. Tout le monde fabriquait ses propres *feuillettes*, ces petits fûts de 132 litres en faveur à Chablis, très vraisemblablement parce que dans ces caves glacées où tout est ralenti, il était souhaitable que le vin ait davantage de contact avec le bois que plus au sud, vers Meursault ou Puligny. Le vin était vendu en barriques; autrement dit, quand un client achetait du Chablis, il payait à la fois le vin et son récipient. Ainsi, à chaque vendange, les viticulteurs étaient «obligés» de loger leur vin dans de nouveaux fûts. Le chêne neuf apportait son tanin particulier et toutes sortes d'autres vertus bénéfiques à la crudité du jeune vin, y compris un meilleur potentiel de vieillissement. Par la suite, les cours en dents de scie subis par le Chablis ont rendu pratiquement impossible pour les producteurs de se fournir en *feuillettes* neuves chaque années. L'un d'eux proteste même que, quelquefois, la barrique coûtait plus cher que le vin qu'on y mettait.

Comment est-il possible qu'on puisse être pour ou contre le chêne neuf dans le cas du Chablis? On aime cette saveur ou pas. Il est indéniable que les *Premiers* et *Grands crus* gagnent à passer dans le bois, qu'il soient vieux ou non, qu'il soit une *feuillette*, une barrique ou un demi-muid au volume plus grand. Et cependant, il est rare de voir de nos jours à Chablis un récipient en chêne sauf si le viticulteur en a exposé un devant sa cave pour faire savoir aux passants qu'il a du vin à vendre. Les méthodes modernes de vinification, qui ont proliféré presque partout et qui utilisent à cent pour cent les cuves émaillées ou d'acier inoxydable, peuvent faire du bon vin. On y trouve une fraîcheur qui n'est pas désagréable. Mais je n'ai jamais dégusté un vin de ce type qui possède la profondeur de caractère, la profondeur tout court, si vous préférez, du vin de l'ancien style, vieilli sous bois. Le Chablis, issu d'un sol et d'un climat rudes, a besoin de respirer, de cet échange avec l'atmosphère que l'émail, le verre ou l'inox ne permettent pas. L'élevage en barrique affine le vin tandis qu'il libère lentement son caractère. Même quand elle est bien faite, la vinification moderne en cuves empêche cette évolution vers une sorte spécifique de maturité, ce qui a pour résultat un bon vin mais qui ne sera jamais grand.

Mais quand elle est mal faite... ah! voici venu le temps des grincements de dents! Le Chablis qui a goût de Chablis est si difficile à trouver, même dans les caves de Chablis, que j'ai du mal à me sentir en sympathie avec les Français qui poussent des hurlements de noble indignation quand ils se mettent à dégoiser sur nos bonbonnes de *Chablis* dans nos supermarchés et même nos *Pink chablis*. Je sais bien que leur mine scandalisée est justifiée, que Chablis est une appellation d'origine, qu'il n'est pas correct de laisser un vulgaire *vin ordinaire* se pavaner en arborant le nom d'un cru de toute noblesse dont on honore la réputation depuis des siècles, et bla-bla-bla... et bla-bla-bla... D'accord! Mais, par ailleurs, les critiques sont comme la charité bien ordonnée qui doit commencer par soi-même, ou, du moins, qui devrait. Voici que des quantités de bouteilles sortent des chaînes chablisiennes d'embouteillage et les raisins pour faire le vin auraient aussi bien pu venir de Fresno en Californie, parce que, d'une cave à l'autre, nous arrive le même pinard au goût standard. Pas de *goût de terroir*, pas de caractère Chablis, et seulement bien peu de goût de vin. Le pauvre moût est «flashé» comme ci ou comme ça, on le réchauffe par-ci et on le fait tomber au-dessous de zéro par-là, on lui administre un coup de ceci et un coup de cela, on le pompe en haut, en bas et de côté à travers ce filtre, et puis celui-là, on injecte un nuage puant d'anhydride sulfureux, juste pour être super-sécurisé, on bouche le tout, *et voilà!* Ça se trouve en bouteilles et sur le marché trois mois après la récolte. Ça prétend s'appeler du vin et porter une étiquette Chablis. Et ils veulent nous donner mauvaise conscience avec notre *Pink Chablis?*

Si jamais quelqu'un se demande pourquoi je ne suis pas tout bonnement revenu chez le producteur de mes Bougros et Preuses 1973, la réponse est que je l'ai fait et que cette expérience a été similaire à celle de Sancerre. J'ai trouvé le fils du vieux propriétaire aux commandes et pas la moindre barrique ne se pointait à l'horizon de la cave. Il avait «amélioré» la vinification. Il était en train de se constituer la plus belle collection de filtres que j'aie jamais vue.

Alors, une année, j'ai rendu visite à un producteur nommé Dauvissat, et j'ai été emballé par les vins en barriques que j'ai pu déguster. J'ai acheté quelques bouteilles à goûter plus tard, mais quand je les ai débouchées, par quelque inexplicable coup du sort, le goût du vin était passé. Ou alors, c'est sans doute mon propre goût qui l'était. Sur la foi de ces bouteilles, je ne suis pas retourné chez Dauvissat et je m'en suis mordu les doigts depuis lors. J'achète des Chablis de Dauvissat chaque fois que je le vois, parce qu'il satisfait ma propre notion du vrai Chablis.

En définitive, j'ai fini par trouver ce que je cherchais et c'est au restaurant *Taillevent* que je l'ai trouvé, dans ce palais de la gastronomie qui a une si merveilleuse carte des vins comprenant des vieux millésimes. Toujours en quête d'un bon Chablis, j'ai montré du doigt un Montée de Tonnerre 1976 de François Raveneau. A peine senti, ce vin m'a conquis ; j'ai immédiatement compris que c'était bien celui-là qu'il me fallait. Ça, c'était du Chablis qui pouvait rivaliser avec les meilleurs vins de chardonnay du monde.

Le jour suivant, je devais me rendre dans le Midi depuis Paris. Il était facile de faire un crochet par Chablis. J'ai appelé François Raveneau au téléphone en laissant sonner longtemps, longtemps... A l'instant même où j'étais sur le point d'abandonner, une voix plutôt sèche a répondu : *J'écoute.*

Je lui ai indiqué mon nom et mes coordonnées professionnelles et je lui ai dit que j'avais goûté son vin au rest...

«Je ne suis pas une usine. Je ne fais pas d'exportation. Je n'ai rien à vendre.» Clic. Raccroché.

Mon oreille gauche s'en est trouvée meurtrie et je me suis mis à ruminer l'éventualité d'une reconversion dans un autre métier.

En dépit de cette mésaventure, je l'ai rappelé lors de mon premier séjour en France : «Juste pour passer un moment, vous dire *bonjour*, voir votre cave, goûter le dernier millésime...?»

Non. Il était trop occupé et il n'avait aucun vin à vendre. Il m'a toutefois bien dit *au revoir* avant de raccrocher.

Six mois plus tard, j'ai reçu un coup de fil tout excité de Rebecca Wassermann, une Américaine qui vit et travaille en Bourgogne. Elle m'annonçait, le souffle coupé par l'émotion, qu'elle avait rendu visite à Raveneau.

«Tu as fait quoi? Comment t'es-tu débrouillée?»

Elle s'occupait de l'exportation de certains produits pour Jean Trois-gros, le restaurateur trois étoiles qui achète régulièrement les Chablis de Raveneau pour sa carte des vins. Jean Troisgros l'avait conviée à l'ac-compagner pour une dégustation chez Raveneau.

Eh bien, par la suite, il m'a été très facile à moi aussi d'être reçu par Raveneau dans sa cave. Quand elle lui a téléphoné pour lui demander un rendez-vous pour moi, comment un Français pouvait-il refuser d'écouter une femme qui, de surcroît, était une associée de Jean Troisgros? Cela aurait non seulement constitué un manque d'élémentaire courtoisie mais aussi un affront à la haute gastronomie.

Mais Raveneau lui avait précisé avec fermeté que ma visite ne s'entendait que pour déguster. Il n'avait rien à me vendre!

J'ai invité Hubert de Montille à venir de Volnay pour m'accompagner. Il porte un des noms les plus réputés de la viticulture bourguignonne et il est également un célèbre avocat, heureuse combinaison pour défendre ma cause, du moins c'est ce que j'espérais.

Pendant que Montille et moi dégustions les vins en manifestant notre enthousiasme, Raveneau semblait impatient, froid et distant. Et puis j'ai abordé la question de me vendre quelques caisses à destination des Etats-Unis. Il m'a refusé brutalement. Trop de paperasses! Ses vins étaient trop fragiles pour une expédition par bateau. De toute façon, ils étaient tous vendus. Je me suis détourné en marmonnant et en mordillant le bord de mon verre de Chablis. Au moment de partir, Montille et Raveneau se parlaient avec une telle volubilité que je me suis senti isolé dans un brouillard de désespoir, n'arrivant pas à suivre leur français; ai-je dit au revoir? Dans la voiture, j'ai juré que je ne voulais plus jamais voir ni entendre le nom de Chablis. «J'abandonne!»

«Avez-vous compris? m'a demandé Hubert de Montille. A la fin, il a dit qu'il mettrait de côté trois ou quatre caisses pour vous sur sa prochaine récolte!» Mais ça, je savais que ce ne serait pas la fin de l'histoire. Car ce que Raveneau avait pu dire dans un moment de sympathie à l'égard de l'irrésistible Montille risquait fort d'être oublié un an plus tard, quand je reviendrais tout seul à Chablis.

C'est alors que j'ai eu un petit coup de chance supplémentaire. Je dînais à la maison de Champagne Billecart-Salmon et M. Billecart a apporté un magnum de Chablis Les Clos, de chez François Raveneau!

Je lui ai demandé: «Connaissez-vous M. Raveneau?

– Oui, assez bien. Nous échangeons quelques bouteilles de temps en temps.

– Vous pourriez me rendre un grand service...»

Plus tard, M. Billecart m'a rapporté que Raveneau restait farouchement opposé aux expéditions maritimes parce que son vin est absolument naturel, c'est-à-dire sans aucun traitement de stabilisation.

Quand j'ai revu Raveneau, j'ai plaidé ma cause: je prends des soins tout à fait inhabituels pour le transport de mes vins, son Chablis serait parfaitement à l'abri dans un conteneur réfrigéré, j'achète d'autres vins complètement naturels et je n'ai jamais eu le moindre problème.

«Bon, d'accord, a-t-il grogné, mais si une seule bouteille s'abîme je ne veux même pas en entendre parler.»

Et voilà comment, avec les petits coups de pouce de Taillevent, Rebecca Wasserman, Jean Troisgros, Hubert de Montille et Jean-Roland Billecart, j'ai pu acheter 300 bouteilles de Chablis Les Clos 1979.

Si l'autoroute *périphérique* (et bien éprouvante pour les nerfs) qui entoure Paris n'est pas trop «embouteillée» (c'est-à-dire avec plein de «bouchons») l'aéroport Charles-de-Gaulle peut être atteint en moins de deux heures depuis Chablis. La dernière fois que j'ai quitté la France, j'ai passé la nuit dans un hôtel de Chablis et j'ai partagé un casse-croûte à base d'huîtres et de Chablis avec la famille Raveneau avant de partir. Les huîtres et le Chablis forment une association stimulante déjà reconnue aux siècles passés, ainsi qu'en témoigne une vieille chanson :

> *Chablis is so good with oysters*
> *That I'm tempted to leave these cloisters*
> *And find true love whe'ere I'm apt to.*

> *Avec les huîtres, le Chablis est si bon*
> *Que je suis tenté de quitter mon cloître pour de bon*
> *Et de partir à la recherche du grand amour*
> *Là où j'ai des chances de le trouver.*

Les huîtres arrosées d'un Chablis net et minéral revigorent l'esprit. Le sentiment de vide qui survient après des semaines sur la route était passé. Je me sentais excité et heureux d'être sur le point de rentrer à la maison. L'autoroute était libre, l'air entrant dans mon auto par la vitre ouverte était clair et sec, la circulation sur le périphérique avançait à une vitesse convenable et mon avion est parti à l'heure. Douze heures plus tard, j'étais chez moi en Californie. Ma femme avait acheté du saumon fumé et mis au réfrigérateur une demi-bouteille de Bandol rosé, allant de pair avec d'autres agréments domestiques qui m'avaient manqué pendant tout ce temps.

La vie sur la route! Personne n'envie un représentant de commerce. Et moi, que suis-je, sinon un acheteur itinérant? Malgré tout, mon périple est en quelque sorte un jeu de «signes de piste» qui peut me faire passer la matinée dans un château avec le comte Untel et l'après-midi dans une cave souillée de vin, au sol de terre battue, sous une simple maison paysanne.

Mais cette vie passée sur les routes, même les routes du vin, procure bien des occasions de chanter mélancoliquement le *blues* du voyageur. C'était au temps où je franchissais le grand portail d'un domaine viticole près de Beaune. J'étais à l'heure du rendez-vous et un panneau était marqué: ENTREE. Je suis entré. Aussitôt, je me suis trouvé entouré de cinq chiens qui grondaient férocement. A part la fois où j'ai frisé un atterrissage en catastrophe, je n'ai jamais été aussi terrifié. Le plus petit des cinq, un berger allemand, a mordu un morceau charnu de mon individu. Je n'ai rien acheté; les vins aussi étaient des corniauds.

Deuxième strophe de mon *blues*: nombreux désastres dans les hôtels et les restaurants. Par exemple, les hôtels vides en saison d'hiver, dont les propriétaires sont trop radins pour faire marcher le chauffage central ou l'eau chaude pour un seul client, ou encore cet hôtel près de la frontière d'Espagne, où il faisait trop chaud pendant la nuit pour laisser les fenêtres fermées, mais où, une fois ouvertes, un nuage de moustiques assoiffés de sang noircissait le plafond. Bzzzz! Le concierge m'a offert une bombe antimoustique de la taille d'un extincteur et je me suis assis sur mon lit, essayant de choisir entre une mort lente à l'insecticide ou l'offrande de mon sang en holocauste, goutte après goutte, comme nourriture orgiaque aux moustiques. J'ai dormi – façon de parler – dans ma voiture.

Une autre fois, j'avais réservé sur un vol très matinal pour rentrer chez moi et je ressentais le besoin impérieux d'une bonne nuit de sommeil avant le départ, aussi ai-je préféré éviter le centre de Paris. J'ai consulté le *Guide Michelin* et j'ai trouvé un hôtel-restaurant recommandable dans un minuscule village à environ 20 minutes de l'aéroport. Il gelait dehors et je suis resté sur mon lit avec un roman policier en attendant l'heure du dîner. C'est alors que la lumière s'est éteinte, ce qui n'est pas tellement rare en France, mais en attendant qu'elle revienne, j'ai commencé à remarquer le froid qui envahissait la chambre. J'ai parcouru les couloirs dans le noir en tâtonnant pour me rendre dans le hall où l'on m'a informé que les ouvriers du gaz et de l'électricité s'étaient mis en grève – n'avais-je donc pas lu le journal du pays? – et personne ne pouvait dire quand ils reprendraient le travail. Je me suis tenu couché sous les couvertures pour entendre un sorte de grondement de tonnerre. Mon hôtel était situé au centre du village, là où la route principale se rétrécissait, descendait soudain, et virait sec ensuite à quelques pas de la porte. Une interminable file de routiers était obligée de freiner, négocier le virage, et accélérer à fond pour remonter la déclivité. Outre les vibrations et le bruit incessants, les camions dégageaient des vapeurs d'échappement diesel qui s'accumulaient dans l'espèce de cuvette où l'hôtel était placé. L'odeur en était quasiment insupportable. Le restaurant devait avoir un générateur parce que la salle était brillamment éclairée quand j'y suis entré. Les tables étaient d'un luxe gueulard, avec des candélabres, plusieurs verres à vin, et d'abondants couverts d'argenterie étincelante entourant les assiettes, bref, tout l'attirail superflu qui est nécessaire pour obtenir une mention sur le *Guide Michelin*. J'étais tout seul à dîner. Le garçon m'a recommandé une *andouillette* sauce moutarde. *L'andouillette* est une saucisse aux tripes qui peut être délicieuse et elle me semblait assez typiquement française pour convenir à un dîner d'adieu. Je n'ai guère pu en avaler que deux ou trois bouchées, mais elles ont suffi à me donner de pitoyables vagues de nausée une demi-heure après être sorti de table. Je n'ai pas dormi de la nuit, tremblotant dans le noir, avec des haut-le-cœur provoqués par l'odeur des gaz diesel et les relents de cette espèce d'*andouillette* à la manque. Au matin, faible et frissonnant, j'ai failli rater mon avion.

Désastres d'hôtels, intoxications alimentaires, pannes d'autos, abominables bétaillères des compagnies aériennes, ainsi vont les mélancoliques paroles du *blues* du voyageur.

Lors de ma dernière tournée, quand je suis parti directement de la table de Raveneau, j'ai pensé que j'avais enfin trouvé la meilleure formule pour mon départ. Ensuite, bien installé à bord du 747, j'ai passé quelques heures à me recycler en matière de vin dans la presse américaine. Mon bureau m'avait fait suivre une fournée de publications récentes.

J'ai appris qu'un groupe français de compagnies d'assurances avait acheté le Château Pichon Baron, un deuxième cru classé de Pauillac, pour un prix annoncé de 45 millions de dollars. Qu'est-ce qu'une compagnie d'assurances vient faire dans les affaires du vin ? Et s'ils ont 45 millions de dollars à claquer, pourquoi ne pas les ristourner en partie à leurs assurés ou bien baisser leurs tarifs ?

J'ai appris que cinquante pour cent du Médoc est maintenant vendangé à la machine. L'homme devient de plus en plus extérieur aux moyens de production.

J'ai lu la proposition d'une femme politique de Californie, tendant à établir une taxe spéciale sur le vin qui fournirait des fonds pour financer davantage la répression des crimes. Pourquoi les amateurs de vin sont-ils ainsi singularisés afin de les culpabiliser ? C'est une question non élucidée, mais n'est-ce pas parce que le vin est perçu en Amérique comme un péché ? Peut-être est-il trop euphorisant ? Nous autres, pécheurs coupables d'apprécier le vin, devons payer la facture due aux pécheurs qui violent, qui pillent et qui assassinent.

Un autre article relate une vente aux enchères en Napa Valley où un vin de trois-francs-six-sous a rapporté 2 800 dollars.

Puis j'ai lu quelque chose comme une dégustation en forme de règlement de comptes entre deux chardonnays californiens : «Château Wyatt Earp contre domaine Bat Masterson ! » Pif, paf !

Les critiques américains du vin s'affairaient à sonder les intellectuels en chaises longues, débattant avec passion des méthodes de cotation pour le vin. Un débat de haut niveau : vaut-il mieux noter sur vingt ou sur cent points ? Pas un seul d'entre eux n'a osé suggérer que la notation des vins par des chiffres n'était pas appropriée et que les classements numériques détournent les consommateurs d'une appréciation réaliste et sensible du vin fin.

Le vin que j'ai assez aimé pour en consommer plus que de tout autre pendant l'année 1987, je veux parler du domaine Tempier, Bandol *rouge* 1983, n'a obtenu que 78 petits points dans *The Wine Spectator*. C'est ce que vaut mon palais ! Mais réfléchissez à côté de quel plaisir je serais passé si j'avais suivi les notations au lieu de mon propre goût.

Un écrivain d'ouvrages sur le vin prétendait avoir bonifié le Zinfandel Ridge Geyserville 1980 de Paul Draper en le surgelant, de manière à séparer l'alcool de la partie aqueuse avant de mettre le tout au four à micro-ondes, ce qui, d'après l'auteur, améliorait l'équilibre du vin.

Un autre écrivain s'en prenait à la notion selon laquelle le vin devient meilleur avec l'âge. C'est un mythe ! Une propagande des producteurs, une légende entretenue par les *wine snobs !* Une telle déclaration est bien la plus belle idiotie que j'aie jamais lue à propos du vin.

Continuant mes lectures, j'ai vu le projet d'une loi en Californie, exigeant qu'il y ait sur chaque étiquette de vin la silhouette d'une femme enceinte à côté d'un verre à vin géant, oblitéré d'une barre oblique. Rappelez-vous que j'étais sur le chemin du retour et que je venais de quitter un pays qui considère que le vin est bénéfique pour la santé. Notre médecin français avait dit paternellement à ma femme enceinte : «Bien sûr, il ne faut pas en boire cinq litres par jour, mais un verre au déjeuner et un au dîner vous feront du bien. » En fait, la presse du vin était pleine de nouvelles concernant les dangers pour la santé, comme il en est pour les paquets de cigarettes, avec l'exigence de l'analyse du vin sur son étiquette. Peu importe si l'homme a reconnu dans son histoire que le vin était aussi nourrissant que sain – pas malsain, ni même neutre : SAIN. Thomas Jefferson et Jésus-Christ se sont faits les avocats du vin pour raisons médicales. Ce sont des sources de première bourre ! Mais encore une fois, sur un coup de tête, nous rejetons l'expérience et la sagesse de nos ancêtres. Alors nous invoquons une nouvelle divinité : la statistique, et c'est elle que nous implorons pour avoir accès à la vie éternelle. Cependant, les vrais praticiens choisissent leurs statistiques avec grand soin. De fait, il existe des statistiques indiquant que la traditionnelle alimentation méditerranéenne, élaborée autour des céréales, des olives et du vin, abaisse la fréquence des maladies du cœur, des attaques, des dépressions nerveuses et de certains cancers... mais, assez bizarrement, la loi ne permet pas à ce genre de statistiques de figurer sur des étiquettes de vins. Les statistiques vont également à l'appui de Thomas Jefferson quand il affirme que les peuples buvant du vin sont moins sujets que d'autres à l'alcoolisme.

Je redoute le jour prochain où les superbes étiquettes de Mouton-Rothschild et toutes les autres seront défigurées par des avertissements sans fondement et mal dirigés à propos de la santé. J'aimerais que le vin constitue une forme d'expression protégée par la Constitution, afin de le préserver des groupes de pression, des hommes politiques, des moralisateurs hystériques, des ennemis de la joie. Nous risquons ici de déboulonner ce qui représente en vérité une chose extrêmement complexe et délicate. Plus il y aura de réglementations en tout genre et moins il y aura de chances d'importer ces deux ou trois barriques de vin naturel, produit de la façon la plus artisanale. L'avantage de la situation profitera aux affaires industrielles, avec leurs milliers de caisses de vins stéréotypés et leur bureaucratie informatisée qui leur permettra d'affronter les exigences modernes, dévoreuses de temps et d'argent. Dans le monde du vin, la bureaucratie n'engendre que des vins standardisés.

Colette a écrit que « le vin rend perceptible à l'homme la vraie saveur de la terre ». Et Nikos Kazantzakis : « Quand vous en buviez, vous aviez l'impression de communier avec le sang même de la terre. » Veuillez, s'il vous plaît, comparer ces formes presque mystiques de respect du vin aux boniments que je venais de lire.

Je rentrais chez moi, dans un autre pays. Les caves odorantes et humides me semblaient si lointaines, une fois attaché à mon siège de Boeing 747. Je me rappelais les hommes et les femmes que j'avais rencontrés. Leur rare breuvage. Bientôt, des navires prendraient la mer pour livrer les marchandises que j'avais achetées. Je devais me préoccuper du sort de mes trésors : seraient-ils surgelés et passés au micro-ondes ?... impliqués dans quelque règlement de comptes ?... assignés à de simplistes jugements numériques ?... avalés trop tôt parce que le vieillissement n'est qu'un mythe pour les snobs ?... Seraient-ils soumis à une taxe honteuse ?... Seraient-ils traités comme des substances toxiques ?

Le vrai vin est davantage qu'une boisson alcoolisée. Quand vous en goûtez un qui vient d'un *noble* terroir et qui est bien fait, qui est vivant et entier, vous pensez que c'est là un don de la Nature, le fruit de la vigne sorti des entrailles de la terre, mûri au soleil et façonné par l'homme.

Un jour, alors que je dégustais en Toscane, j'ai pris un après-midi de congé pour visiter un petit musée de Florence où étaient exposées deux statues grecques découvertes récemment. Ces statues, plus grandes que nature, avaient bien l'apparence humaine mais avec une fabuleuse présence divine. Comment l'homme a-t-il pu créer quelque chose d'aussi puissamment beau ? Le vin est capable de vous émouvoir tout autant. Mais, à la différence de la musique, de la littérature ou des arts plastiques, un grand vin n'exige pas un génie créateur. Un simple vigneron sur sa parcelle de terre peut faire une œuvre d'art, essentielle et révélée.

La Nature aime aller à la rencontre de la faiblesse de l'homme, de son sens inné de la beauté, de son extraordinaire talent et de son idéalisme. Un verre de bon vin contient plus que le vin.

IMPRIMERIE LOUIS-JEAN
BP 87 — 05003 GAP Cedex
Tél. : 92.51.35.23
Dépôt légal : 694 — Octobre 1990
Imprimé en France